Apicius | De re coquinaria

Marcus Gavius Apicius

De re coquinaria

Über die Kochkunst

Lateinisch / Deutsch

Übersetzt und herausgegeben
von Robert Maier

Reclam

RECLAMS UNIVERSAL-BIBLIOTHEK Nr. 14383
1991, 2023 Philipp Reclam jun. Verlag GmbH,
Siemensstraße 32, 71254 Ditzingen
info@reclam.de
Umschlagabbildung: Ausschnitt aus einem römischen Mosaik aus Karthago (2. Jh.) – © Imago/Leemage
Druck und Bindung: Esser printSolutions GmbH,
Untere Sonnenstraße 5, 84030 Ergolding
Printed in Germany 2025
RECLAM, UNIVERSAL-BIBLIOTHEK und
RECLAMS UNIVERSAL-BIBLIOTHEK sind eingetragene Marken der Philipp Reclam jun. GmbH & Co. KG, Stuttgart
ISBN 978-3-15-014383-4
reclam.de

APICII LIBRI DECEM QUI DICUNTUR
DE RE COQUINARIA
ET EXCERPTA A VINIDARIO

Die zehn Bücher des Apicius
über die Kochkunst
und die Auszüge des Vinidarius

Apicii libri X

INCIP⟨IT⟩ API⟨CI⟩ CAE⟨NA⟩

⟨I. Epimeles. II. Sarcoptes. III. Cepuros. IV. Pandecter. V. Ospreon. VI. Aeropetes.⟩ VII. Politeles – voluntaria volatilia. VIII. Tetrapus – quadripedia. IX. Thalassa – mare. X. Halieus – piscatura.

Zehn Bücher des Apicius

Es beginnt ⟨das Mahl?⟩ des Apicius (?)[1]

⟨I. Buch: Der sparsame Wirtschafter. II. Buch: Gehacktes. III. Buch: Der Gärtner. IV. Buch: Verschiedenes. V. Buch: Hülsenfrüchte. VI. Buch: Geflügel.⟩ VII. Buch: Der Gourmet. VIII. Buch: Der Vierfüßer. IX. Buch: Das Meer. X. Buch: Die Fischerei.

Apicii EPIMELES liber primus

1) Conditum paradoxum. 2) Conditum melizomum. 3) Absinthium Romanum. 4) Rosatum et violacium. 5) Oleum Liburnicum sic facies. 6) Vinum ex atro candidum facies. 7) De liquamine. 8) Ut carnes sine sale quovis tempore recentes sint. 9) Callum porcinum vel bubulum et unguellae coctae ut diu durent. 10) Ut carnem salsam dulcem facias. 11) Pisces fricti ut diu durent. 12) Ostrea ut diu durent. 13) Ut uncia laseris toto tempore uti possis. 14) Ut dulcia de melle diu durent. 15) Ut mel malum bonum facias. 16) Mel corruptum ut probes. 17) Uvae ut diu serventur. 18) Ut mala et mala granata diu durent. 19) Ut mala Cydonia diu serventur. 20) Ficum recentem mala pruna pira cerasia ut diu serves. 21) Citria ut diu durent. 22) Mora ut diu durent. 23) Holera ut diu serventur. 24) Rapae ut diu serventur. 25) Tubera ut diu serventur. 26) Duracina persica ut diu serventur. 27) Sales conditos ad multa. 28) Olivas virides servare ut quovis tempore oleum facias. 29) Cuminatum in ostrea et conchyliis. 30) Laseratum. 31) Oenogarum in tubera. 32) Oxypor[i]um. 33) Hypotrimma. 34) Oxygarum digestibile. 35) Mortaria.

1) Conditum paradoxum: conditi paradoxi compositio: mellis pondo XV in aeneum vas mittuntur, praemissi⟨s⟩ vini sextariis duobus, ut in cocturam mellis vinum decoquas. Quod igni len-

I. Buch: Der sparsame Wirtschafter

1) Paradoxer Gewürzwein. 2) Gewürzte Honigsuppe. 3) Römischer Absinth. 4) Rosenwein und Veilchenwein. 5) Liburnisches Öl bereite folgendermaßen. 6) Aus Rotwein mach Weißwein. 7) Über Liquamen. 8) Damit Fleisch ohne Salz zu jeder Zeit frisch ist. 9) Damit sich Schweine- und Rinderschwarte und gekochte Schweinshaxen lange halten. 10) Um Salzfleisch mild zu machen. 11) Damit sich gebratene Fische lange halten. 12) Damit sich Austern lange halten. 13) Um eine Unze (ca. 27 g) Laser unbegrenzt verwenden zu können. 14) Damit sich Süßigkeiten mit Honig (= Honigplätzchen) lange halten. 15) Um aus schlechtem guten Honig zu machen. 16) Um verdorbenen Honig zu prüfen. 17) Damit sich Weintrauben lange aufbewahren lassen. 18) Damit sich Äpfel und Granatäpfel lange halten. 19) Damit sich Quitten lange aufbewahren lassen. 20) Um frische Feigen, Äpfel, Pflaumen, Birnen und Kirschen lange aufbewahren zu können. 21) Damit sich Zitronatzitronen[2] lange halten. 22) Damit sich Maulbeeren[3] lange halten. 23) Damit sich Gemüse lange aufbewahren lässt. 24) Damit sich Rüben lange aufbewahren lassen. 25) Damit sich Trüffel lange aufbewahren lassen. 26) Damit sich Nektarinen lange aufbewahren lassen. 27) Gewürzsalze für viele Dinge. 28) Aufbewahren von grünen Oliven, damit du zu jeder Zeit Öl machen kannst. 29) Cuminsauce für Austern und ⟨andere⟩ Schalentiere. 30) Lasersauce. 31) Oenogarum für Trüffel. 32) Eine scharfe Sauce. 33) Hypotrimma (eine scharfe Kräutersauce). 34) Oxygarum für die Verdauung. 35) Mörsergewürz.

1) Paradoxer Gewürzwein: Zubereitung von paradoxem Gewürzwein: 15 Pfund Honig (ca. 4,9 kg) werden zu zwei Sextarien Wein (ca. 1,1 l) in ein bronzenes Gefäß gegeben, sodass du den Wein zu einer Honigbrühe einkochst. Dieser wird auf ei-

to et aridis lignis calefactum, commotum ferula dum coquitur, si effervere coeperit, vini rore compescitur, praeter quod subtracto igni in se redit. Cum perfrixerit, rursus accenditur. Hoc secundo ac tertio fiet, ac tum demum remotum a foco postridie despumatur. Tum ⟨mittis⟩ piperis uncias IV iam triti, masticis scripulos III, folii et croci dragmas singulas, dactylorum ossibus torridis quinque, isdemque dactylis vino mollitis, intercedente prius suffusione vini de suo modo ac numero, ut tritura lenis habeatur. His omnibus paratis supermittis vini lenis sextarios XVIII. Carbones perfecto aderunt [†duo milia†].

2) Conditum melizomum viatorium. Conditum melizomum perpetuum, quod subministratur per viam peregrinanti: piper tritum cum melle despumato in cupellam mittis conditi loco, et ad momentum quantum sit bibendum, tantum aut mellis proferas aut vini misceas. Sed si ⟨maius⟩ vas erit, nonnihil vini melizomo mittas, adiciendum propter mellis exitum solutiorem.

3) Apsinthium Romanum: apsinthium Romanum sic facies: conditi Camerini praeceptis, utique [pro] apsinthio cessante; in cuius vicem apsinthi Pontici purgati terendique uncias ⟨singulas et unam⟩ Thebaicam dabis, masticis ⟨et⟩ folii ⟨scripulos⟩ III,

ner kleinen Flamme von trockenem Holz erhitzt und mit einem Schneebesen umgerührt, während er kocht. Wenn er anfängt aufzuschäumen, wird er durch Besprengen mit Wein abgelöscht, außer was in sich zurückgeht, wenn das Feuer nicht mehr einwirkt. Wenn er abgekühlt ist, wird das Feuer wieder angefacht. Das geschieht noch ein zweites und drittes Mal, und dann erst wird er vom Herd genommen und am folgenden Tag abgeschäumt. Dann ⟨gib⟩ 4 Unzen (ca. 109 g) Pfeffer dazu, 3 Skrupel (ca. 3,4 g) gemahlenen Mastix, je eine Drachme (ca. 3,4 g) (Narden- oder Lorbeer-) Blätter und Safran, fünf geröstete Dattelkerne samt der vorher in Wein eingeweichten Datteln, vorher aber gib nach Menge und Anzahl so viel Wein dazu, dass man eine milde Gewürzmischung erhält. Wenn das alles fertig ist, gib 18 Sextarien (ca. 9,8 l) milden Weines dazu. Kohle wird helfen, es zu vollenden [†, während es aufkocht†][4].

2) Gewürzte Honigsuppe für die Reise: lang haltbare gewürzte Honigsuppe, die dem Reisenden auf dem Weg dargereicht wird: Gib gemahlenen Pfeffer mit abgeschäumtem Honig an Stelle von Gewürzwein in einen kleinen Kessel, und wenn etwas getrunken werden soll, nimm so viel Honig heraus oder mische so viel Wein dazu, wie du brauchst. Wenn du aber ein ⟨größeres⟩ Gefäß hast, gib etwas Wein zu der Honigsuppe, damit sich der Honig besser löst.

3) Römischer Absinth[5]: Römischen Absinth mache auf folgende Art und Weise: nach den Rezepten für Camerinischen Gewürzwein, jedenfalls, wenn der Wermut ausgegangen ist; an Stelle von diesem gib ⟨je eine⟩ Unze (ca. 27 g) gereinigten und gemahlenen Pontischen Absinth (Wermut) ⟨sowie eine⟩ thebaische Dattel dazu, 3 ⟨Skrupel⟩ (ca. 3,4 g) Mastixblätter (oder Mastix und Blätter?)[6], 6 Skrupel Kostwurz (ca. 6,8 g), 3 Skrupel

costi scripulos senos, croci scripulos III, vini eiusmodi sextarios XVIII. Carbones amaritudo non exigit.

4) ⟨Rosatum et violacium⟩ 1. Rosatum sic facies: folias rosarum, albo sublato, lino inseris et sutilis facias, et vino quam plurimas infundes, ut septem diebus in vino sint. Post septem dies rosam de vino tollis, et alias sutiles recentes similiter mittis, ut per dies septem in vino requiescant, et rosam eximis. Similiter et tertio facies, et rosam eximis, et vinum colas, et, cum ad bibendum voles uti, addito melle rosatum conficies, sane custodito ut rosam a rore siccam et optimam mittas. Similiter, ut supra, et de ⟨viola⟩ violacium facies, et eodem modo melle temperabis. 2. Rosatum sine rosa sic facies: folia citri viridia in sportella palmea in dolium musti mittes antequam ferveat, et post quadraginta dies exime. Cum necesse fuerit, mel addes et pro rosato utere.

5) Oleum Liburnicum sic facies: in oleo Spano mittes helenium et cyperi et folia lauri non vetusta, tunsa omnia et cribellata, ad levissimum pulverem redacta, et sales frictos et tritos, et per triduum vel plus promisce diligenter. Post haec aliquanto tempore patere requiescere, et Liburnicum omnes putabunt.

6) Vinum ex atro candidum facies: lomentum ex faba factum vel ovorum tritum alborem in lagonam mittis et diutissime agitas; alia die erit candidum. Et cineres vitis albae idem faciunt.

Safran (ca. 3,4 g), und 18 Sextarien alten Wein[7] (ca. 9,8 l). Kohlen verlangt die Bitterkeit nicht.

4) ⟨Rosen- und Veilchenwein⟩[8]: 1. Rosenwein bereite auf folgende Art: Reihe Rosenblätter, nachdem du das Weiße abgemacht hast, auf einen Faden und binde sie zusammen, und gib so viele wie möglich zum Wein, sodass sie sieben Tage lang im Wein sind. Nimm die Rosenblätter nach sieben Tagen aus dem Wein heraus und gib andere frische zusammengebundene genauso dazu, damit sie sieben Tage lang im Wein ruhen, und nimm dann die Rosenblätter wieder heraus und seihe den Wein durch und mache den Rosenwein, wenn du ihn zum Trinken benutzen willst, unter Zugabe von Honig fertig. Achte genau darauf, dass du völlig trockene und sehr gute Rosen dazugibst. Ähnlich wie oben mache auch mit Veilchen Veilchenwein, und schmecke ihn auf dieselbe Art mit Honig ab. 2. Rosenwein ohne Rosen mache folgendermaßen: Gib Blätter vom Zitronenbaum in einem Körbchen aus Palmbast in ein Fass Most, bevor er vergärt, und nimm sie nach vierzig Tagen heraus. Wenn es nötig ist, gib Honig dazu und verwende ihn statt Rosenwein.

5) Liburnisches Öl bereite folgendermaßen: Gib zu spanischem Öl Gamander (?), Erdmandeln und nicht zu alte Lorbeerblätter, alles zerstoßen, durchgesiebt und staubfein gemahlen, und zerriebenes und gemahlenes Salz, und mische es in einem Zeitraum von drei Tagen oder mehr sorgfältig durch. Danach lass es eine Zeitlang ruhen, und alle werden es für Liburnisches Öl halten.

6) Aus Rotwein mach Weißwein: Gib Paste aus Bohnenmehl oder drei Eiweiß in die Flasche und schüttle sehr lange. Am nächsten Tag wird er weiß sein. Asche von weißem Rebenholz macht dasselbe.

7) De liquamine emendando: liquamen si odorem malum fecerit, vas inane inversum fumiga lauro et cupresso, et in hoc liquamen infunde ante ventilatum. Si salsum fuerit, mellis sextarium mittis et moves, picas, et emendasti, sed et mustum recens idem praestat.

8) Ut carnes sine sale quovis tempore recentes sint: carnes recentes quales volueris melle tegantur, sed vas pendeat, et, quando volueris, utere. Hoc hieme melius fit, aestate paucis diebus dura⟨b⟩it. Et in carne cocta itidem facies.

9) Callum porcinum vel bubulum et unguellae coctae ut diu durent: in sinapi ex aceto, sale, melle facta mittis ut tegantur, et quando volueris, utere: miraberis.

10) Ut carnem salsam dulcem facias: carnem salsam dulcem facies, si prius in lacte coquas et postea in aqua[m].

11) Ut pisces fricti diu durent: eodem momento, quo friguntur et levantur, ab aceto calido perfunduntur.

12) Ostrea ut diu durent: vas ab aceto, aut ex aceto vasculum picitum lavas, et ostrea compone.

7) Um Liquamen zu verbessern: Wenn Liquamen einen schlechten Geruch bekommen hat, räuchere ein leeres Gefäß von unten mit Lorbeer- und Zypressenholz aus und gieße das vorher gelüftete Liquamen hinein. Wenn es gesalzen ist, gib einen Sextar (ca. 0,55 l) Honig dazu, rühre es um, verpiche es[9], und du hast es verbessert. Aber auch frischer Most zeigt dasselbe.

8) Damit Fleisch ohne Salz zu jeder Zeit frisch ist: Die frischen Fleischstücke, was für welche du auch möchtest, sollen mit Honig bedeckt werden, aber das Gefäß soll aufgehängt sein. Verwende sie dann, wann du willst. Das geschieht besser im Winter, im Sommer hält es sich nur wenige Tage. Dasselbe mache auch bei gekochtem Fleisch.

9) Damit sich Schweine- und Rinderschwarte und gekochte Schweinshaxen lange halten: Gib sie in Senf, der mit Essig, Salz und Honig zubereitet ist, sodass sie bedeckt sind, und verwende sie, wann du willst: du wirst erstaunt sein.

10) Um Salzfleisch mild zu machen: Salzfleisch kannst du mild machen, wenn du es zuerst in Milch und danach in Wasser kochst.

11) Damit sich gebratene Fische lange halten: Zur selben Zeit, wenn sie gebraten und aus dem Topf genommen werden, werden sie mit heißem Essig übergossen.

12) Damit sich Austern lange halten: Wasche sie mit Essig oder wasche mit Essig ein verpichtes (mit Pech abgedichtetes) Gefäß aus und mache die Austern darin ein.

13) Ut unciam laseris toto tempore utaris: laser in spatiosum doliolum vitreum mittis et nucleos pineos ut puta viginti, cumque utendum fuerit lasere, nucleos conteres, et in cibis miraberis sapores; et tantum numero nucleorum doliolo resementur.

14) Ut dulcia ⟨de⟩ melle diu durent: accipies quod Graeci dicunt cnecon et facies farinam et admisces cum melle e⟨o⟩ tempore quo dulcia facturus es.

15) Ut mel malum bonum facias: mel malum bonum facies ad vendendum, unam partem mali et duas boni si simul miscueris.

16) Mel corruptum ut probes: helenium infundes in melle et incende: si incorruptum est, lucet.

17) Uvae ut diu serventur: accipies uvas de vite inlaesas, et aquam pluvialem ad tertias dequoques, et mittis in vas, in quo et uvas mittis. Vas picari et gypsari facies, et in locum frigidum, ubi sol[i] accessum non habet, reponi facies, et, quando volueris, uvas virides invenies. Et ipsam aquam pro hydromeli aegris dabis. Et si in hordeo obruas, inlaesas invenies.

18) Ut mala et granata diu durent: in calidam ferventem merge, et statim leva et suspende.

13) Um eine Unze (ca. 27 g) Laser unbegrenzt verwenden zu können: Gib das Laser in ein geräumiges Einmachglas und dazu ungefähr zwanzig Pinienkerne; wenn das Laser verwendet werden soll, mahle die Kerne und du wirst den Geschmack in den Speisen bewundern. Eine entsprechende Menge an Kernen muss dann wieder in das Glas getan werden.

14) Damit sich Honigplätzchen lange halten: Nimm das, was die Griechen Cnecos (Saflor) nennen, mahle es zu Mehl und mische es mit Honig dann, wenn du Honigplätzchen machen willst.

15) Um aus schlechtem guten Honig zu machen: Aus schlechtem Honig kannst du guten zum Verkaufen[10] machen, wenn du einen Teil schlechten Honig mit zwei Teilen gutem mischst.

16) Um verdorbenen Honig zu prüfen: Gib Gamander[11] zum Honig und zünde ihn an: wenn er unverdorben ist, leuchtet er.

17) Damit sich Weintrauben lange aufbewahren lassen: Nimm unverletzte Weintrauben, koche Regenwasser auf ein Drittel ein und gib es in ein Gefäß, in das du auch die Trauben gibst. Verpiche und vergipse das Gefäß und stelle es an einen kühlen Ort, wo die Sonne nicht hinkommt, und du wirst, wann du willst, grüne Trauben finden. Das Wasser selbst kannst du statt Honigmet den Kranken geben. Auch wenn du sie in Gerste vergräbst, wirst du sie unbeschädigt finden.

18) Damit sich Äpfel und Granatäpfel lange halten: Tauche sie in kochendes Wasser, nimm sie gleich wieder heraus und hänge sie auf.

19) Ut mala Cydonia diu serventur: eligis mala sine vitio cum ramulis et foliis, et condes in vas, et suffundes mel et defritum et diu servabis.

20) Ficum recentem, mala, pruna, pira, cerasia ut diu serves: omnia cum peciolis diligenter legito et in melle ponito, ne se contingant.

21) Citria ut diu durent: in vas citrium mitte, gypsa et suspende.

22) Mora ut diu durent: ex moris sucum facito, et cum sapa misce, et in vitrio vaso cum mora mitte: custodies multo tempore.

23) Holera ut diu serventur: holera electa non satis matura in vas picitum repone.

24) Rapae ut diu serventur: 1. Ante accuratas et compositas per⟨fun⟩des myrtae bacis cum melle et aceto. 2. Aliter: sinapi tempera melle, aceto, sale, et super compositas rapas infundes.

25) Tubera ut diu serventur: tubera, quae aquae non vexaverint, componis in vas alternis, alternis scobem siccam mittis, ⟨coope⟩ris et gypsas, et loco frigido pones.

19) Damit sich Quitten lange aufbewahren lassen: Suche Quitten ohne Fehler mit Zweigen und Blättern aus und gib sie in ein Gefäß und gieße Honig und Defrutum darüber. Du wirst sie lange aufbewahren können.

20) Um frische Feigen, Äpfel, Pflaumen, Birnen und Kirschen lange aufbewahren zu können: Lies alle zusammen mit den Stielen sorgfältig aus und lege sie in Honig ein, ohne dass sie sich berühren.

21) Damit sich Zitronatzitronen[12] lange halten: Gib sie in ein Gefäß, vergipse es und hänge es auf.

22) Damit sich Maulbeeren (oder Brombeeren)[13] lange halten: Mache Saft aus Maulbeeren, mische ihn mit Sapa, und gib ihn zusammen mit den Maulbeeren in ein Glasgefäß: du wirst sie lange Zeit aufbewahren können.

23) Damit sich Gemüse lange aufbewahren lässt: Lege ausgesuchtes, nicht ganz reifes Gemüse in ein mit Pech abgedichtetes Gefäß.

24) Damit sich Rüben lange aufbewahren lassen: 1. Schütte über die vorher sorgfältig gereinigten und zurechtgelegten Rüben Myrtenbeeren mit Honig und Essig. 2. Auf andere Art: Schmecke Senf mit Honig, Essig und Salz ab und gieße ihn über die zurechtgelegten Rüben.

25) Damit sich Trüffel lange aufbewahren lassen: Lege in ein Gefäß abwechselnd je eine Schicht Trüffeln, die kein Wasser berührt hat, und eine Schicht trockene Sägespäne, verschließe und vergipse es und stelle es an einen kühlen Ort.

26) Duracina Persica ut diu durent: eligito optima, et mitte in muriam. Postera die exime, et i⟨n⟩sfongiabis diligenter, et collocabis in vas. Fundes salem, acetum, satureiam.

27) Sales conditos ad multa: sales conditi ad digestionem, ad ventrem movendum, et omnes morbos et pestilentiam et omnia frigora prohibent generari, sunt autem et suavissimi ultra quam speras. Sales communes frictos lib. I, sales ammonicos frictos lib. II, piperis albi unc. III, gingiber unc. II, ammeos unc. I semis, timi unc. I semis, apii seminis unc. I semis (si apii semen mittere nolueris, petroselini mittis unc. III), origani unc. III, erucae semen unc. I semis, piperis nigri unc. III, croci unc. I, hysopi Cretici unc. II, folium unc. II, petrosilenum unc. II, anethi unc. II.

28) Olivas virides servare ut quovis tempore oleum facias: olivas de arbore sublatas in illud mittis, et erunt tales quovis tempore quasi mox de arbore redemptae. De quibus, si volueris, oleum viridem facies.

29) Cuminatum in ostrea et conchylia: 1. Piper, ligusticum, petroselinum, mentam siccam, folium, malabathrum, cuminum plusculum, mel acetum et liquamen. 2. Aliter: piper, ligusticum, petroselinum, mentam siccam, cuminum plusculum, mel, acetum, liquamen.

30) Laseratum: 1. Laser Cyrenaicum vel Particum tepida dissolvis cum aceto, liquamine temperatum, vel piper, petrose-

26) Damit sich Nektarinen lange halten: Suche die besten aus und gib sie in Salzlake. Am folgenden Tag nimm sie heraus, wische sie sorgfältig mit einem Schwamm ab, und lege sie in ein Gefäß. Gieße Salz, Essig und Bohnenkraut darüber.

27) Gewürzsalze für viele Dinge: Gewürzsalze zur Verdauung und, um den Magen anzuregen, verhindern das Entstehen aller Krankheiten, Seuchen und aller Erkältungen, sie sind aber auch sehr süß, mehr als du hoffst. 1 Pfund (ca. 328 g) normales gemahlenes Salz, 2 Pfund (ca. 655 g) Salmiaksalz[14], 3 Unzen (ca. 82 g) weißen Pfeffer, 2 Unzen (ca. 55 g) Ingwer, 1½ Unzen (ca. 41 g) Bischofskraut, 1½ Unzen Thymian, 1½ Unzen Selleriesamen (wenn du keinen Selleriesamen dazugeben willst, gib 3 Unzen Petersilie dazu), 3 Unzen Oregano, 1½ Unzen Samen von wilder Rauke, 3 Unzen schwarzen Pfeffer, 1 Unze (ca. 27 g) Safran, 2 Unzen Kretischen Ysop, 2 Unzen Gewürzblätter (Lorbeerblätter?)[15], 2 Unzen Petersilie und 2 Unzen Dill.

28) Aufbewahren von grünen Oliven, damit du zu jeder Zeit Öl machen kannst: Gib die vom Baum abgepflückten Oliven in dieses[16], und sie werden zu jeder Zeit so sein, als ob sie gerade geerntet worden wären. Aus diesen mache, wann du willst, grünes Öl.

29) Cuminsauce für Austern und ⟨andere⟩ Schalentiere: 1. Pfeffer, Liebstöckel, Petersilie, getrocknete Minze, Gewürzblätter, Indische Lorbeerblätter, etwas mehr Cumin, Honig, Essig und Liquamen. 2. Auf andere Art: Pfeffer, Liebstöckel, Petersilie, getrocknete Minze, etwas mehr Cumin, Honig, Essig und Liquamen.

30) Lasersauce: 1. Löse cyrenäisches oder parthisches Laser[17] in lauwarmem Wasser und schmecke es mit Essig und Liquamen

linum, mentam siccam, laseris radicem, mel, acetum, liquamen. 2. Aliter: piper, careum, anethum, petroselinum, mentam siccam, silfi, folium, malabathrum, spicam Indicam, costum modicum, mel, acetum, liquamen.

31) Oenogarum in tubera: 1. Piper, ligusticum, coriandrum, rutam, liquamen, mel et oleum modice. 2. Aliter: thymum, satureiam, piper, ligusticum, mel, liquamen et oleum.

32) Oxypor⟨i⟩um: cumini unc. II, zingiberis unc. I, rutae viridis unc. I, nitri scripulos VI, dactylorum pinguium scripulos XII, piperis unc. I, mellis unc. IX, cuminum vel Aethiopicum aut Syriacum aut Libycum aceto infundes, sicca et sic tundes. Postea melle comprehendis. Cum necesse fuerit, oxygaro uteris.

33) ⟨H⟩ypotrim⟨m⟩a: piper, ligusticum, mentam aridam, nucleos pineos, uvam passam, caryotam, caseum dulcem, mel, acetum, liquamen, oleum, vinum, defritum aut cariotam.

34) Oxygarum digestibilem: 1. Piperis semunciam, silfi Gallici scripulos III, cardamomi scripulos VI, cumini scripulos VI, folii [i]scripulum I, menta sicca scripulos VI tunsa cribrataque melle colligis. Cum opus fuerit, liquamen et acetum addis. 2. Aliter: piperis unc. I, petroselini, carei, ligustici unc. singulas. Melle colliguntur, cum opus fuerit, liquamen et acetum addes.

ab, oder: Pfeffer, Petersilie, getrocknete Minze, Laserwurzel, Honig, Essig und Liquamen. 2. Auf andere Art: Pfeffer, Wiesenkümmel, Dill, Petersilie, getrocknete Minze, Silphium, Gewürzblätter, Indische Lorbeerblätter, Citronella, etwas Kostwurz, Honig, Essig und Liquamen.

31) Oenogarum für Trüffel: 1. Pfeffer, Liebstöckel, Koriander, Weinraute, Liquamen, Honig und etwas Öl. 2. Auf andere Art: Thymian, Bohnenkraut, Pfeffer, Liebstöckel, Honig, Liquamen und Öl.

32) Eine scharfe Sauce[18]: 2 Unzen (ca. 55 g) Cumin, 1 Unze (ca. 27 g) Ingwer, 1 Unze grüne Weinraute, 6 Skrupel (ca. 6,8 g) Soda, 12 Skrupel (ca. 14 g) dicke Datteln, 1 Unze Pfeffer, 9 Unzen (ca. 246 g) Honig. Gib Äthiopischen, Syrischen oder Libyschen Cumin in Essig, lasse ihn trocknen und zerreibe ihn. Danach binde ihn mit dem Honig. Wenn es nötig sein wird, verwende es als Oxygarum.

33) Hypotrimma (eine scharfe Kräutersauce): Pfeffer, Liebstöckel, trockene Minze, Pinienkerne, Rosinen, Datteln, milden Käse, Honig, Essig, Liquamen, Öl, Wein, Defrutum oder Dattelsirup[19].

34) Oxygarum, das die Verdauung fördert: 1. Eine halbe Unze (ca. 14 g) Pfeffer, 3 Skrupel (ca. 3,4 g) gallischen Silphiums (oder Sesels?)[20], 6 Skrupel (ca. 6,8 g) Cardamom, 6 Skrupel Cumin, 1 Skrupel (ca. 1,1 g) Gewürzblätter, 6 Skrupel getrocknete Minze. Das alles zerreibe und siebe es durch und binde es mit Honig. Wenn es nötig ist, gib Liquamen und Essig dazu. 2. Auf andere Art: 1 Unze (ca. 27 g) Pfeffer und je eine Unze Petersilie, Wiesenkümmel und Liebstöckel werden mit Honig gebunden. Wenn es nötig ist, gib Liquamen und Essig dazu.

35) Mortaria: mentam, rutam, coriandrum, feniculum, omnia viridia, ligusticum, piper, mel, liquamen. Si opus fuerit, acetum addes.

35) Mörsergewürz: Minze, Weinraute, Koriander, Fenchel, dies alles frisch, und außerdem Liebstöckel, Pfeffer, Honig und Liquamen. Wenn nötig, gib Essig dazu.

Liber II: Sarcoptes

1) Isicia. 2) Hidrogarum et apotermum et amulatum. 3) Vulvulae, botelli. 4) Lucanicae. 5) Farcimina.

1) Isicia: 1. Isicia fiunt marina de cammaris et astacis, de lolligine, de sepia, de lucusta. Isicium condies pipere, ligustico, cumino, laseris radice. 2. Esicium de lolligine: sublatis crinibus in fulmento tundes, sicuti adsolet. Pulpa et in mortario et in liquamine diligenter fricatur, et exinde isicia plassantur. 3. Isicia de [i]scillis vel de cammaris amplis: cammari vel [i]scillae de testa sua eximuntur, et in mortario teruntur cum pipere et liquamine optimo. Pulpae isicia plassantur. 4. Omentata ita fiunt: assas iecur porcinum et eum enervas. Ante tamen teres piper, rutam, liquamen, et sic superinmittis iecur et teres et misces. Sicut pulpa omentata, et singula involvuntur folia lauri, et ad fumum suspenduntur quamdiu voles. Cum manducare volueris, tolles de fumum et denuo assas. 5. Et sicium (?): adicies in mortarium piper, ligusticum, origanum, fricabis, suffundes liquamen, adicies cerebella cocta, teres diligenter, ne astulas habeat. Adicies ova quinque et dissolves diligenter, ut unum corpus efficias. Liquamine temperas et in patella aenea exinanies, coques. Cum coctum fuerit, versas in tabula munda, tessellas concides, adicies in mortarium piper, ligusticum, origanum, fricabis in se, commisces in caccabum, facies ut fer-

II. Buch: Gehacktes

1) Gehacktes. 2) Mit Hydrogarum, Apothermum und Amulum (Speisestärke). 3) Fleischwürste. 4) Lukanische Würstchen. 5) Würste.

1) Gehacktes: 1. Hackbällchen aus Seetieren macht man aus Hummer, aus Tintenfisch und aus Langusten. Würze das Gehackte mit Pfeffer, Liebstöckel, Cumin und Laserwurzel. 2. Hackbällchen aus Tintenfisch: Zerhacke ihn, nachdem du die Fangarme abgeschnitten hast, auf einem Hacklotz, wie man es gewöhnlich macht. Das Fleisch wird dann im Mörser sorgfältig in Liquamen zerrieben und daraus werden die Frikadellen geformt. 3. Hackbällchen aus Riesengarnelen (?)[21] oder großen Hummern: Die Hummer oder Riesengarnelen werden von ihrer Schale befreit und im Mörser mit Pfeffer und bestem Liquamen zerstoßen. Aus dem Fleisch werden die Hackbällchen geformt. 4. Wurst von Gehacktem macht man so: Brate Schweineleber und entferne die Sehnen. Vorher aber mahle Pfeffer, Weinraute und Liquamen, gib dann die Leber dazu, zerstampfe und mische es, wie Fleisch in Fettnetz[22], und es werden einzelne Lorbeerblätter mit hineingewickelt (?)[23] und sie dann in den Rauch gehängt, solange du willst. Wenn du sie verspeisen willst, nimm sie aus dem Rauch und brate sie abermals. 5. Hackbällchen auf andere Art: Gib in einen Mörser Pfeffer, Liebstöckel, Oregano, zerreibe es, gieße Liquamen dazu, gib gekochtes Hirn dazu und zerstampfe es gründlich, damit es keine Klümpchen bildet. Gib fünf Eier dazu und verrühre sie sorgfältig, um eine glatte Masse zu machen. Schmecke mit Liquamen ab, kippe es in eine Bronzeschüssel und koche es. Wenn es gar ist, stürze es auf eine saubere Platte, schneide Würfelchen, gib in einen Mörser Pfeffer, Liebstöckel und Oregano, zerstoße es miteinander, mische es im Topf dazu und

veat. Cum fervuerit, tractu⟨m⟩ confringes, obligas, coagitabis, et exinanies in boletari. Piper asparges et appones. 6. Isicia ex sfondilis: elixatos sfondilos contere, et nervos eorum eximes, deinde cum eis alicam elixatam, ova conteres, pipere. In omento assabis, oenogaro profundes, et pro isiciis inferes. 7. Isicia omentata: pulpam concisam teres cum medulla siligine⟨i⟩ in vino infusi. Piper, liquamen, si velis, et bacam mirteam extenteratam simul conteres. Pusilla isicia formabis, intus nucleis et pipere positis. Involuta omento subassabis cum caroeno.

2) Hidrogarum et apotermum et amulatum: 1. Isicia plena: accipies adipes fasiani recentes, praeduras et facis ex eo tessellas, cum pipere, liquamine, caroeno in isicio includes, et hydrogaro coques et inferes. 2. Hydrogarata isicia sic facies: teres piper, ligusticum, pyrethrum minimum, suffundes liquamen, temperas aqua[m] cisternina[m], dum inducet, exinanies in caccabo, et tum isicia ad vaporem ignis pones, et caleat, et sic sorbendum inferes. 3. In isiciato pullo: olei floris lib. I, liquaminis quartarium, piperis semuncia. 4. Aliter de pullo: piperis grana XXXI conteres, mittis liquaminis optimi calicem, caroeni tantundem, aquae undecim mittis, et ad vaporem ignis pones. 5. Isicium simplex: ad unum liquaminis acetabulum aquae septem mittes, modicum apii viridis, triti piperis cocleare. Isiciola

lass es aufkochen. Wenn es aufgekocht ist, mache Teigkrümel, binde es damit und kippe es in eine Schüssel. Streue Pfeffer darauf und serviere. 6. Frikadellen aus Lazarusklappern (Muschelart): Zerstoße die gekochten Lazarusklappern und entferne die Sehnen, dann stampfe damit zusammen gekochte Grütze, Eier und Pfeffer. Grille sie in einem Fettnetz, begieße sie mit Oenogarum und serviere sie als Frikadellen. 7. Frikadellen in Fettnetz: Zerstoße Hackfleisch mit in Wein eingeweichtem Weißbrot ohne Kruste[24]. Zerstoße damit zugleich Pfeffer, Liquamen und, wenn du möchtest, auch entkernte Myrtenbeeren. Forme kleine Frikadellen, in die du ⟨Pinien⟩kerne und Pfefferkörner hineinsteckst. Hülle es in Fettnetz und grille es leicht mit Caroenum.

2) Mit Hydrogarum, Apothermum und Amulum (Speisestärke): 1. Gefüllte Frikadellen: Nimm frische Schmalzstücke vom Fasan, brate sie an und mache daraus Würfelchen, schließe sie mit Pfeffer, Liquamen und Caroenum in den Frikadellen ein, koche sie in Hydrogarum (Liquamen mit Wasser) und serviere sie. 2. Frikadellen mit Hydrogarum mache folgendermaßen: Mahle Pfeffer, Liebstöckel und Bertram sehr fein und gieße Liquamen dazu, mildere es mit Regenwasser, solange es einzieht, gieße es in einen Topf und lege die Frikadellen dann in die Hitze über das Feuer, und es soll dort garen, und trage es so als Suppe auf. 3. Für ein mit Fleischbällchen gefülltes Hähnchen: 1 Pfund (ca. 328 g) bestes Olivenöl, ein Quartar (ca. 0,14 l) Liquamen, ½ Unze (ca. 14 g) Pfeffer. 4. Hähnchen anders: Zerstoße 31 Pfefferkörner, gib ein Glas bestes Liquamen dazu, ebenso viel Caroenum, gib elf Gläser (ca. 1,5 l) Wasser dazu und stelle es in die Hitze des Feuers[25]. 5. Einfache Frikadellen: Zu einer Sauciere Liquamen (ca. 0,07 l) gib sieben (ca. 0,48 l) mit Wasser, etwas grünen Sellerie, einen Esslöffel gemahlenen Pfeffer. Koche darin kleine Fleischbällchen und serviere sie so

inquoques, et sic ad ventrem solvendum dabis. Hydrogaro f⟨a⟩eces conditi addes. 6. Isicia de pavo primum locum habent, ita si fricta fuerint, ut callum vincant. Item secundum locum habent de fasianis, item tertium locum habent de cuniculis, item quartum locum habent de pullis, item quintum locum habent de porcello tenero. 7. Isicia ⟨a⟩mul⟨a⟩ta ab aheno sic facies: teres piper, ligusticum, origanum, modicum silfi, zingiber minimum, mellis modicum, liquamine temperabis, misces, adicies super isicia, facies ut ferveat. Cum bene bolluerit, amulo obligas spisso, et sorbendum feres. 8. Amul⟨at⟩um aliter: piper teres pridie infusum, cui subinde liquamen suffundes ita, ut bene tritum ac lutulentum facies piperatum. Cui defritum admisces, quod fit de coctomiis, quod sole torrente in mellis substantiam cogitur. Quid si non fuerit, vel caunearum defritum mittes, quod Romani »colorem« vocant, ac deinceps amulum infusum adicies vel orizae sucum et lento igni fervere facias. 9. Amulatum aliter: ossucla de pullis exbromas. Deinde mittis in caccabum porros, anethum, salem, cum cocta fuerit, addes piper, apii semen, deinde oridiam (= oryzam) infusam teres, addes liquamen et passum vel defritum, omnia misces et cum isiciis inferes. 10. Apotermu⟨m⟩ sic facies: alicam elixam, nucleis et amindalis (= amygdalis) depilatis et in aqua infusis et lotis ex creta argentaria, ut ad candorem pariter perducantur, cum iamiam miscebis uvam passam, caroenum vel passum, desuper confractum asparges, ⟨et⟩ in boletari inferes.

gegen Verdauungsstörungen. Gib zu diesem Hydrogarum Hefe (Bodensatz) von Würzwein (?)[26]. 6. Frikadellen vom Pfau belegen den ersten Platz, wenn sie so gebraten werden, dass sie die Zähigkeit verlieren. Ebenso belegen den zweiten Platz die von Fasanen, den dritten Platz die von Kaninchen, den vierten die von Hühnern und den fünften die von zartem Spanferkel. 7. Fleischbällchen mit Speisestärke aus dem Kessel mache folgendermaßen: Mahle Pfeffer, Liebstöckel, Oregano, ein wenig Silphium, sehr wenig Ingwer, ein wenig Honig. Schmecke mit Liquamen ab und mische es. Gib es über die Fleischbällchen und lass es aufkochen. Wenn es ordentlich gekocht hat, binde es mit viel Speisestärke und serviere es als Eintopf. 8. Mit Speisestärke auf andere Art: Mahle über Nacht eingeweichten Pfeffer, zu dem du dann Liquamen dazugießt, sodass du eine sehr feine und dunkle Pfeffersauce erhältst. Dazu mische Defrutum, das aus Feigen gemacht und in der brennenden Sonne zu der Konsistenz von Honig eingedickt wird. Wenn es das nicht gibt, kannst du auch Defrutum aus kaunischen Feigen dazugeben, das die Römer *Color* (= dunkle Farbe) nennen, gib eingeweichte Speisestärke oder angerührtes Reismehl dazu und lass es auf kleiner Flamme kochen. 9. Mit Speisestärke auf andere Art: Koche Hühnerknochen aus. Dann gib Lauchstangen, Dill und Salz in den Topf. Wenn es gargekocht ist, gib Pfeffer und Selleriesamen dazu, dann zerstoße eingeweichten Reis, füge Liquamen und Passum oder Defrutum hinzu, mische alles und serviere es mit den Fleischbällchen. 10. Apothermum bereite folgendermaßen: Mische gekochte Grütze mit geschälten, in Wasser eingeweichten und, damit sie gleichmäßig weiß werden, mit Kreide zum Silberputzen gewaschenen Nüssen und Mandeln, schließlich mit Rosinen, Caroenum oder Passum, außerdem streue Brösel darüber und serviere in einer Schüssel (boletar).

3) Vulvulae, botelli: 1. Vulvulae esiciata⟨e⟩, et sic fiunt: piper tritum et cuminum, capita porrorum brevia duo ad molle purgata, rutam, liquamen admiscetur pulpae bene tunsae et fricatae. Denuo [denuo] ipso subtrito ita ut commisceri possit, mittas piperis grana et nuclei, et calcabis in materia bene lota. Et sic coquuntur ex aqua, oleo, liquamine, fasciculo porrorum et anetho. 2. Botellum sic facies: ex ovi vitellis coctis, nucleis pineis concisis, cepam, porrum concisum, tus crudum misces, piper minutum, et sic intestinum fa⟨r⟩cies. Adicies liquamen et vinum, et sic coques.

4) Lucanicae: Lucanicas similiter ut supra scriptum est: [Lucanicarum confectio] teritur piper, cominum, satureia, ruta, petroselinum, condimentum, bacae lauri, liquamen, et admiscetur pulpa bene tunsa, ita ut denuo bene cum ipso subtrito fricetur. Cum liquamine admixto, pipere integro et abundanti pinguedine et nucleis inicies in intestinum perquam tenuatim perductum, et sic ad fumum suspenditur.

5) Farcimina: 1. Ova et cerebella teres, nucleos pineos, piper, liquamen, laser modicum, et his intestinum implebis. Elixas, postea assas et inferes. 2. Aliter: coctam alicam et trita cum pulpa concisa et trita⟨m⟩ una cum piper⟨e⟩ et liquamine et nucleis. Farcies intestinum et elixabis, deinde cum sale assabis et cum sinapi inferes, vel sic concisum in disco. 3. Aliter: alicam

3) Fleischwürste: 1. Gefüllte Wursthaut, und so wird sie gemacht: Gemahlener Pfeffer und Cumin, zwei kurze Lauchstangen, die bis zum weichen Teil geschält sind, Weinraute und Liquamen werden zu fein geschnittenem und gemahlenem Fleisch gemischt. Nachdem dieses immer wieder fein gemahlen worden ist[27], sodass es sich vermischen lässt, gib Pfefferkörner und Pinienkerne dazu und stopfe es in eine gut gewaschene Wursthaut (?)[28]. Und so werden sie in Wasser mit Öl, Liquamen, einem Büschel Lauch und Dill gekocht. 2. Würstchen mache auf folgende Art: aus gekochten Eidottern, gehackten Pinienkernen, mische Zwiebel, geschnittenen Lauch, rohes Weihrauchharz (?)[29] und zerkleinerte Pfefferkörner damit und stopfe so die Wursthaut. Gib Liquamen und Wein dazu und koche sie so.

4) Lukanische Würstchen: Lukanische Würstchen, ähnlich wie es oben geschrieben steht: [Zubereitung von lukanischen Würstchen] Man mahlt Pfeffer, Cumin, Bohnenkraut, Weinraute, Petersilie, Gewürzkraut, Lorbeerfrüchte, Liquamen, dann wird feingeschnittenes Fleisch dazugemischt, sodass es mit den gemahlenen Gewürzen zusammen erneut zerrieben wird. Mische es mit Liquamen, ganzen Pfefferkörnern, reichlich Fett und Pinienkernen und fülle es in einen Darm, der überaus dünn gezogen sein soll; so wird es dann zum Räuchern aufgehängt.[30]

5) Würste: 1. Stampfe Eier und Hirnchen, Pinienkerne, Pfeffer, Liquamen, ein wenig Laser, und fülle damit die Wursthaut. Koche sie in Wasser, danach grille sie und serviere. 2. Auf andere Art: gekochte Grütze gestampft mit gehacktem Fleisch und mit Pfeffer, Liquamen und Pinienkernen. Stopfe damit die Wursthaut und koche sie, dann grille sie mit Salz und serviere sie mit Senf oder einfach so geschnitten auf einer Platte. 3. Auf

purgas et cum liquamine intestini et albamine porri concisi minutatim simul elixas. Elixato tolles, pinguedinem concides et copadia pulpae, in se omnia commisces. Teres piper, ligusticum, ova tria, haec omnia in mortario permisces cum nucleis et pipere integro. Liquamen suffundes, intestina imples, elixas et subassas, vel elixa[m] tantum appones. 4. Aliter circellos isiciatos: reples intestinum inpensam isicii et circellum facies rotundum, fumas. Cum miniaverit, subassas, exornas, oenogaro fasiani profundes, sed cuminum addes.

andere Art: Reinige die Grütze und koche sie zusammen mit Liquamen aus Eingeweiden[31] und dem weißen Teil von gehacktem Lauch. Wenn es gar ist, nimm es heraus, schneide Fett und Fleischstücke klein, vermische alles, mahle Pfeffer, Liebstöckel, drei Eier, das alles mische im Mörser mit Pinienkernen und ganzen Pfefferkörnern zusammen. Gieße Liquamen dazu, fülle die Wursthaut, koche und grille sie, oder serviere sie nur gekocht. 4. Knackwürstchen auf andere Art: Fülle die Wurst mit einer Füllung aus Fleischbällchen und forme das Knackwürstchen zu einem Kreis. Räuchere es. Wenn es rot geworden ist, grille es leicht, richte es an, begieße es mit Oenogarum wie für Fasan (?)[32], aber gib Cumin dazu.

Liber III: Cepuros

Incipit eiusdem cepuros de oleribus lib. III

1) Ut omne holus smaragdinum fiat. 2) Pulmentarium ad ventrem. 3) Asparagos. 4) Cucurbitas. 5) Cidrium. 6) Cucumeres. 7) Pepones, melones. 8) Malvas. 9) Cymas et cauliclos. 10) Porros. 11) Betas. 12) Holisera. 13) Rapas sive napos. 14) Raphanos. 15) Olus molle. 16) Herbae rusticae. 17) Urticae. 18) Intuba et lactucae. 19) Cardui. 20) [Funduli sive] spondili. 21) Caroetae.

1) De holeribus: Ut omne holus smaragdinum fiat: omne holus smaragdinum fi[a]t, si cum nitro coquatur.

2) Pulmentarium ad ventrem: 1. Betas minutas et porros requietos elixabis, in patina compones. Teres piper, cuminum, suffundes liquamen, passum, ut quaedam dulcedo sit. Facias ut ferveat. Cum fervuerit, inferes. 2. Similiter: polypodium in tepidam mittis. Ubi mollierit, rades, et minutum cum pipere et cuminum tritum in patinam ferventem mittes et uteris. 3. Aliter ad ventrem: facies betaciorum fasces detergi, ne laves. In eorum medium nigrum asparges et alligas singulos fasces. Mittes in aquam. Cum coxeris, condies patinam, cum eadem passum vel caroenum et cuminum et super asparges et oleum modicum. Ubi ferbuerit, polypodium et frustra nucum cum liquamine teres, ferventem patinam fundes, cooperies. Statim depones ⟨et⟩ uteris. [4. Aliter betacios Varronis: Varro: ›beta-

III. Buch: Der Gärtner

Es beginnt das des Gärtners über Gemüse, III. Buch

1) Wie jedes Gemüse smaragdgrün wird. 2) Eine Beilage für die Verdauung. 3) Spargel. 4) Kürbisse. 5) Zitronatzitrone. 6) Gurken. 7) Wasser- und Honigmelonen. 8) Malven. 9) Brokkoli und Kohlsprossen. 10) Lauch. 11) Rote Beten. 12) Schwarzkohl. 13) Rüben oder Steckrüben. 14) Rettich. 15) Weiches Gemüse. 16) Feldkräuter. 17) Brennnesseln. 18) Endivien und Kopfsalat. 19) Artischocken. 20) Lazarusklappern (eine Muschelart) 21) Karotten.

1) Über Gemüse: Wie jedes Gemüse smaragdgrün wird: Jedes Gemüse wird smaragdgrün, wenn es mit Natron gekocht wird.

2) Eine Beilage für die Verdauung: 1. Siede gehackte rote Beten und abgehangene Lauchstangen, lege sie in eine Pfanne, zerstoße Pfeffer und Cumin, gieße Liquamen dazu und Passum, damit eine gewisse Süße entstehe. Lass es aufkochen. Wenn es aufgekocht ist, serviere. 2. Auf ähnliche Art: Gib Engelsüß[33] in lauwarmes Wasser. Wenn es eingeweicht ist, putze es und gib es kleingeschnitten mit gestoßenem Pfeffer und Cumin in eine heiße Pfanne und verwende es. 3. Etwas anderes für die Verdauung: Schrubbe Bündelchen roter Rüben, ohne sie zu waschen. Streue schwarzen ⟨Pfeffer?⟩ in die Mitte und binde die einzelnen Bündelchen zusammen. Gib sie in Wasser. Wenn du sie gekocht hast, gib Gewürz in die Pfanne, nämlich Passum oder Caroenum, streue Cumin darüber und gib ein wenig Öl dazu. Sobald es gekocht hat, zerstampfe Engelsüß und Nussstücke mit Liquamen und gib es in die heiße Pfanne und decke sie zu. Nimm sie sogleich vom Feuer und verwende es. [4. Rote Rüben anders nach Art des Varro[34]: Varro: ›Rüben,

cios, sed nigros, quorum detersas radices et mulso decoctas cum sale modico et oleo vel sale, aqua et oleo in se cocta iusculum facere et potari, melius etiam, si in eo pullus sit decoctus‹.] 5. Aliter ad ventrem: apios virides cum suis radicibus lavabis et siccabis ad solem. Deinde albam⟨en⟩ et capita porrorum simul elixabis in caccabo novo, ita ut aqua ad tertios deferveat [id est ut ex tribus eminis aquae una remaneat]. Postea teres piper, liquamen et aliquantum mellis humore temperabis, et aquam apiorum decoctorum colabis in mortario, et superfundes apio. Cum simul ferbuerit, appones, et, si libitum fuerit, apios adicies.

3) Asparagos: asparagos siccabis, sursum sursum in calidam summittas: callossiores reddes.

4) Cucurbitas: 1. Gustum de cucurbitas: cucurbitas coctas expressas in patinam compones. Adicies in mortarium piper[e], cuminum, silfi modice, [id est laseris radicem], rutam: modicum, liquamine et aceto temperabis, mittes defrito: modicum, ut coloretur, ius exinanies in patinam. Cum fervuerit iterum ac tertio, depones et piper minutum asparges. 2. Aliter cucurbitas iure colocasiorum: cucurbitas coques ex aqua in modum colocasiorum. Teres piper, cuminum, rutam, suffundes acetum, liquamen, temperabis in caccabum, cui adicies ⟨oleum modicum⟩, et eas cucurbitas incisas expressas in ius mittes ut ferveant. Amulo obligas, piper asparges, et inferes. 3. Cucurbitas

aber schwarze, deren Wurzeln und süße Teile abgeschnitten und in Mulsum gekocht wurden, werden mit ein wenig Salz und Öl, oder Salz, Wasser und Öl zu einer Brühe gekocht und getrunken, besser noch, wenn darin ein Huhn gekocht worden ist.‹] 5. Auf andere Art für die Verdauung: Wasche grünen Sellerie mit Knolle und trockne ihn an der Sonne. Dann koche das Weiße und die Zwiebeln (?)[35] von Lauchstangen gleichzeitig in einem neuen (Ton-)Topf, sodass das Wasser bis auf ein Drittel einkocht [das heißt, dass von drei Litern (Heminen) Wasser einer übrigbleibt]. Danach zerstoße Pfeffer und Liquamen und schmecke es mit ein bisschen flüssigem Honig ab und gieße das Wasser von den abgekochten Sellerieknollen durch einen Durchschlag in den Mörser und gieße es wieder über den Sellerie. Wenn es damit gekocht hat, serviere, und wenn es beliebt, tue die Sellerieknollen dazu.

3) Spargel: Trockne die Spargel und gib sie mehrmals kurz in heißes Wasser: du wirst sie fester behalten.

4) Kürbisse: 1. Vorspeise von Kürbissen: Lege gekochte ausgepresste Kürbisse in eine Pfanne. Gib in einen Mörser Pfeffer, Cumin, ein wenig Silphium [das heißt Laserwurzel], ein wenig Weinraute, schmecke mit Liquamen und Essig ab, gib ein wenig Defrutum dazu, damit es Farbe bekommt, gieße die Sauce in die Pfanne. Wenn es zum zweiten und dritten Mal aufgekocht ist, nimm es vom Feuer und streue zerkleinerten Pfeffer darauf. 2. Kürbisse auf andere Art mit einer Sauce für Lotuswurzeln (?)[36]: Koche die Kürbisse in Wasser nach Art von Lotuswurzeln. Zerstoße Pfeffer, Cumin, Weinraute, gieße Essig und Liquamen dazu und schmecke es in einem Topf ab, in den du ⟨ein wenig Öl⟩ hineingibst, und gib die Kürbisse zerschnitten und ausgepresst in die Sauce, damit sie kochen. Binde mit Speisestärke, streue Pfeffer darauf und serviere. 3. Kürbisse auf

more Alexandrino: elixatas cucurbitas exprimis, sale asparges, in patinam compones. Teres piper, cuminum, coriandri semen, mentam viridem, laseris radicem, suffundes acetum, adicies cariotam, nucleum, teres, melle, acetum, liquamine, defrito et oleum temperabis, et cucurbitas perfundes. Cum ferbuerint, piper asparges et inferes. 4. Aliter cucurbitas elixatas: ex liquamine, oleo, mero. 5. Aliter cucurbitas frictas: oenogaro simplici, et piperem. 6. Aliter cucurbitas elixatas et frictas: in patina compones, cuminatum superfundes, modico oleo super adiecto. Fervere facies et inferes. 7. Aliter cucurbitas frictas et tritas: piper, ligusticum, cuminum, origanum, cepam, vinum, liquamen et oleum. Amulo obligabis in patina et inferes. 8. Aliter cucurbitas cum gallina: duracina, tubera, piper, careum, cuminum, silfi, condimenta viridia, mentam, apium, coriandrum, puleium, caromentam, mel, vinum, liquamen, oleum et acetum.

5) Citrium: sil montanum, silfi, mentam siccam, acetum, liquamen.

6) Cucumeres: 1. Cucumeres rasos: sive ex liquamine, sive ex ⟨o⟩enogaro: sine ructu et gravitudine teneriores senties. 2. Aliter cucumeres rasos: elixabis cum cerebellis elixis, cumino et melle modico, apii semen, liquamine et oleo. Ovis obligabis, piper asparges et inferes. 3. Aliter cucumeres: piper, puleium, mel vel passum, liquamen et acetum. Interdum et silfi accedit.

alexandrinische Art: Presse die gekochten Kürbisse aus, streue Salz darüber und lege sie in eine Pfanne. Zerstoße Pfeffer, Cumin, Koriandersamen, frische Minze und Laserwurzel, gieße Essig und gib Datteln und Pinienkerne dazu, zerstampfe es, schmecke mit Honig, Essig, Liquamen, Defrutum und Öl ab und übergieße die Kürbisse damit. Wenn es gekocht hat, streue Pfeffer darüber und serviere. 4. Gekochte Kürbisse auf andere Art: mit Liquamen, Öl und unvermischtem Wein. 5. Gebratene Kürbisse auf andere Art: mit einfachem Oenogarum und Pfeffer. 6. Gekochte und gebratene Kürbisse auf andere Art: Lege sie in eine Pfanne und gieße Cuminsauce darüber, zu der du außerdem ein bisschen Öl gegeben hast. Lass es kochen und serviere. 7. Zerstampfte, gebratene Kürbisse auf andere Art: Pfeffer, Liebstöckel, Cumin, Oregano, Zwiebel, Wein, Liquamen und Öl. Binde es in der Pfanne mit Speisestärke und serviere. 8. Kürbisse mit Hühnchen auf andere Art: Nektarinen, Trüffel, Pfeffer, Wiesenkümmel, Cumin, Silphium, frische Gewürzkräuter, Minze, Sellerie, Koriander, Poleiminze, Caromenta (eine Minzenart?), Honig, Wein, Liquamen, Öl und Essig.

5) Zitronatzitrone (?)[37]: Bergfenchel, Silphium, getrocknete Minze, Essig, Liquamen.

6) Gurken: 1. Geschälte Gurken: entweder mit Liquamen oder mit Oenogarum: du wirst sie zarter finden und kein Aufstoßen und keine Bauchschmerzen verspüren. 2. Geschälte Gurken anders: Koche sie mit gekochtem Hirnchen, Cumin und ein wenig Honig, Selleriesamen, Liquamen und Öl. Binde sie ⟨mit Eiern⟩[38], bestreue sie mit Pfeffer und serviere. 3. Gurken auf andere Art: Pfeffer, Poleiminze, Honig oder Passum, Liquamen und Essig; manchmal kommt auch Silphium dazu.

7) Pepones et melones: piper, puleium, mel vel passum, liquamen, acetum: interdum et silfi accedit.

8) Malvas: malvas minores de grano, ex liquamine, oleo, acetum – malvas maiores in oenogara, piper, liquamine, caroeno vel passo.

9) Cymas et coliclos: 1. Cymas: cuminum, salem, vinum vetus et oleum. Si voles, addes piper et ligusticum, mentam, rutam, coriandrum, folia colic⟨ul⟩orum, liquamen, vinum, oleum. 2. Aliter: culiculos elixatos mediabis, summa foliarum teres cum coriandro, cepa, cumino, piper, passo vel caroeno et oleo modico. 3. Aliter: culiculi elixati in patina conpositi condiuntur liquamine, oleo, mero, cumino. Super asparges porrum, cuminum, coriandrum viride super concides. 4. Aliter: coliculi conditi ut supra cum elixis porris coquantur. 5. Aliter: culiculos condies ut supra, admisces olibas (= olivas) virides et simul ferveant. 6. Aliter: culiculis conditis ut supra superfundes alicam elixam cum nucleis et uva passa; super asparges porros.

10) Porros: 1. Porros maturos fieri: pugnum salis, aquam et oleum: mixtum facies et ibi coques et eximes. Cum oleo, liquamine, mero et inferes. 2. Aliter porros: opertos foliis coliculorum et in prunis coques, ut supra, et inferes. 3. Aliter porros: in baca coctos ut supra inferes. 4. Aliter porros: in aqua[m] elixati erunt, fabae nondum conditae plurimum admisce conditurae, in qua eos manducaturus es.

7) Wasser- und Honigmelonen: Pfeffer, Poleiminze, Honig oder Passum, Liquamen und Essig; manchmal kommt auch Silphium hinzu.

8) Malven: Kleinere Malven mit einer Sauce aus Liquamen, Öl und Essig – größere Malven in Oenogarum, Pfeffer, Liquamen, Caroenum oder Passum.

9) Brokkoli und Kohlsprossen: 1. Brokkoli: Cumin, Salz, alten Wein und Öl. Wenn du willst, gib Pfeffer und Liebstöckel, Minze, Weinraute, Koriander, Kohlblätter, Liquamen, Wein und Öl dazu. 2. Auf andere Art: Halbiere gekochte Kohlsprossen und zerstampfe die Blattspitzen mit Koriander, Zwiebel, Cumin, Pfeffer, Passum oder Caroenum und ein wenig Öl. 3. Auf andere Art: Gekochte und in eine Pfanne gelegte Kohlsprossen werden mit Liquamen, Öl, unvermischtem Wein und Cumin gewürzt. Darüber streue Lauch, Cumin und schneide frischen Koriander darüber. 4. Auf andere Art: Kohlsprossen, gewürzt wie oben, werden mit abgebrühten Lauchstangen gekocht. 5. Auf andere Art: Würze die Kohlsprossen wie oben, mische grüne Oliven dazu, und lass es zusammen kochen. 6. Auf andere Art: Über Kohlsprossen, die wie oben gewürzt sind, wird gekochte Grütze mit Pinienkernen und Rosinen gegossen; darüber streue Lauch.

10) Lauch: 1. Reifer Lauch wird so zubereitet: eine Handvoll Salz, Wasser und Öl, mische es und koche ihn darin und nimm ihn heraus. Serviere ihn mit Öl, Liquamen und unvermischtem Wein. 2. Lauch anders: Koche ihn wie oben, aber bedeckt mit Kohlblättern und in Pflaumen, und serviere. 3. Lauch anders: Serviere ihn mit ⟨Myrten⟩beeren gekocht wie oben. 4. Lauch anders: Er soll in Wasser gekocht werden. Mische sehr viele ungewürzte Ackerbohnen zu der Gewürzsauce, in der du ihn essen willst.

11) Betas: 1. Concides porrum, coriandrum, cuminum, uvam passam, farinam et omnia in medullam mittes. Ligabis et ita inferes ex liquamine, oleo et aceto. 2. Aliter betas elixas: ex sinapi, oleo modico et aceto bene inferuntur.

12) Olisera: olisera in fasciculum redacta manu ex liquamine, oleo et mero bene inferuntur, vel cum piscibus assis.

13) Rapas sive napos: 1. Rapas sive napos: elixatos exprimes, deinde teres cuminum plurimum, rutam minus, laser Parthicum, mel, acetum, liquamen, defritum et oleum modice. Fervere facies et inferes. 2. Aliter rapas sive napos: elixas inferes. Oleum super istillabis (= instillabis). Si voles, acetum adde.

14) Rafanos: rafanos cum piperato: ita piper cum liquamine ter[e]as.

15) Holus molle: 1. Holus molle ex olisatro cocto ex aqua nitrata expressum concides minutum, et teres piper, ligusticum, satureiam siccam cum cepa sicca, liquamen, oleum et vinum. 2. Aliter olus molle: apium coques ex aqua nitrata, exprimes et concides minutatim. In mortario teres piper, ligusticum, origanum, cepam, vinum, liquamen et oleum. Coques in pultario, et sic apium commisces. 3. Aliter olus molle ex foliis lactucarum cum cepis: quoques ex aqua nitrata, expressa concides minutatim. In mortario teres piper, ligusticum, apii semen, mentam siccam, cepam, liquamen, oleum et vinum. – Aliter: holus molle ne arescat, summa quaeque amputantur,

11) Rote Beten: 1. Hacke Lauch, Koriander, Cumin, Rosinen und Mehl und gib alles zum Mark (der roten Beten), binde es und trage es so mit Liquamen, Öl und Essig auf. 2. Gekochte rote Beten auf andere Art: Mit Senf, ein wenig Öl und Essig lassen sie sich gut servieren.

12) Schwarzkohl: Schwarzkohl, den man mit der Hand zu einem Büschel geordnet hat, lässt sich gut mit Liquamen, Öl und unvermischtem Wein servieren oder mit gegrillten Fischen.

13) Rüben oder Steckrüben: 1. Rüben oder Steckrüben: Presse sie aus, wenn sie gekocht sind, dann zerstoße sehr viel Cumin, weniger Weinraute, parthisches Laser, Honig, Essig, Liquamen, Defrutum und ein wenig Öl. Lass es kochen und serviere. 2. Rüben oder Steckrüben anders: Koche sie und serviere. Träufle Öl darüber. Wenn du willst, gib Essig hinzu.

14) Rettich: Rettich mit Pfeffersauce: zerstoße dafür Pfeffer mit Liquamen.

15) Weiches Gemüse: 1. Schneide weiches Gemüse aus in Sodawasser gekochtem Schwarzkohl nach dem Auspressen klein und zerstoße Pfeffer, Liebstöckel, getrocknetes Bohnenkraut mit getrockneter Zwiebel, Liquamen, Öl und Wein. 2. Weiches Gemüse auf andere Art: Koche Sellerie in Sodawasser, presse ihn aus und schneide ihn klein. Zerstoße im Mörser Pfeffer, Liebstöckel, Oregano, Zwiebel, Wein, Liquamen und Öl. Koche es in einem Tontopf und mische es so mit dem Sellerie. 3. Ein weiches Gemüse aus Kopfsalatblättern mit Zwiebeln: Koche sie in Sodawasser und schneide sie nach dem Auspressen klein. Zerstoße in einem Mörser Pfeffer, Liebstöckel, Selleriesamen, getrocknete Minze, Zwiebel, Liquamen, Öl und Wein. – Auf andere Art: Damit das weiche Gemüse nicht aus-

et purgamenta et caules madefactos in aqua absenti (= absinthi) contegito.

16) Herbae rusticae: liquamine, oleo, aceto a manu vel in patina piper, cumino, bacis lentisci.

17) Urticae: urticam feminam, sole in ariete posito, adversus aegritudinem sumes, si voles.

18) Intubae et lactucae: 1. Intuba ex liquamine, oleo modico me⟨ro⟩, cepa concisa. Pro lactucis vere hieme intubae ex enbammate vel melle et aceto acri. 2. Lactucas cum oxyporio, aceto et modico liquamine. 3. Ad digestionem et inflationem et ne lactucae laedant: cumini unc. II, gingiberis unc. I, rutae viridis unc. I, dactylorum pinguium scripulos XII, piperis unc. I, mellis unc. IX, cuminum aut Aethiopicum aut Syriacum aut Libycum. Tundes cuminum et postea infundes in aceto, cum siccaverit, postea melle omnia comprehendes. Cum necesse fuerit, dimidium coclearium cum aceto et liquamine modico misces aut post cenam dimidium coclearem accipies.

19) Cardui: 1. Carduos: liquamine, oleo et ovis concisis. 2. Aliter carduos: rutam, mentam, coriandrum, feniculum, omnia viridia teres. Addes piper, ligusticum, mel, liquamen et oleum. 3. Aliter carduos elixos: piper, cuminum, liquamen et oleum.

trocknet, werden jeweils die Spitzen abgeschnitten, und man bedecke sowohl die Abfälle als auch die eingeweichten Strünke mit Wermutwasser.

16) Feldkräuter: Mit Liquamen, Öl und Essig aus der Hand oder in der Pfanne mit Pfeffer, Cumin und Mastixbeeren.

17) Brennnesseln: Nimm weibliche Brennnesseln gegen Krankheit, sobald die Sonne im Widder steht, wenn du willst.

18) Endivien und Kopfsalat: 1. Endivien mit Liquamen, ein wenig Öl ⟨unvermischtem Wein?⟩[39] und geschnittener Zwiebel. Anstatt Kopfsalat aber im Winter Endivien mit Salatsauce oder Honig und scharfem Essig. 2. Kopfsalat mit Oxyporium, Essig und ein wenig Liquamen. 3. Zur Verdauung, gegen Blähungen und damit Kopfsalat nicht schadet: zwei Unzen (ca. 55 g) Cumin, eine Unze (ca. 27 g) Ingwer, eine Unze frische Weinraute, 12 Skrupel (ca. 14 g) dicke Datteln, eine Unze Pfeffer, neun Unzen (ca. 246 g) Honig. Entweder äthiopischen, syrischen oder libyschen Cumin. Zerkleinere den Cumin und schütte ihn dann in Essig; wenn er getrocknet ist, binde alles mit Honig. Wenn es nötig sein wird, mische (davon) einen halben Esslöffel mit Essig und ein wenig Liquamen oder nimm nach dem Abendessen einen halben Esslöffel.

19) Artischocken: 1. Wilde Artischocken: mit Liquamen, Öl und gehackten Eiern. 2. Wilde Artischocken anders: Weinraute, Minze, Koriander und Fenchel, zerstoße alles frisch. Gib Pfeffer, Liebstöckel, Honig, Liquamen und Öl dazu. 3. Gekochte wilde Artischocken auf andere Art: Pfeffer, Cumin, Liquamen und Öl.

20) Sfondili [vel fundili]: 1. Sfondili fricti ex oenogaro simplici. 2. Aliter: sfondili elixi ex sale, oleo, mero, coriandro viridi conciso et piper⟨e⟩ integro. 3. Aliter: sfondilos elixos perfundes amulato infra scripto: apii semen, rutam, mel, piper teres, passum, liquamen et oleum modice, amulo obligas, piper asparges et inferes. 4. Aliter sfondilos: teres cuminum, rutam, liquamen, caroenum modice, oleum, coriandrum viridem et porrum. Et sfondilos inferes pro salso. 5. Aliter: sfondilos elixatos praedurabis, mittes in caccabum oleum, liquamen, piper, passum, colorabis et obligas. 6. Aliter: sfondilos oleum liquamine complebis, vel oleo et sale assabis. Piper asparges et inferes. 7. Aliter: sfondilos elixatos conteres et nervos eorum eximes. Deinde cum eis alicam elixatam et ova conteres, liquamen, piper. Isicia ex his facies cum nucleis et pipere in augmento. Assabis, oenogaro continges et pro isiciis inferes.

21) Caroetae seu pastinacae: 1. Caroetae frictae oenogaro inferuntur. 2. Aliter caroetas: sale, oleo puro et aceto. 3. Aliter: caroetas elixatas concisas in cuminato oleo modico coques et inferes. Cuminatum colorium facies.

20) Lazarusklappern (eine Muschelart)[40]: 1. Gebratene Lazarusklappern mit einfachem Oenogarum. 2. Auf andere Art: gekochte Lazarusklappern mit Salz, Öl, unvermischtem Wein, frischem, gehacktem Koriander und ganzen Pfefferkörnern. 3. Auf andere Art: Begieße gekochte Lazarusklappern mit der unten beschriebenen dicken Sauce: Zerstoße Selleriesamen, Weinraute, Honig und Pfeffer, Passum, Liquamen und etwas Öl, binde mit Speisestärke, streue Pfeffer darauf und serviere. 4. Lazarusklappern auf andere Art: Zerstoße Cumin, Weinraute, Liquamen, etwas Caroenum, Öl, frischen Koriander und Lauch, und serviere die Lazarusklappern als Salzfisch. 5. Auf andere Art: Schmore die gekochten Lazarusklappern an, gib in einen Topf Öl, Liquamen, Pfeffer und Passum, färbe und binde es. 6. Auf andere Art: Bedecke die Lazarusklappern mit Öl und Liquamen[41] oder grille sie mit Öl und Salz. Streue Pfeffer darauf und serviere. 7. Auf andere Art: Zerstampfe gekochte Lazarusklappern und entferne deren Sehnen. Dann zerstampfe zusammen mit ihnen gekochte Grütze und Eier, Liquamen und Pfeffer. Mache daraus mit Pinienkernen und Pfeffer in einem Darm[42] Würste. Grille sie, befeuchte sie mit Oenogarum und serviere sie als Frikadellen.

21) Karotten oder Pastinaken: 1. Gebratene Karotten werden mit Oenogarum serviert. 2. Karotten auf andere Art: mit Salz, reinem Öl und Essig. 3. Auf andere Art: Koche abgebrühte und kleingeschnittene Karotten in ein wenig Cuminöl und serviere. Mache (dafür) eine braune Cuminsauce (ein braunes Cuminöl?)[43].

Liber IV: Pandecter

1) Sala cattabia. 2) Patinae piscium, holerum, pomorum. 3) Minutal de piscibus vel esiciis. 4) Tisana vel sucum. 5) Gustum.

1) Sala cattabia: 1. Sala cattabia: piper, mentam, apium, puleium aridum, caseum, nucleos pineos, mel, acetum, liquamen, ovorum vitella, aquam recentem, panem ex posca maceratum exprimes, caseum bubulum, cucumeres in caccabulo compones, interpositis nucleis. Mittes concisi capparis minuti ⟨cum⟩ iocusculis gallinarum. Ius profundes, super frigidam collocabis et sic appones. 2. Aliter sala cattabia Apiciana: adicies in mortario apii semen, puleium aridum, mentam aridam, gingiber, coriandrum viridem, uvam passam enucleatam, mel, acetum, oleum et vinum. Conteres. Adicies in caccabulo panis Picentini frustra, interpones pulpas pulli, glandulas haedinas, caseum Vestinum, nucleos pineos, cucumeres, cepas aridas minute concisas. Ius supra perfundes. Insuper nivem sub ora asparges et inferes. 3. Aliter sala cattabia: panem Alexandrinum excavabis, in posca macerabis. Adicies in mortarium piper, mel, mentam, alium, coriandrum viridem, caseum bubulum sale conditum, aquam, oleum. Insuper vinum, et inferes.

2) Patinae piscium, holerum, pomorum: 1. Patina cotidiana: cerebella elixata teres cum piper⟨e⟩. Cuminum, laser cum liquamine, car⟨o⟩enum, lacte in ovis. Ad ignem lenem vel ad aquam calidam coques. 2. Aliter patina versatilis: nucleos, nuces fractas. Torres eas et teres cum melle, pipere, liquamine,

IV. Buch: Verschiedenes

1) Brotsalat. 2) Aufläufe von Fischen, Gemüsen und Baumfrüchten. 3) Frikassee von Fischen oder Geschnetzeltem. 4) Gerstengrütze oder Brei. 5) Vorspeise.

1) Brotsalat: 1. Brotsalat: Pfeffer, Minze, Sellerie, getrocknete Poleiminze, Käse, Pinienkerne, Honig, Essig, Liquamen, Eidotter und frisches Wasser. Presse in Posca[44] eingeweichtes Brot aus und lege Kuhkäse und Gurken mit dazugemischten Pinienkernen in einem kleinen Topf zurecht. Gib kleingeschnittene Kapern zusammen mit Hühnerleber dazu. Gieße die Sauce darüber, stelle es in Eiswasser und serviere es so. 2. Auf andere Art – Brotsalat à la Apicius: Gib in einen Mörser Selleriesamen, getrocknete Poleiminze, getrocknete Minze, Ingwer, frischen Koriander, entkernte Rosinen, Honig, Essig, Öl und Wein und zerstampfe es. Gib in einen kleinen Topf Stückchen von pizentinischem Brot[45], gib Hühnerfleisch, ein Halsstück von jungen Ziegenböcken, vestinischen Käse[46], Pinienkerne, Gurken und kleingeschnittene getrocknete Zwiebeln dazu. Gieße die Sauce darüber. Bestreue den Rand mit Schnee und serviere. 3. Brotsalat auf andere Art: Höhle alexandrinisches Brot aus und weiche es in Essigwasser ein. Gib in einen Mörser Pfeffer, Honig, Minze, Knoblauch, frischen Koriander, mit Salz gewürzten Kuhkäse, Wasser und Öl. ⟨Gieße⟩ Wein darüber und serviere.

2) Aufläufe von Fischen, Gemüsen und Baumfrüchten: 1. Alltagsauflauf: Zerstampfe gekochte Hirnchen mit Pfeffer. ⟨Dazu gib⟩ Cumin, Laser mit Liquamen, Caroenum und mit Milch verrührte Eier. Koche auf kleiner Flamme oder in einem Wasserbad. 2. Auf andere Art – ein gestürzter Auflauf[47]: Pinienkerne und geknackte Nüsse; röste und zerstoße sie mit Honig,

lacte et ovis. Olei modicum. 3. Aliter patina: tyrsum lactucae teres cum pipere, liquamine, car⟨o⟩eno, aqua[m], oleo. Coques, ovis obligabis. Piper asparges et inferes. 4. Aliter patina fusilis: accipies olisatra, purgas, lavas, coques, refrigerabis, restringues. Accipies cerebella IV, enervabis, coques. Adicies in mortario piper, scripulos VI, suffundes liquamen, fricabis. Postea adicies cerebella, fricabis iterum. Adicies holisatra et simul conteres. Postea franges ova VIII, adicias cyathum liquaminis, vini cyathum, passi cyathum, contrita simul temperabis. Patinam perunges, impones in thermospodio. Postea quod coctum fuerit, piper asparges et inferes. 5. Aliter patina de asparagis frigida: accipies asparagos purgatos, in mortario fricabis, aquam suffundes, perfricabis, per colum colabis, et mittes ficetulas curtas. Teres in mortario piperis scripulos sex, adicies liquamen, fricabis, vini cyathum unum, vini passi cyathum unum, mittes in caccabum olei uncias III. Illic ferveant. Perunges patinam, in ea ova VI cum oenogaro misces, cum suco asparagi impones cineri calido, mittes impensam supra scriptam. Tunc ficetulas compones. Coques, piper asperges et inferes. 6. Aliter patina de asparagis: adicies in mortario asparagorum praecisuras, quae proiciuntur, teres, suffundes vinum, colas. Teres piper, ligusticum, coriandrum viridem, satureiam, cepam, vinum, liquamen et oleum. Sucum transferes in patellam perunctam, et, si volueris, ova dissolves ad ignem, ut obliget.

Pfeffer, Liquamen, Milch und Eiern. ⟨Gib⟩ ein wenig Öl ⟨dazu⟩. 3. Ein Auflauf auf andere Art: Zerstampfe den Strunk eines Kopfsalates mit Pfeffer, Liquamen, Caroenum, Wasser, Öl, koche, und binde mit Eiern; streue Pfeffer darauf und serviere. 4. Auf andere Art – ein flüssiger[48] Auflauf: Nimm Schwarzkohl, säubere, wasche und koche ihn, lass ihn abkühlen und presse ihn aus. Nimm vier Hirnchen, enthäute und koche sie. Gib in einen Mörser sechs Skrupel (ca. 6,8 g) Pfeffer, gieße Liquamen dazu und zermahle es. Gib danach die Hirnchen dazu und zermahle es wieder. Gib den Schwarzkohl dazu und zerstampfe es zusammen. Danach schlage acht Eier auf, gib ein Gläschen (ca. 0,046 l) Liquamen, ein Gläschen Wein und ein Gläschen Passum dazu und schmecke den Brei damit ab. Fette eine Auflaufform ein und stelle sie in ein Kohlebecken. Streue nachher, wenn es gar ist, Pfeffer darauf und serviere. 5. Auf andere Art – ein kalter Spargelauflauf: Nimm geputzte Spargel und zerreibe sie in einem Mörser, gieße Wasser dazu, zerreibe es gut, passiere es durch einen Durchschlag und gib zerlegte Grasmücken dazu. Zerstoße in einem Mörser sechs Skrupel (ca. 6,8 g) Pfeffer, gib Liquamen dazu, zerreibe es, gib ein Gläschen (ca. 0,046 l) Wein, ein Gläschen Passum und drei Unzen (ca. 82 g) Öl in den Topf. Dort soll es kochen. Fette ein Backblech ein, mische darauf sechs Eier mit Oenogarum, lege es zusammen mit dem Spargelbrei in heiße Asche und gib die oben beschriebene Füllung darauf. Dann ordne die Grasmücken darauf an. Backe es, streue Pfeffer darauf und serviere. 6. Ein Spargelauflauf auf andere Art: Gib in einen Mörser die abgeschnittenen Teile von Spargeln, die sonst weggeworfen werden, zerstampfe sie, gieße Wein hinzu und passiere es. Zerstoße Pfeffer, Liebstöckel, frischen Koriander, Bohnenkraut, Zwiebel, Wein, Liquamen und Öl. Gib die Creme hinüber in eine eingefettete Pfanne und verrühre, wenn du willst, am Feuer Eier darin, um es zu binden. Streue gemahlenen Pfef-

Piper minutum asperges. 7. Patinam ex rusticis, sive tannis sive sinapi viridi sive cucumeres sive cauliculis ita facies: si volueris, substernes pulpas piscium vel pullorum. 8. Aliter patina de sabuco calida et frigida: accipies semen de sabuco, purgabis, ex aqua decoques, per colum exsiccabis, patinam perunges et in patinam compones ad surcellum. Adicies piperis scripulos VI, suffundes liquamen, postea adicies liquaminis cyathum unum, vini cyathum, passi cyathum, teres, tantum in patinam mittes olei: unc. IV, pones in termospodio et facies ut ferveat. Cum ferbuerit, franges postea ova VI, agitabis et patinam sic obligabis, cum obligaveris, piper asparges et inferes. 9. Patinam decoris: accipies rosas et exfoliabis. Album tolles, mittes in mortarium, suffundes liquamen, fricabis. Postea mittes liquaminis cyathum unum s(emis), et sucum per colum colabis. Accipies cerebella IV, enervabis et teres piperis scripulos VIII. Suffundes ex suco, fricabis. Postea ova VIII frangis, vini cyathum unum semis et passi cyathum unum, olei modicum. Postea patinam perunges [et eam perunges] et eam impones cinere calido, et sic impensam supra scriptam mittes. Cum cocta fuerit in termospodio, piperis pulverem super asperges et inferes. 10. Patina de cucurbitas: cucurbitas elixas et frictas in patina compones, cuminatum superfundes, modico oleo super adiecto. Fervere facias et inferes. 11. Patina de apua: apuam lavas, ex oleo maceras, in Cumana compones, adicies oleum, liquamen, vinum. Alligas fasciculos rutae et origanum, et sub-

fer darauf. 7. Bereite einen Auflauf aus Feldgewächsen wie Schmerwurz, grünem Senf (= Blätter der Senfpflanze), Gurken oder Kohlsprösslingen auf dieselbe Weise zu[49]: wenn du willst, verteile darin Fischfilet oder Hühnerfleisch. 8. Auf andere Art ein warmer oder kalter Auflauf von Holunder: Nimm Holunderbeeren, reinige und koche sie in Wasser gar, lasse sie durch einen Durchschlag abtropfen, fette ein Backblech ein und ordne sie auf Spießchen auf dem Backblech an. Gib sechs Skrupel (ca. 6,8 g) Pfeffer dazu, gieße Liquamen dazu, danach gib ein Gläschen (ca. 0,046 l) Liquamen, ein Gläschen Wein und ein Gläschen Passum dazu, zerstoße es und gib folgende Menge Öl auf das Backblech: vier Unzen (ca. 109 g). Lege es in ein Kohlebecken und lass es aufkochen. Nachher, wenn es aufgekocht ist, schlage sechs Eier auf, verrühre sie und binde den Auflauf auf diese Weise. Wenn du ihn gebunden hast, streue Pfeffer darauf und serviere. 9. Ein Schauauflauf[50]: Nimm Rosen und zupfe die Blütenblätter ab. Entferne das Weiße, gib sie in einen Mörser, gieße Liquamen dazu und zermahle sie. Danach gib 1 ½ Gläschen (ca. 0,069 l) Liquamen dazu und passiere den Brei durch einen Durchschlag. Nimm vier Hirnchen, enthäute sie und zerstoße acht Skrupel (ca. 9,1 g) Pfeffer. Gib von dem Brei dazu und zerstampfe es. Danach schlage acht Eier auf, ⟨gib⟩ 1 ½ Gläschen Wein, ein Gläschen (ca. 0,046 l) Passum und ein wenig Öl ⟨dazu⟩. Danach fette ein Backblech ein, setze es in heiße Asche und gib dann die oben beschriebene Masse darauf. Wenn es im Kohlebecken gar gebacken ist, streue Pfefferstaub darüber und serviere. 10. Ein Auflauf von Kürbissen: Ordne gekochte und gebratene Kürbisse in einer Pfanne an und gieße Cuminsauce darüber, nachdem du ein wenig Öl darüber gegeben hast. Lass es kochen und serviere. 11. Sardellenpfanne: Wasche die Sardelle(n)[51] bestreiche sie mit Öl, ordne sie in einer Tonkasserolle an und gib Öl, Liquamen und Wein dazu. Binde Bündelchen aus Weinraute und Oregano und tauche die Bün-

inde fasciculos apababtidiabis (= baptizabis). Cum cocta fuerit, proicies fasciculos, et piper asperges et inferes. 12. Patina de apua sine apua: pulpas piscis assi vel elixi minutatim facies ita abundanter, ut patinam quale⟨m⟩ voles implere possit. Teres piper et modicum rutae, suffundes liquamen quod satis erit et olei modicum, et commisces in patina cum pulpis, sic et ova cruda confracta, ut unum corpus fiat. Desuper leniter compones urticas marinas, ut non cum ovis misceantur. Impones ad vaporem, ut cum ovis ire non possint, et, cum siccaverint, super aspergis piper tritum et inferes. Ad mensam nemo agnoscet, quid manducet. 13. Patinam ex lacte: nucleos infundes et siccas. E⟨chin⟩os recentes inpraeparatos habebis. Accipies patinam, et in eam compones singula infra scripta: mediana malvarum et betarum et porros maturos, apios, holus molle et viridia elixa, pullum raptum et iure coctum, cerebella elixa, Lucani⟨c⟩a, ova dura per medium incisa. Mittes longaones porcinos ex iure Terentino farsos coctos concisos, iecinera pullorum, pulpas piscis as[c]elli fricti, urticas marinas, pulpas ostreorum, caseos recentes. Alternis compones, nucleos et piper integrum asparges. Ius tale perfundes: piper, ligusticum, apii semen, silfi. Coques. At ubi cocta fuerit, lactem colas, cui cruda ova commisces, ut unum corpus fiat, et super illa omnia perfundes. Cum cocta fuerit, ⟨addes⟩ echinos recentiores, piper asperges et inferes. 14. Patinam Apicianam sic facies: frustra suminis cocti, pulpas piscium, pulpas pulli, ficedulas vel

delchen dann in der Flüssigkeit ein. Wenn sie gar sind, wirf die Büschelchen weg, streue Pfeffer darauf und serviere. 12. Ein Sardellenauflauf ohne Sardelle: Hacke Filet von gegrilltem oder gekochtem Fisch klein und zwar so reichlich, dass es jede Auflaufform, die du willst, ausfüllen kann. Zerstoße Pfeffer und etwas Weinraute, gieße Liquamen in ausreichender Menge und ein wenig Öl dazu und mische es in der Auflaufform mit dem Filet und ebenso rohe aufgeschlagene Eier, sodass eine glatte Masse entsteht. Lege vorsichtig Quallen darauf, sodass sie sich nicht mit den Eiern mischen. Hänge es in den Dampf, sodass sich die Quallen nicht mit den Eiern verbinden und streue darauf, wenn sie getrocknet sind, gemahlenen Pfeffer und serviere. Am Tisch wird niemand erkennen, was er isst. 13. Ein Auflauf mit Milch: Weiche Pinienkerne ein und trockne sie. Du benötigst frische unvorbehandelte Seeigel[52]. Nimm ein Backblech und lege die einzelnen unten aufgelisteten Zutaten hinein: die Mittelstücke von Malven und Beten und reifen Lauch, Sellerieknollen, weiches Gemüse und gekochtes Blattgemüse, ein gerupftes und in Suppe gekochtes Huhn, gekochte Hirnchen, lukanische Würstchen, halbierte hartgekochte Eier, gib gekochte, zerschnittene und mit Sauce à la Terenz[53] gefüllte Schweinemastdärme dazu, Hühnerleber und Filet von gebratenem Dorsch (?)[54], Quallen, Austernfleisch und Frischkäse, ordne es abwechselnd an und streue die Pinienkerne und ganze Pfefferkörner darüber. Gieße folgende Sauce darüber: ⟨gib⟩ Pfeffer, Liebstöckel, Selleriesamen und Silphium ⟨in Milch⟩ und koche sie. Wenn sie aber gekocht hat, passiere die Milch durch ein Sieb, verrühre rohe Eier damit, sodass eine glatte Masse entsteht, und gieße sie über alle Zutaten. Wenn es gekocht hat, ⟨gib⟩ sehr frische Seeigel ⟨dazu⟩, streue Pfeffer darüber und serviere[55]. 14. Einen Auflauf à la Apicius bereite folgendermaßen: Stücke von gekochtem Euter, Fischfilets, Hühnchenfleisch, Grasmücken oder gekochtes Brust-

pectora turdorum cocta et quaecumque optima fuerint. Haec omnia concides diligenter praeter ficedulas. Ova vero cruda cum oleo dissolvis. Teres piper, ligusticum, suffundes liquamen, vinum, passum, et in caccabum mittis ut calefiat, et amulo obligas. Antea tamen pulpas concisas universas illuc mittes, et sic bulliat. At ubi coctum fuerit, levabis cum iure suo et in patella alternis de trulla refundes cum piperis grana integra et nucleis pineis, ita ut per singula coria substernas diploidem, in laganum similiter. Quotquot lagana posueris, tot trullas imples, desuper adicies. Unum vero laganum fistula percuties et super impones. Piper asparges, ante tamen illas pulpas ovis confractis obligabis et sic in caccabum mittes cum impensam. Patellam aeneam qualem debes habere infra ostenditur.

15. Patina cotidiana: accipies frustra suminis cocta, pulpas piscium coctas, pulpas pulli coctas. Haec omnia concides diligenter. Accipies patellam aeneam, ova confringes in caccabum et dissolves. Adicies in mortarium piper, ligusticum, fricabis, suffundes liquamen, vinum, passum, oleum modice, reexinanies in caccabum, facies ut ferveat. Cum ferbuerit, et (?) obligas. Pulpas, quas subcultrasti, in ius mittis. Substerne[re] diploides patinam aeneam, et trullam plenam pulpae, et disparges oleum, laganum pones similiter. Quotquot lagana posueris, tot trullas impensae adicies. Unum laganum fistula percuties, a superficie versas in discum, in superficiem pones. Piper aspar-

fleisch von Drosseln und was auch immer sehr gut ist. Schneide dies alles außer den Grasmücken sorgfältig klein. Rühre dann rohe Eier mit Öl an. Mahle Pfeffer und Liebstöckel, gieße Liquamen, Wein und Passum dazu und gib es in einen Topf, damit es heiß wird, und binde mit Speisestärke. Vorher aber gib alle Fleischstücke dort hinein; so soll es kochen. Sobald es aber gar ist, nimm es mit seiner Sauce heraus und fülle es mit einem Schöpflöffel zusammen mit ganzen Pfefferkörnern und Pinienkernen abwechselnd auf ein Backblech, sodass du unter die einzelnen Lagen einen Teigboden (?)[56] legst, ⟨mache es⟩ mit den Teigblättern ähnlich. Fülle so viele Schöpflöffel Füllung hinein, wie du Teigblätter übereinander gelegt hast und lege jeweils wieder eins darüber. Durchlöchere aber ein Teigblatt mit einem Röhrchen und lege es ganz oben darauf. Streue Pfeffer darüber, vorher aber binde jene Fleischstücke mit aufgeschlagenen Eiern, und gib es so zusammen mit der Füllung in einen Topf. Was für ein bronzenes Backblech du haben musst, ist unten gezeigt. ⟨Die Zeichnung fehlt in den Handschriften.⟩

15. Alltagsauflauf: Nimm gekochte Stücke vom Euter, gekochte Fischfilets und gehacktes Hühnerfleisch. Schneide dies alles sorgfältig klein. Nimm ein bronzenes Backblech, schlage Eier in einen Topf und verrühre sie. Gib in einen Mörser Pfeffer und Liebstöckel, zerreibe es, gieße Liquamen, Wein, Passum und etwas Öl dazu, schütte es in den Topf und lass es aufkochen. Wenn es aufgekocht ist, binde es. Gib die Fleischstücke, die du geschnitten hast, in die Sauce. Lege auf das bronzene Backblech doppelte Teigblätter und einen vollen Schöpflöffel Fleisch und träufle Öl darüber, lege ⟨jedes⟩ Teigblatt ähnlich darauf. Gib so viele Schöpflöffel Füllung dazu, wie du Teigblätter übereinander gelegt hast. Stoße in ein Teigblatt mit einem Röhrchen ein Loch, stürze alles mit der Oberseite nach unten auf eine runde Platte und lege es auf die neue Oberseite. Streue Pfeffer darauf

ges et inferes. 16. Patina versatilis vice dulci⟨s⟩: nucleos pineos, nuces fractas et purgatas, attorrebis eas, teres cum melle, pipere, liquamine, lacte, ovis, modico mero et oleo. 17. Patellam tirotaricham ex quocumque salso volueris: coques ex oleo, exossabis, et cerebella cocta, pulpas piscium, iocuscula pullorum, ova dura, caseum mollem excaldatum, haec omnia calefacies in patella. Teres piper, ligusticum, origanum, rutae bacam, vinum, mulsum, oleum, patella ad lentum ignem ut coquatur. Ovis crudis obligabis, adordinabis, cuminum minutum asparges et inferes. 18. Patellam siccam: esicia de tursione: enervabis, concides minutatim. Teres piper, ligusticum, origanum, petroselinum, coriandrum, cuminum, rutae bacam, mentam siccam, ipsum tursionem. Isicia deformabis. Vinum, liquamen, oleum. Coques. Coctum in patellam collocabis. Ius in ea facies: piper, ligusticum, satureiam, cepam, vinum, liquamen, oleum. Patellam pones ut coquatur. Ovis obligabis, piper asparges et inferes. 19. Patella ex olisatro: elixas ex aqua nitrata, exprimis in patellam. Teres piper, ligusticum, coriandrum, satrueiam, cepam, vinum, liquamen, acetum, oleum. Transferes in patellam, coques, amulo obligas. Thymum et piper minutum asparges. Et de quacumque herba, si volueris, facies ut supra. 20. Patina de apua fricta: apua⟨m⟩ lavas, ova confringes et cum apua commisces. Adicies liquamen, vinum, oleum, facies ut ferveat, et cum ferbuerit, mittes apuam. Cum duxerit, subtiliter versas. Facies ut coloret, oenogarum simplex perfundes. Piper asparges et inferes. 21. Patina ex lagitis et cerebellis: friges

und serviere. 16. Ein gestürzter Auflauf an Stelle einer Süßspeise: röste Pinienkerne und geschälte und gesäuberte Nüsse an und stampfe sie mit Honig, Pfeffer, Liquamen, Milch, Eiern, etwas unvermischtem Wein und Öl. 17. Ein Käse-Fisch-Auflauf aus beliebigem Salzfisch: Koche ihn in Öl und entgräte ihn. Gib dazu gekochte Hirnchen, Hühnerleber, hartgekochte Eier, weichen, leicht angekochten Käse, und erhitze das alles in einer Pfanne. Zerstoße Pfeffer, Liebstöckel, Oregano, Weinrautenfrüchte, Wein, Mulsum und Öl und ⟨setze⟩ die Pfanne auf eine kleine Flamme, damit es kocht. Binde mit rohen Eiern, richte es an, streue geschroteten Cumin darauf und serviere. 18. Ein trockener Auflauf: Fleischbällchen von Schweinswal: Entferne die Sehnen und schneide ihn klein. Mahle Pfeffer, Liebstöckel, Oregano, Petersilie, Koriander, Cumin, Weinrautenfrüchte, getrocknete Minze und das Fleisch des Schweinswals selbst. Forme Fleischbällchen. ⟨Gib dazu⟩ Wein, Liquamen und Öl. Koche sie. Nach dem Kochen lege sie in eine Auflaufform. Mache dafür folgende Sauce: Pfeffer, Liebstöckel, Bohnenkraut, Zwiebel, Wein, Liquamen und Öl. Setze die Auflaufform zum Kochen auf. Binde mit Eiern, streue Pfeffer darauf und serviere. 19. Ein Auflauf aus Schwarzkohl: Koche ihn in Sodawasser, presse ihn aus und lege ihn in eine Auflaufform. Zerstoße Pfeffer, Liebstöckel, Koriander, Bohnenkraut, Zwiebel, Wein, Liquamen, Essig und Öl. Gib es hinüber in die Auflaufform, koche und binde mit Speisestärke; streue Thymian und gemahlenen Pfeffer darauf. Und mit jedem beliebigen Gemüse mache es so wie oben, wenn du willst. 20. Ein gebratener Sardellenauflauf: Wasche die Sardelle, schlage Eier auf und mische sie mit der Sardelle. Gib Liquamen, Wein und Öl dazu, lass es aufkochen, und gib, wenn es aufgekocht ist, die Sardelle dazu. Sobald es gestockt ist, wende es vorsichtig. Lass es goldbraun werden und gib einfaches Oenogarum darüber. Streue Pfeffer darauf und serviere.[57] 21. Pfannengericht aus Stöckern (?)[58] und

ova dura, cerebella elixas et enervas, gizeria pullorum quoques. Haec omnia divides praeter piscem, compones in patina praemixta, salsum coctum in medio pones. Teres piper, ligusticum, suffundes ⟨passum⟩, ut dulce sit. Piperatum mittes in patinam, facies ut ferveat. Cum ferbuerit, ramo rutae agitabis et amulo obligabis. 22. Patina mullorum loco salsi: mullos rades, in patina munda compones, adicies ⟨olei quod satis est et salsum interpones. Facies⟩ ut ferveat. Cum ferbuerit, mulsum mittes aut passum. Piper asparges et inferes. 23. Patina piscium loco salsi: pisces qualeslibet curatos friges, in patinam compones, adicies olei quod satis est et salsum interpones. Facies ut ferveat. Cum ferbuerit, mittes mulsam et ius agitabis. 24. Patina piscium: pisces qualeslibet rades et duratos mittes. Cepas siccas Ascalonas vel alterius generis concides in patinam et pisces super compones. Adicies liquamen, oleum. Cum coctum fuerit, salsum coctum in medio pones. Addendum acetum. Asparges et coronam bubulam. 25. Patellam Lucretianam: cepas pallachanas purgas (viridia earum proicies), in patinam concides. Liquaminis modicum, oleum et aquam. Dum coquitur, salsum crudum in medium ponis. At ubi cum salso prope cocta fuerit, melle cocleare asparges, aceti et defriti pusillum. Gustas. Si fatuum fuerit, liquamen adicies, si salsum, mellis modicum, et coronam bubulam aspergis, ut bulliat. 26. Patinam de lagitis: lagitas rades, lavas, ova confringis et cum lagitis conmiscis. Adicies liquamen, vinum, oleum, facies ut ferveat.

Hirnchen: Brate hartgekochte Eier, koche Hirnchen und enthäute sie, koche die Innereien von Hühnern. Zerteile das alles außer dem Fisch und verteile es, vorher vermischt, auf einem Backblech, den gekochten Salzfisch lege in die Mitte. Zerstoße Pfeffer, Liebstöckel und gieße ⟨Passum⟩ dazu, damit es süß wird. Gib Pfeffersauce auf das Blech und lass es aufkochen. Wenn es aufgekocht ist, rühre mit einem Weinrautenzweig um und binde mit Speisestärke. 22. Auflauf von Meerbarben an Stelle von Salzfisch: Entschuppe die Meerbarben und lege sie in eine saubere Auflaufform, gib dazu ⟨genügend Öl und lege den Salzfisch dazwischen. Lass es⟩[59] kochen. Wenn es gekocht hat, gib Mulsum oder Passum dazu. Streue Pfeffer darauf und serviere. 23. Ein Auflauf von Fischen an Stelle von Salzfisch: Brate beliebige zubereitete Fische, lege sie auf ein Backblech, gib genügend Öl dazu und lege den Salzfisch dazwischen. Lass es kochen. Wenn es gekocht hat, gib Mulsum (oder Honigwasser?) dazu und rühre die Sauce um. 24. Ein Fischauflauf: Entschuppe beliebige Fische und lege sie, wenn sie vorbereitet sind, beiseite. Schneide trockene Schalotten oder Zwiebeln einer anderen Art auf das Blech und lege die Fische darauf. Gib Liquamen und Öl dazu. Wenn es gar ist, lege gekochten Salzfisch in die Mitte. Dazu muss noch Essig gegeben werden. Streue auch Thymbra-Bergminze (?) darauf. 25. Auflauf à la Lukrez[60]: Reinige die Zwiebeln von Schnittlauch (wirf die grünen Teile davon weg) und schneide sie auf ein Blech. ⟨Dazu⟩ ein wenig Liquamen, Öl und Wasser. Wenn es kocht, lege rohen Salzfisch in die Mitte. Aber wenn es zusammen mit dem Salzfisch fast gar ist, träufle einen Esslöffel Honigwasser darüber und ein ganz klein wenig Essig und Defrutum. Koste. Wenn es zu fade ist, gib Liquamen dazu, wenn salzig, ein wenig Honig, und streue Thymbra-Bergminze darauf und lass es damit aufkochen. 26. Auflauf von Stöckern: Entschuppe die Stöcker und wasche sie, schlage Eier auf und vermische sie mit den Stöckern. Gib Liquamen, Wein

Cum ferbuerit, oenogarum simplex perfundis. Piper asperges et inferes. 27. Patina zomoteganona: crudos quoslibet pisces in patina compones. Adicies oleum, liquamen, vinum coctum, fasciculum porri, coriandri. Dum coquitur, teres piper, ligustici, origani fasciculum, de suo sibi fricabis, suffundes ius de suo sibi, ova cruda dissolves, temperas. Exinanies in patinam, facies ut obligetur. Cum tenuerit, piper aspargas et inferes. 28. Patina solearum: soleas battues et curatas compones in patina. Adicies oleum, liquamen, vinum. Dum coquitur, teres piper, ligusticum, origanum, fricabis, suffundes ius, ova cruda, ut unum corpus facies. Super soleas refundes, lento igni coques. Cum duxerit, piper asparges et inferes. 29. Patina de piscibus: piperis unciam, caroeni heminam, conditi heminam, olei unc. II. 30. Patina de pisciculis: uvam passam, piper, ligusticum, origanum, cepam, vinum, liquamen, oleum. Transferes in patellam. Cum cocta fuerit, adicies in ipsam pisciculos coctos. Amulo obligas et inferes. 31. Patina de piscibus: denticem, auratam et mugilem. Accipies pisces, curatos subassabis, postea eos in pulpas carpeas. Deinde ostrea curabis. Adicies in mortarium piperis scripulos VI, suffundes liquamen, fricabis. Postea adicies liquaminis cyathum unum, vini cyathum unum, mittes in caccabum, et olei unc. III et ostrea. Oenogarum facies fervere. Cum ferbuerit, patinam perungis et in pulpam supra scriptam mittes et in condituram de ostreis. Facies ut ferveat. Cum ferbuerit, franges ova XL, infundes super ostrea. Cum

und Öl dazu und lass es kochen. Wenn es gekocht hat, gieße einfaches Oenogarum darüber. Streue Pfeffer darauf und serviere. 27. Auflauf von gesottenen Fischen: Lege beliebige rohe Fische in eine Auflaufform. Gib Öl, Liquamen, ⟨ein⟩gekochten[61] Wein und ein Büschelchen Lauch und Koriander dazu. Während es kocht, zerstoße Pfeffer, Liebstöckel und ein Büschelchen Oregano und zermahle alles miteinander, gieße vom eigenen Saft (von dem der Fische) dazu, verrühre rohe Eier damit und schmecke ab. Schütte es auf das Blech und binde es. Wenn es fest geworden ist, streue Pfeffer darauf und serviere. 28. Schollenauflauf: Klopfe die Schollen und lege sie vorbereitet auf ein Backblech. Gib Öl, Liquamen und Wein[62] dazu. Während es kocht, zerstoße Pfeffer, Liebstöckel und Oregano, zermahle es und gieße Sauce und rohe Eier dazu, um eine glatte Masse zu machen. Gieße es über die Schollen und koche auf kleiner Flamme. Wenn es gestockt ist, streue Pfeffer darauf und serviere. 29. Fischpfanne: eine Unze (ca. 27 g) Pfeffer, einen halben Sextar (ca. 0,27 l) Caroenum, einen halben Sextar Würzwein und zwei Unzen (ca. 55 g) Öl. 30. Auflauf von kleinen Fischen: Rosinen, Pfeffer, Liebstöckel, Oregano, Zwiebel, Wein, Liquamen und Öl. Gib das in eine Auflaufform. Wenn es gar ist, gib kleine gekochte Fische dort hinein. Binde mit Speisestärke und serviere. 31. Fischauflauf: Zahnbrasse, Goldbrasse und Meeräsche: Nimm die Fische, bereite sie vor, grille sie an und zerpflücke sie danach in Filetstückchen. Dann bereite Austern vor. Gib in einen Mörser 6 Skrupel (ca. 6,8 g) Pfeffer, gieße Liquamen dazu und zermahle ihn. Gib dann ein Gläschen (ca. 0,046 l) Liquamen und ein Gläschen Wein dazu, gib es ebenso in den Topf wie 3 Unzen (ca. 82 g) Öl und die Austern. Lass das Oenogarum aufkochen. Wenn es aufgekocht ist, fette eine Auflaufform ein, gib das Oenogarum zu dem oben beschriebenen Fischragout und in die Gewürzsauce aus Austern. Lass es kochen. Wenn es gekocht hat, schlage 40 Eier auf und gieße sie

strinxerint, piper asparges et inferes. 32. Patina de pisce lupo: teres piper, cuminum, petroselinum, rutam, cepam, mel, liquamen, passum, olei guttas. 33. Patina de sorbas calida et frigida: accipies sorba, purgas, in mortario fricabis, per colum colabis. Cerebella enervabis IV cocta, mittes in mortario piperis scripulos VIII, suffundes liquamen, fricabis. Adicies sorba, in se contemperabis, frangis ova VIII, adicies cyathum liquaminis unum. Patinam mundam perunges et in termospodio pones, et sic eam impensam mittes, ac ⟨ut?⟩ subtus supra termospodium habeat. Cum cocta fuerit, piper minutum aspargis et inferes. 34. Patina de Persicis: Persica duriora purgabis, frustratim concides, elixas, in patina compones, olei modicum superstillabis et cum cuminato inferes. 35. Patina de piris: pira elixa et purgata e medio teres cum pipere, cumino, melle, passo, liquamine, oleo modico. Ovis missis patinam facies, piper super asparges et inferes. 36. Patina urticarum calida et frigida: urticam accipies, lavas, colas per colum, exsiccabis in tabula, eam concides. Teres piperis scripulos X, suffundes liquamen, fricabis. Postea adicies liquaminis cyathos II, olei uncias VI. Caccabus ferveat. Cum ferbuerit, coctum tolles ut refrigescat. Postea patinam mundam perungues, franges ova VIII et agitabis. Perfundes, subtus supra cinerem calidam habeat. Coctam piper minutum asparges et inferes. 37. Patina de Cidoneis: mala Cydonia cum porris, melle, liquamine, oleo, defri[ca]to coques et inferes, vel elixata ex melle.

über die Austern. Wenn es steif geworden ist, streue Pfeffer darauf und serviere.[63] 32. Auflauf von Seebarsch: Zerstoße Pfeffer, Cumin, Petersilie, Weinraute, Zwiebel, Honig, Liquamen, Passum und einige Tropfen Öl. 33. Warmer und kalter Auflauf von Speierling: Nimm Früchte vom Speierling, säubere sie, zerstampfe sie im Mörser und passiere sie durch einen Durchschlag. Enthäute vier gekochte Hirnchen, gib in einen Mörser 8 Skrupel (ca. 9,1 g) Pfeffer, gieße Liquamen hinzu und zermahle es. Gib die Speierlingsfrüchte dazu und stimme es in sich ab, schlage 8 Eier auf und gib ein Gläschen (ca. 0,046 l) Liquamen dazu. Fette eine saubere Auflaufform ein, stelle sie in ein Kohlebecken und gib diese Masse so darauf, dass sie die Glut direkt an Unter- und Oberseite hat (?)[64]. Wenn es gar ist, streue zerkleinerten Pfeffer darauf und serviere. 34. Pfirsichpfanne: Säubere etwas härtere Pfirsiche und schneide sie in Stücke, koche sie, lege sie auf ein Backblech, träufle ein wenig Öl darüber und serviere sie mit Cuminsauce. 35. Birnensoufflé: Zerstampfe gekochte und entkernte Birnen mit Pfeffer, Cumin, Honig, Passum, Liquamen und ein wenig Öl. Bereite nach Zugabe von Eiern ein Soufflé zu, streue Pfeffer darauf und serviere. 36. Warmer und kalter Brennnesselauflauf: Nimm Brennnesseln, wasche sie, lasse sie durch einen Durchschlag abtropfen, trockne sie auf dem Tisch und schneide sie klein. Zerstoße 10 Skrupel (ca. 11 g) Pfeffer, gieße Liquamen dazu und zermahle es. Nachher gib zwei Gläschen (ca. 0,092 l) Liquamen und sechs Unzen (ca. 164 g) Öl dazu. Lass es in einem Topf kochen. Wenn es gekocht hat und gar ist, nimm es vom Feuer, sodass es abkühlt. Nachher fette eine saubere Auflaufform ein, schlage 8 Eier auf und rühre es um. Gieße es ⟨in die Form⟩ aus, an der Unter- und Oberseite soll es heiße Asche haben[65]. Wenn es gar ist, streue zerkleinerten Pfeffer darauf und serviere.[66] 37. Quittenauflauf: Koche Quitten mit Lauch, Honig, Liquamen, Öl und Defrutum (?)[67] und serviere sie, oder (nur) in Honig gekocht.

3) Minutal de piscibus vel isiciis: 1. Minutal marinum: pisces in caccabum, adicies liquamen, oleum, vinum, cocturam. Porros capitatos, coriandrum minutatim concides, isiciola de pisce minuta facies et pulpas piscis cocti concapis, urticas marinas bene lotas mittes. Haec omnia cum cocta fuerint, teres piper, ligusticum, origanum, fricabis, liquamen suffundes, ius de suo sibi, exinanies in caccabum. Cum fervuerit, tractam confringes, obligas, agitas. Piper aspargis et inferes. 2. Minutal Terentinum: concides in caccabum albamen de porris minutatim, adicies oleum, liquamen, cocturam, isiciola vel deminuta, et sic temperas ut tenerum sit. Isicium Terentinum facies: inter esicia confectionem invenies. Ius tale facies: piper, ligusticum, origanum, fricabis, liquamen suffundes, ius de suo sibi, vino et passo temperabis. Mittes ⟨in⟩ caccabum. Cum fervuerit, tracta⟨m⟩ confringes, obligas. Piperis aspergis et inferes. 3. Minutal Apicianum: oleum, liquamen, vinum, porrum capitatum, mentam, pisciculos, isiciola minuta, testiculos caprorum, glandulas porcellinas. Haec omnia in se quoqua⟨n⟩tur. Teres piper, ligusticum, coriandrum viride vel semen, suffundis liquamen, adicies mellis modicum et ius de suo sibi, vino et melle temperabis. Facies ut ferveat. Cum fervuerit, tractam confringes, obligas, coagitas. Piper aspargis et inferes. 4. Minutal Matianum: adicies in caccabum oleum, liquamen, cocturam, concides porrum, coriandrum, isicia minuta. Spatulam porcinam coctam tessellatim concides cum sua sibi tergilla. Facies ut simul coquantur. Media coctura mala Matiana purgata intrinsecus concisa tessellatim mittes. Dum coquitur, teres piper, cuminum, coriandrum viridem vel semen, mentam, lase-

3) Frikassee von Fischen oder Geschnetzeltem: 1. Meeresfrikassee: ⟨Lege⟩ die Fische in einen Topf, gib Liquamen, Öl, Wein und Brühe dazu. Schneide Lauchstangen mit den Knollen (?)[68] und Koriander klein, mache kleine Bällchen aus gehacktem Fisch, schließe Stücke von gekochtem Fischfilet darin ein und gib gut gewaschene Quallen dazu. Wenn das alles gar ist, zerstoße Pfeffer, Liebstöckel und Oregano und zermahle es, gieße Liquamen und vom eigenen Saft dazu und gieße es in den Topf. Wenn es gekocht hat, zerbrösele Teig, binde es und rühre um. Streue Pfeffer darauf und serviere. 2. Frikassee à la Terenz[69]: Schneide die weißen Enden von Lauchstangen klein in einen Topf, gib dazu Öl, Liquamen, Brühe, Fleischbällchen oder kleingeschnittenes Fleisch und schmecke so ab, dass es mild ist. Mache Hackbällchen à la Terenz: die Zubereitung findest du beim Gehackten[70]. Mache folgende Sauce: Pfeffer, Liebstöckel und Oregano, zermahle es, gieße Liquamen und vom eigenen Saft dazu und schmecke mit Wein und Passum ab. Gib es in den Topf. Wenn es gekocht hat, zerbrösele Teig und binde. Streue Pfeffer darauf und serviere. 3. Frikassee à la Apicius: Öl, Liquamen, Lauch mit Wurzel, Minze, kleine Fische, kleine Fleischbällchen, Hoden von Ziegenböcken und Brieschen[71] vom Ferkel. Das alles soll zusammen gekocht werden. Zerstoße Pfeffer, Liebstöckel, frischen Koriander oder Koriandersamen, gieße Liquamen dazu, gib ein wenig Honig und vom eigenen Saft dazu und schmecke mit Wein und Honig ab. Lass es aufkochen. Wenn es aufgekocht hat, zerbröckele Teig, binde und rühre um. Streue Pfeffer darauf und serviere. 4. Frikassee à la Matius[72]: Gib in einen Topf Öl, Liquamen und Brühe, schneide Lauch, Koriander und Geschnetzeltes klein. Schneide gekochte Schweinsschulter zusammen mit ihrer Schwarte in Würfel. Lass es zusammen kochen. Wenn es halb gar ist, gib gewürfelte matianische Äpfel ohne Kerngehäuse dazu. Während es kocht, zerstoße Pfeffer, Cumin, frischen Koriander

ris radicem, suffundis acetum, mel, liquamen, defritum modice et ius de suo sibi, aceto modico temperabis. Facies ut ferveat. Cum ferbuerit, tractam confringes et ex ea obligas. Piper asparges et inferes. 5. Minutal dulce ex citriis: adicies in caccabo oleum, liquamen, cocturam, porrum capitatum, concides coriandrum minutatim, spatulam porcinam coctam et isiciola minuta. Dum coquitur, teres piper, cuminum, coriandrum vel semen, ruta⟨m⟩ viridem, laseris radicem, suffundis acetum, defritum, ius de suo sibi, aceto temperabis. Facies ut ferveat. Cum ferbuerit, citrium purgatum intro foras, tessellatim concisum et elixatum in caccabum mittes. Tractam confringes et ex ea obligabis. Piper aspargis et inferes. 6. Minutal ex praecoquis: adicies in caccabo oleum, liquamen, vinum, concides cepam Ascaloniam aridam, spatulam porcinam coctam tessellatim concides. His omnibus coctis teres piper, cuminum, mentam siccam, anethum, suffundis mel, liquamen, passum, acetum modice, ius de suo sibi, temperabis. Praecoquia enucleata mittis, facies ut ferveant, donec percoquantur. Tracta confringes, ex ea obligas. Piper aspargis et inferes. 7. Minutal ex iecineribus et pulmonibus leporis: invenies inter lepores quemadmodum facies. Adicies ⟨in⟩ caccabum liquamen, vinum, oleum, coctura⟨m⟩, porr[or]um et coriandrum concisum, isicia minuta, spatulam porcinam coctam tessellatim concisam, et in eundem caccabum inmittes. Dum coquitur, teres piper, ligusticum, origanum, ius de suo sibi, vino et passo temperabis. Facies ut ferveat. Cum ferbuerit, tractam confringes et ex ea obligas. Piper aspargis et inferes. 8. Minutal ex rosis: eodem iure supra scripto, sed passum plus adicies.

oder Koriandersamen, Minze, Laserwurzel, gieße dazu Essig, Honig, Liquamen, ein wenig Defrutum und vom eigenen Saft und schmecke mit ein wenig Essig ab. Lass es aufkochen. Wenn es aufgekocht ist, zerbröckele Teig und binde damit. Streue Pfeffer darauf und serviere. 5. Ein süßes Frikassee mit Zitronatzitronen[73]: Gib in einen Topf Öl, Liquamen, Brühe, Lauch mit Wurzel, schneide Koriander, gekochte Schweinsschulter und Geschnetzeltes klein. Während es kocht, zerstoße Pfeffer, Cumin, Koriander oder Koriandersamen, frische Weinraute, Laserwurzel, gieße Essig, Defrutum und vom eigenen Saft dazu und schmecke mit Essig ab. Lass es kochen. Wenn es gekocht hat, gib eine entkernte, gewürfelte und gekochte Zitronatzitrone[74] in den Topf. Zerbröckele Teig und binde damit. Streue Pfeffer darauf und serviere. 6. Frikassee mit Aprikosen: Gib in einen Topf Öl, Liquamen, Wein, schneide trockene Schalotten und würfele eine gekochte Schweinsschulter. Wenn das alles gar ist, zerstoße Pfeffer, Cumin, getrocknete Minze und Dill, gib dazu Honig, Liquamen, Passum, ein wenig Essig, vom eigenen Saft und schmecke ab. Gib entsteinte Aprikosen dazu und lass sie aufkochen, bis sie gar sind. Zerbröckele Teig und binde damit. Streue Pfeffer darauf und serviere. 7. Frikassee aus Hasenleber und -lungen: Bei den Hasen wirst du finden, wie du ihn zubereiten musst[75]. Gib in den Topf Liquamen, Wein, Öl, Brühe, Lauch und geschnittenen Koriander, kleine Fleischbällchen, gekochte und gewürfelte Schweinsschulter und gib alles in denselben Topf hinein. Während es kocht, zerstoße Pfeffer, Liebstöckel, Oregano, vom eigenen Saft und schmecke mit Wein und Passum ab. Lass es kochen. Wenn es gekocht hat, zerbröckele Teig und binde damit. Streue Pfeffer darauf und serviere. 8. Frikassee mit Rosen: mit derselben Sauce wie oben beschrieben, aber gib mehr Passum dazu.

4) Tisanam vel sucum: 1. Tisanam sic facies: tisanam lavando fricas. Quam ante diem infundes. Impones supra ignem calidum. Cum bullierit, mittes olei satis et anethi modicum fasciculum, cepam siccam, satureiam et coloefium, ut ibi coquantur propter sucum. Mittes coriandrum viride et sale simul tritum et facies ut ferveat. Cum bene ferbuerit, tolles fasciculum et transferes in alterum caccabum tisanam sic, ne fundum tangat propter combusturam. Ligas ⟨bene⟩ et colas in caccabulo supra acronem coloefium. Teres piper, ligusticum, pulei aridi modicum, cuminum et silfi frictum, ut bene tegatur. Suffundis ⟨mel⟩, acetum, defritum, liquamen, refundis in caccabum, sed coloefium acronem facias ut ferveat super ignem lentum. 2. Tisanam farricam (?): infundis cicer, lenticulam, pisa defricas tisanam et cum leguminibus elixas. Ubi bene bullierit, olei satis mittis et super viridia concidis porrum, coriandrum, anethum, feniculum, betam, malvam, cauliculum molle et viridia minuta concisa. In caccabum mittis cauliculos elixos et teres feniculi semen satis, origanum, silfi, ligusticum. Postquam triveris, liquamine temperabis, et super legumina refundis et agites. Colicolorum minutas super concidis.

5) Gustum: 1. Gustum versatile: albas betas minutas, porros requietos, apios, bulbos, cocleas elixas, gizeria pullorum, aucellas, isicia coques ex iure. Proungis patinam et folia mal-

4) Gerstengrütze oder Brei: 1. Gerstengrütze mache folgendermaßen[76]: Wasche und zerstampfe die Gerste, die du einen Tag vorher einweichst. Setze sie auf eine heiße Flamme. Wenn es aufgekocht ist, gib genug Öl und ein nicht zu großes Büschelchen Dill, getrocknete Zwiebel, Bohnenkraut und Hüftknochen vom Schwein dazu, damit es dort wegen des Saftes[77] kocht (?). Gib frischen und zusammen mit Salz gestoßenen Koriander dazu und lass es aufkochen. Wenn es gut aufgekocht ist, nimm das Büschelchen (Dill) heraus und gib die Gerstengrütze so in einen anderen Topf, dass sie, um nicht anzubrennen, den Boden nicht berührt. Rühre es glatt und passiere es in einen kleinen Topf über die Speckschicht der Schweinehüfte (?)[78]. Zerstoße Pfeffer, Liebstöckel, ein wenig getrocknete Poleiminze, Cumin und gemahlenes Silphium, sodass es gut bedeckt ist. Gieße ⟨Honig?⟩, Essig, Defrutum, Liquamen dazu und gieße es in den Topf (in den größeren?) zurück, aber lass die Schweinehüfte auf kleiner Flamme kochen. 2. Getreidegrütze[79]: Weiche Kichererbsen, Linsen und Erbsen ein. Stampfe Gerstengrütze und koche sie mit den Hülsenfrüchten. Wenn es ordentlich gekocht hat, gib genügend Öl dazu und schneide darüber frisches Gemüse, nämlich Lauch, Koriander, Dill, Fenchel, rote Beten, Malve, weich(gekochten?)[80] Kohl und kleingeschnittene frische Kräuter. Gib in einen Topf gekochte Kohlsprösslinge und mahle genügend Fenchelsamen, Oregano, Silphium und Liebstöckel. Wenn du es gemahlen hast, schmecke mit Liquamen ab, gieße es über die Hülsenfrüchte und rühre um. Bestreue es mit fein gehackten Kohlsprösslingen.

5) Vorspeise: 1. Eine gestürzte Vorspeise: Koche kleingeschnittene weiße Rüben, abgehangenen Lauch, Sellerieknollen, Zwiebeln, gekochte Schnecken, Innereien von Hühnern, Wachteln (?)[81] und Fleischbällchen in Brühe. Fette ein Backblech ein,

varum substernis et praemixta holera componis sicut laxa, permisces bulbos inversos, Damascena[s], cocleas, isicia, Lucanicas breves concidis, liquamine, oleo, vino, aceto ponis ut ferveat. Cum ferbuerit, teres piper, ligusticum, zingiber, pyrethrum modicum, fricabis, suffundis et facies ut bulliat patina. Ova complura confringis et ius mortarii reliquum commoves, conmiscis, patinam obligabis. Dum ducit, oenogarum ad eam sic facies: teres piper, ligusticum, fricabis, suffundis liquamen et vinum, passo temperabis vel vino dulce. Temperabis in caccabulo, mittis olei modicum, facies ut ferveat. Cum ferbuerit, amulo obligas. Patinam versas in lancem, folia malvarum ante tollis, oenogaro profundis, insuper piper aspargis et inferes. 2. Gustum de holeribus: condies bulbos liquamine, oleo et vino. Cum cocti fuerint, iecinera porcelli et gallinarum et ungellas et aucellas divisas: haec omnia cum bulbis fervea⟨n⟩t. Cum ferbuerint, teres piper, ligusticum, suffundis liquamen, vinum et passum, ut dulce sit, ius de suo sibi suffundis, revocas in bulbos. Cum ferbuerint, ad momentum amulo obligas. 3. Gustum de cucurbitas farsiles: cucurbitas a latere subtiliter ad modum tessellae oblongae decidas et excavas et mittis in frigidam. Impensam ad eam sic facies: teres piper, ligusticum, origanum, suffundis liquamen, cerebella cocta teres, ova cruda dissolves et mittes ut unum corpus efficias; liquamine temperabis. Et cucurbitas supra scriptas non plene coctas [et] ex ea

streue Malvenblätter als Unterlage darauf und lege vorher gemischtes Gemüse darauf, aber nicht zu dicht nebeneinander, mische unzerschnittene Zwiebeln, Damaszenerpflaumen, die Schnecken, die Fleischbällchen, zerschneide kurze lukanische Würstchen[82] und setze es mit Liquamen, Öl, Wein und Essig auf, damit es kocht. Wenn es aufgekocht ist, zerstoße Pfeffer, Liebstöckel, Ingwer, ein wenig Bertram und zerreibe es, gib es dazu und lass den Auflauf kochen. Schlage mehrere Eier auf und rühre die im Mörser verbliebene Gewürzmischung damit an, mische es und binde den Auflauf ⟨damit⟩. Während es zieht, bereite das Oenogarum dafür folgendermaßen zu: Zerstoße und zerreibe Pfeffer und Liebstöckel, gieße Liquamen und Wein dazu und schmecke mit Passum oder süßem Wein ab. Schmecke es in einem kleinen Topf ab, gib ein wenig Öl dazu und lass es aufkochen. Wenn es aufgekocht ist, binde mit Speisestärke. Stürze den Auflauf auf eine Platte, entferne die Malvenblätter vorher und übergieße es dann mit dem Oenogarum, streue Pfeffer darüber und serviere. 2. Vorspeise von Gemüse: Würze Zwiebeln (eine Art Gemüsezwiebeln) mit Liquamen, Öl und Wein. Wenn sie gar sind, ⟨gib⟩ Leber vom Ferkel und von Hühnern, Schweinshaxen und zerteilte Wachteln[83] ⟨dazu⟩: das alles soll mit den Zwiebeln aufkochen. Wenn es aufgekocht ist, zerstoße Pfeffer und Liebstöckel, gieße Liquamen, Wein und Passum dazu, damit es süß wird, gieße vom eigenen Saft dazu und gib es wieder zu den Zwiebeln. Wenn es aufgekocht ist, binde es sofort mit Speisestärke. 3. Vorspeise von gefüllten Kürbissen: Schneide die Kürbisse vorsichtig von der Seite nach Art eines länglichen Vierecks auf, höhle sie aus und gib sie in kaltes Wasser. Bereite die Füllung dafür folgendermaßen zu: Zerstoße Pfeffer, Liebstöckel, Oregano, gieße Liquamen dazu, stampfe gekochte Hirnchen, verrühre rohe Eier und gib sie dazu, um eine glatte Masse zu machen; schmecke mit Liquamen ab und fülle die oben beschrie-

impensa imples, de tessella sua recludis, surclas et coctas eximes et frigis. Oenogarum sic facies: teres piper, ligusticum, suffundis vinum et liquamen, passo temperabis, olei modicum, mittis in caccabum et facies ut ferveat. Cum ferbuerit, amulo obligas, et cucurbitas frictas oenogaro perfundis et piper aspargis et inferes. 4. Gustum de praecoquiis: duracina primotica [pusilla praecoquia] purgas, enucleas, in frigidam mittis, in patina componis. Teres piper, mentam siccam, suffundis liquamen, adicies mel, passum, vinum et acetum. Refundis in patina super praecoquia, olei modicum mittis et lento igni ferveat. Cum ferbuerit, amulo obligas. Piper aspargis et inferes.

benen Kürbisse, wenn sie noch nicht ganz gar sind, mit dieser Masse, schließe sie wieder mit ihrem Viereck, stecke sie auf Spießchen, nimm sie heraus, wenn sie gar sind, und grille sie. Das Oenogarum bereite folgendermaßen: Zerstoße Pfeffer und Liebstöckel, gieße Wein und Liquamen dazu, schmecke mit Passum ab, ⟨gieße⟩ ein wenig Öl dazu, gib es in den Topf und lass es aufkochen. Wenn es aufgekocht ist, binde mit Speisestärke und übergieße die gegrillten Kürbisse mit dem Oenogarum, streue Pfeffer darauf und serviere. 4. Vorspeise von Aprikosen: Säubere gerade reife, feste Aprikosen, entsteine sie, gib sie in kaltes Wasser und lege sie in eine Pfanne. Zerstoße Pfeffer, getrocknete Minze, gieße Liquamen und gib Honig, Passum, Wein und Essig dazu. Gieße es in die Pfanne über die Aprikosen, gib ein wenig Öl dazu und koche auf kleiner Flamme. Wenn es gekocht hat, binde mit Speisestärke. Streue Pfeffer darauf und serviere.

Liber V: Ospreo⟨n⟩

1) Pultes. 2) Lenticula. 3) Pisa. 4) Concicla. 5) Tisana et alica. 6) Fabaciae virides et Baianae. 7) Faenum Graecum. 8) Faseoli et cicer.

1) Pultes: 1. Pultes Iulianae sic coquuntur: alica⟨m⟩ purgata⟨m⟩ infundis, coques, facies ut ferveat. Cum ferbuerit, oleum mittis, cum spissaverit, li[g]as diligenter. Adicies cerebella duo cocta et selibram pulpae quasi ad isicia liatae, cum cerebellis teres et in caccabum mittis. Teres piper, ligusticum, feniculi semen, suffundis liquamen et vinum modice, mittis in caccabum supra cerebella et pulpam. Ubi satis f⟨erb⟩uerit, cum iure misces. Ex hoc paulatim alicam condies et ad trullam permisces et lias, ut quasi sucus videatur. 2. Pultes cum iure oenococti: pultes oenococti iure condies, copadia, similam sive alicam coctam hoc iure condies, et cum copadiis porcinis apponis oenococti iure conditis. 3. Pultes tractogalatae: lactis sextarium et aquae modicum mittes in caccabo novo et lento igni ferveat. Tres orbiculos tractae siccas et confringis et partibus in lac summittis. Ne uratur, aquam miscendo agitabis. Cum cocta fuerit, ut est, super ignem mittis. Melle ex musteis cum lacte similiter facies, salem et oleum minus mittis. 4. Pultes: alica⟨m⟩ purgata⟨m⟩ infundis, coques. Cum ferbuerit, oleum mittis. Cum spissaverit, adicies cerebella duo cocta et selibram pulpae quasi ad isicia liatae, cum cerebellis teres et in caccabum mit-

v. Buch: Hülsenfrüchte

1) Getreidebrei. 2) Linsen. 3) Erbsen. 4) Bohnentopf. 5) Gersten- und Dinkelgrütze. 6) Grüne und bajanische Puffbohnen. 7) Bockshornklee. 8) Augenbohnen und Kichererbsen.

1) Getreidebrei: 1. Iulianischer[84] Getreidebrei wird folgendermaßen gekocht: Weiche gereinigte Dinkelgrütze ein, koche sie und lasse sie aufkochen. Wenn sie aufgekocht ist, gib Öl dazu, und sobald sie steif geworden ist, rühre sie sorgfältig glatt. Gib zwei gekochte Hirnchen hinzu und ein halbes Pfund (ca. 164 g) fast zu Hackfleisch zerrupftes Fleisch (?), zerstampfe es mit den Hirnchen und gib es in den Topf. Zerstoße Pfeffer, Liebstöckel, Fenchelsamen, gieße Liquamen und ein wenig Wein dazu und gib es in den Topf über die Hirnchen und das Fleisch. Wenn es genügend ⟨gekocht⟩ hat, mische es mit der Sauce. Damit würze nach und nach die Grütze, mische mit (?) einem Schöpflöffel durch und rühre es glatt, sodass es wie eine Creme aussieht. 2. Getreidebrei mit gekochter Weinsauce (?): Würze den Getreidebrei mit gekochter Weinsauce, würze Schnitzel, feinstes Weizenmehl oder gekochte Grütze mit dieser Sauce und serviere mit Schweineschnitzeln, die mit gekochter Weinsauce gewürzt sind. 3. Milchteigbrei: Gib in einen neuen (Ton-) Topf einen Sextar (ca. 0,55 l) Milch und ein wenig Wasser und lass es auf kleiner Flamme kochen. Trockne drei Teigklößchen, zerbröckele sie und gib sie in Teilen in die Milch. Damit es nicht anbrennt, rühre unter Zugabe von Wasser um. Wenn es gar ist, stelle es, wie es ist, über das Feuer. Mache es ähnlich aus Mostbrötchen mit Honig und Milch, gib aber weniger Salz und Öl dazu.[85] 4. Getreidebrei: Weiche gereinigte Dinkelgrütze ein und koche sie. Wenn sie aufgekocht ist, gib Öl dazu. Sobald sie steif geworden ist, gib zwei gekochte Hirnchen und Fleisch hinzu, das fast zu Hackfleisch zerpflückt ist, zerstampfe es mit

tes. Teres piper, ligusticum, feniculi semen, suffundis liquamen et meri modicum, et mittis in caccabum supra cerebella et pulpam. Ubi satis f⟨erb⟩uerit, cum iure misces. Ex hoc paulatim alicam condies, sed ius ut quasi sucus videatur.

2) Lenticula: 1. Lenticula ex sfondilos [sive sfondilis]: accipies caccabum mundum. Adicies in [in] mortarium piper, cuminum, semen coriandri, menta, rutae, pulei, fricabis, suffundes acetum, adicies mel, liquamen et defritum, aceto temperabis, reexinanies in caccabo. Sfondilos elixatos teres et mittis ut ferveant. Cum bene ferbuerint, obligas. Adicies in boletari oleum viridem. 2. Lenticulam de castaneis: accipies caccabum novum, et castaneas purgatas diligenter mittis. Adicies aquam et nitrum modice, facies ut coquatur. Cum coquitur, mittis in mortario piper, cuminum, semen coriandri, mentam, rutae, laseris radicem, puleium, fricabis. Suffundis acetum, mel, liquamen, aceto temperabis, et super castaneas coctas refundis. Adicies oleum, facies ut ferveat. Cum bene ferbuerit, tudiclabis, ut in mortario teres. Gustas: si quid deest, addes. Cum in boletar miseris, addes oleum viridem. 3. Aliter lenticulam: coquis. Cum despumaveris, porrum et coriandrum viride supermittis, coriandri semen, puleium, laseris radicem, semen mentae et rutae suffundis, acetum adicies, melle, liquamine, aceto, defrito temperabis, adicies oleum, agitabis, si quid opus fuerit, mittis. Amulo obligas, insuper oleum viridem mittis, piper aspargis et inferes.

den Hirnchen und gib es in einen Topf. Zerstoße Pfeffer, Liebstöckel, Fenchelsamen, gieße Liquamen und ein wenig unvermischten Wein dazu und gib es in den Topf über die Hirnchen und das Fleisch. Wenn es genügend ⟨gekocht⟩ hat, mische es mit der Sauce. Würze die Grütze damit nach und nach, aber so, dass die Sauce fast wie eine Creme aussieht.[86]

2) Linsen: 1. Linsen mit Lazarusklappern (eine Muschelart): Nimm einen sauberen Topf. Gib in einen Mörser Pfeffer, Cumin, Koriandersamen, Minze, Weinraute und Poleiminze, zerreibe es, gieße Essig hinzu, gib Honig, Liquamen und Defrutum dazu und schmecke mit Essig ab. Schütte es in den Topf. Stampfe gekochte Lazarusklappern und gib sie dazu, damit sie aufkochen. Wenn sie gut aufgekocht sind, binde. Gib in die Servierschüssel grünes Öl. 2. Linsen mit Kastanien: Nimm einen neuen Topf und gib die sorgfältig gesäuberten Kastanien hinein. Gib Wasser und ein wenig Natron dazu und lass es kochen. Wenn es kocht, gib in einen Mörser Pfeffer, Cumin, Koriandersamen, Minze, Weinraute, Laserwurzel und Poleiminze und zermahle es. Gieße Essig, Honig und Liquamen dazu, schmecke mit Essig ab und gieße es über die gekochten Kastanien. Gib Öl dazu und lass es aufkochen. Wenn es gut aufgekocht ist, stampfe es, wie du im Mörser stampfst. Koste; wenn etwas fehlt, gib es dazu. Nachdem du es in eine Servierschüssel getan hast, gib grünes Öl dazu. 3. Linsen auf andere Art: Koche sie. Nachdem du sie abgeschäumt hast, gib Lauch und frischen Koriander darüber, tue Poleiminze, Laserwurzel, Minzen- und Weinrautensamen dazu, schmecke mit Honig, Liquamen, Essig und Defrutum ab, gib Öl dazu, rühre um und, wenn noch etwas nötig ist, gib es hinein. Binde mit Speisestärke, gieße grünes Öl darüber, streue Pfeffer darauf und serviere.

3) Pisa: 1. Pisum coques. Cum despumaverit, porrum, coriandrum et cuminum supra mittis. Teres piper, ligusticum, [careum, hoc est caravita] careum, anethum, ocymum viridem, suffundis liquamen, vino et liquamine temperabis, facies ut ferveat. Cum ferbuerit, agitabis. Si quid defuerit, mittis et inferes.
2. Pisam farsilem: coques. Cui oleum mittis, ⟨accipies⟩ abdomen et mittis in caccabum, liquamen et porrum capitatum, coriandrum viridem imponis, ut coquatur. Isicia minuta facies quadrata, et coques simul turdos vel aucellas vel de pullo conciso et cerebella prope cocta cum iuscello coques. Lucanicas assas, petasonem elixas, porro⟨s⟩ ex aqua coques, nucleorum heminam frigis. Teres piper, ligusticum, origanum, gingiber, ius abdominis fundis, lias. Angularem accipies (conversari potest) et omentis tegis, oleo profundis, deinde nucleos aspargis, et supra pisam mittis, ut tegas fundum angularis, et sic componis supra petasonis pulpas, porros, Lucanicas concisas. Iterum pisam supermittis. Item alternis aptabis obsonia, quousque impleatur angularis. Novissime pisa admittis, ut intus omnia contineat. Coques in furno vel lento igni imponis, ut ducat ad se deorsum. Ova dura facies, vitella eicies, in mortario mittis cum pipere albo, nucleis, melle, vino candido et liquamine modico. Teres et mittis in vas ut ferveat. Cum ferbuerit, pisam mittis in lancem, et hoc ius perfundis. Hoc ius candidum appellatur.
3. Pisum Indicum: pisum coques. Cum despumaverit, porrum et coriandrum concidis et mittis in caccabum ut ferveat.

3) Erbsen: 1. Koche die Erbsen. Wenn der Schaum zurückgegangen ist, gib Lauch, Koriander und Cumin darauf. Zerstoße Pfeffer, Liebstöckel, Wiesenkümmel, Dill und frisches Basilikum, gieße Liquamen dazu, schmecke mit Wein und Liquamen ab und lass es aufkochen. Wenn es aufgekocht hat, rühre um. Wenn etwas fehlt, gib es dazu und serviere. 2. Erbsen mit Fleischfüllung: Koche sie. Gib sie mit Öl und Bauchfleisch in einen Topf, gib Liquamen, Lauch mit Wurzel und frischen Koriander hinein und lass es kochen. Mache kleingewürfeltes Gulasch und koche gleichzeitig Drosseln, Wachteln (?) oder gehacktes Hühnerfleisch und fast gare Hirnchen mit der Sauce. Grille lukanische Würstchen, koche einen Vorderschinken, koche Lauch in Wasser und röste 0,3 l (ca. 300 g) Pinienkerne. Zerstoße Pfeffer, Liebstöckel, Oregano und Ingwer, gieße Brühe vom Bauchfleisch dazu und rühre es glatt. Nimm eine viereckige Auflaufform (sie muss sich stürzen lassen) und bedecke sie mit Fettnetz (= Backfolie), begieße sie mit Öl, streue dann die Pinienkerne darauf, und gib die Erbsen darauf, sodass du den Boden der Auflaufform bedeckst, und lege so die Stücke vom Vorderschinken, die Lauchstangen und die kleingeschnittenen lukanischen Würstchen darauf. Gib darüber wieder Erbsen. Lege die Zutaten genauso abwechselnd übereinander, bis die Auflaufform voll ist. Ganz zuoberst lege Erbsen darauf, damit sie innen alles einschließen. Backe es im Ofen oder setze es auf kleiner Flamme auf, damit es sich nach unten setzt. Mache hartgekochte Eier, entferne die Dotter und gib sie mit weißem Pfeffer, Pinienkernen, Honig, Weißwein und ein wenig Liquamen in einen Mörser. Zerstoße es und gib es zum Aufkochen in ein Gefäß. Wenn es aufgekocht ist, gib den Erbsenauflauf (eigtl.: die Erbsen) auf eine Platte und übergieße ihn mit der Sauce. Diese nennt man »Weiße Sauce«. 3. Erbsen auf indische Art: Koche die Erbsen. Wenn der Schaum zurückgegangen ist, schneide Lauch und Koriander und gib es zum Aufkochen in

Et accipies sepias minutas, sic quomodo sunt cum atramento suo, ut simul coquantur. Adicies oleum, liquamen et vinum, fasciculum porri et coriandri. Facies ut coquantur. Cum coctum fuerit, teres piper, ligusticum, origanum, carei modicum, suffundis ius de suo sibi, vino et passo temperabis. Sepias minutatim concidis et in pisum mittis. Piper asparges ⟨et inferes⟩. 4. ⟨Aliter:⟩ pisum coques, agitabis et mittis in frigidam. Cum refrigeraverit, deinde agitabis. Concidis cepam minutatim et albamentum ovi, oleo et sale condies, aceti modicum adicies. In boletari vitellum ovi cocti colas, insuper oleum viridem mittis et inferes. 5. Pisam Vitellianam sive fabam: pisam coques, lias. Teres piper, ligusticum, gingiber, et super condimenta mittis vitella ovorum, quae dura coxeris, mellis unc. III [teres], liquamen vinum et acetum. Haec omnia mittis in caccabum et condimentum, quae trivisti. Adiecto oleo ponis ut ferveat. Condies pisam, lias, si aspera fuerit, mel[le] mittis et inferes. 6. Aliter pisa sive faba: ubi despumaverit, teres mel, liquamen, caroenum, cuminum, rutam, apii semen, oleum et vinum. Tudiclabis. Cum pipere trito et cum isiciis inferes. 7. Aliter pisam sive fabam: despumatam subtrito lasare Parthico, liquamen et caroeno condies. Oleum modice superfundis et inferes. 8. Pisam adulteram versatilem: coques pisam. Cerebella vel aucellas vel turdos exossatos a pectore, Lucanicas, iecinera, gizeria pullorum in caccabum mittis, liquamen, oleum. Fasciculos porri capitati, coriandrum viride concidis, et cum cerebellis coques.

den Topf. Und nimm kleingeschnittene Tintenfische so, wie sie sind, mit ihrer Tinte, damit sie damit zusammen kochen. Gib Öl dazu, Liquamen und Wein, ein Bündelchen Lauch und Koriander. Lass es kochen. Wenn es gar ist, zerstoße Pfeffer, Liebstöckel, Oregano, ein wenig Wiesenkümmel, gieße vom eigenen Saft dazu und schmecke mit Wein und Passum ab. Hacke die Tintenfische klein und gib sie zu den Erbsen. Streue Pfeffer darauf ⟨und serviere⟩. 4. ⟨Auf andere Art:⟩ Koche die Erbsen, rühre sie um und gib sie in kaltes Wasser. Wenn sie abgekühlt sind, dann rühre sie wieder um. Hacke eine Zwiebel und gekochtes Eiweiß klein, würze mit Öl und Salz und gib ein wenig Essig dazu. Passiere das gekochte Eidotter durch ein Sieb in die Schüssel, gib darüber grünes Öl und serviere. 5. Erbsen oder Ackerbohnen à la Vitellius[87]: Koche die Erbsen und rühre sie glatt. Zerstoße Pfeffer, Liebstöckel und Ingwer und gib über die Gewürze Eidotter, die du hartgekocht hast, drei Unzen (ca. 82 g) Honig, Liquamen, Wein und Essig. Tu das alles in einen Topf und auch das Gewürz, das du zerstoßen hast. Nach Zugabe von Öl setze es auf, damit es aufkocht. Würze die Erbsen und rühre sie glatt; wenn es zu herb ist, füge Honig hinzu und serviere. 6. Erbsen oder Ackerbohnen auf andere Art: Wenn der Schaum zurückgegangen ist, zerstoße Honig, Liquamen, Caroenum, Cumin, Weinraute, Selleriesamen, Öl und Wein. Stampfe es. Serviere mit gemahlenem Pfeffer und mit Fleischbällchen. 7. Erbsen oder Ackerbohnen auf andere Art: Würze sie, wenn sie abgeschäumt sind, mit fein gemahlenem parthischem Laser, Liquamen und Caroenum. Gieße ein wenig Öl darüber und serviere. 8. Unechter gestürzter Erbsenauflauf: Koche Erbsen. Gib ein Hirnchen, Wachteln oder von der Brust her ausgebeinte Drosseln, lukanische Würstchen, Leber und Innereien von Hühnern in einen Topf, dazu Liquamen und Öl. Hacke Bündelchen von Lauch mit den Zwiebeln und frischen Koriander und koche es zusammen mit den Hirnchen. Zer-

Teres piper, ligusticum et liquamen. 9. Pisam sive fabam Vitellianam: pisam sive fabam coques. Cum despumaverit, mittis porrum, coriandrum et flores malvarum. Dum coquitur, teres piper, ligusticum, origanum, feniculi semen, suffundis liquamen et vinum. In caccabum! Adicies oleum. Cum fervuerit, agitas. Oleum viridem insuper mittis et inferes.

4) Concicla: 1. Cum faba: coques. Teres piper, ligusticum, cuminum, coriandrum viride, suffundis liquamen, vino et liquamine ea temperabis, mittis in caccabum, adicies oleum. Lento igni ferveat et inferes. 2. Conciclam Apicianam: accipies Cumanam mundam, ubi coques pisum, cui mittis Lucanicas concisas, isiciola porcina, pulpas, petasonem. Teres piper, ligusticum, origanum, anethum, cepam siccam, coriandrum viride, suffundis liquamen, vino et liquamine temperabis. Mittis in Cumanam, cui adicies oleum, pungis ubique, et combibat oleum. Igni lento coques ita, ut ferveat, et inferes. 3. Conciclam de pisa simplici: pisam coques. Cum despumaverit, fasciculum porri et coriandri mittis. Dum coquitur, teres piper, ligusticum, origanum, fasciculum, de suo sibi, fricabis, liquamine temperabis, mittis. Super adicies oleum, et lento igni ferveat, et inferes. 4. Concicla Commodiana: pisam coques. Cum despumaverit, teres piper, ligusticum, anethum, cepam siccam, suffundis liquamen, vino et liquamine temperabis. Mittis in caccabum, ut combibat. Deinde ova quattuor solves, in sextarium pisae mittis, agitas, mittis in Cumana⟨m⟩, ad ignem ponis,

stoße Pfeffer, Liebstöckel und Liquamen. 9. Erbsen oder Ackerbohnen à la Vitellius[88]: Koche die Erbsen oder Ackerbohnen. Wenn der Schaum zurückgegangen ist, gib Lauch, Koriander und Malvenblüten dazu. Während es kocht, zerstoße Pfeffer, Liebstöckel, Oregano und Fenchelsamen und gieße Liquamen und Wein dazu. Das Ganze in den Topf! Gib Öl dazu. Wenn es aufgekocht ist, rühre um. Gib grünes Öl darüber und serviere.

4) Bohnentopf: 1. Mit Ackerbohnen: Koche sie. Zerstoße Pfeffer, Liebstöckel, Cumin, frischen Koriander, gieße Liquamen dazu und schmecke mit Wein und Liquamen ab, gib es in einen Topf und füge Öl hinzu. Lass es auf kleiner Flamme kochen und serviere. 2. Bohnentopf à la Apicius: Nimm eine saubere Tonkasserolle, worin du Erbsen kochst, zu denen du lukanische Würstchen, Schweinegulasch, Fleischstücke und Vorderschinken gibst. Zerstoße Pfeffer, Liebstöckel, Oregano, Dill, getrocknete Zwiebel und frischen Koriander, gieße Liquamen dazu und schmecke mit Wein und Liquamen ab. Gib es in die Tonkasserolle, gib dazu Öl und steche überall hinein, damit es das Öl aufsaugt. Koche es auf kleiner Flamme so, dass es aufkocht, und serviere. 3. Bohnentopf aus einfachen (?)[89] Erbsen: Koche die Erbsen. Wenn der Schaum zurückgegangen ist, gib ein Bündelchen Lauch und Koriander dazu. Während es kocht, zerstoße Pfeffer, Liebstöckel, Oregano, das Bündelchen von vorher, vom eigenen Saft, zermahle es (?), gieße es dazu, schmecke mit Liquamen ab und gib es hinein. Gieße Öl darüber, lass es auf kleiner Flamme kochen und serviere. 4. Bohnentopf à la Commodus[90]: Koche Erbsen. Wenn der Schaum zurückgegangen ist, zerstoße Pfeffer, Liebstöckel, Dill und getrocknete Zwiebel, gieße Liquamen dazu und schmecke mit Wein und Liquamen ab. Gib es in den Topf, damit sie es aufsaugen. Dann verrühre vier Eier und gib sie auf ein Sextar (ca. 0,55 l) Erbsen, rühre um, gib es in eine Tonkasserolle, setze es

ut ducat, et inferes. 5. Aliter conciclam sic facies: concidis pullum minutatim, liquamine, oleo et vino ferveat. Concidis cepa⟨m⟩, coriandrum minutum, cerebella enervata, mittes in eundem pullum. Cum coctus fuerit, levas et exossas. Concides minutatim cepam et coriandrum, colas ibi pisam coctam non conditam. Accipies conciclarem, pro modo componis varie. Deinde teres piper, cuminum, suffundis ius de suo sibi. Item in mortario ova duo dissolves, temperas, ius de suo sibi suffundis, pisa integra elixa vel nucleis adornabis, et lento igni fervere facies et inferes. 6. Aliter concicla: conciclatus pullus vel porcellus: exossabis pullum a pectore, femura eius iungis in porrectum, surculo alligas, et inpensam [concicla farsilis] paras et farcies alternis pisam lotam, cerebella, Lucanicas et cetera. Teres ⟨piper,⟩ ligusticum, origanum et gingiber, liquamen suffundis, passo et vino temperabis. Facies ut ferveat, et, cum ferverit, mittis modice. Et ipsam cum condieris, alternis in pullo componis, omento tegis et in operculo deponis et in furnum mittis, ut coquantur paulatim, et inferes.

5) Tisanam vel alicam: 1. Alicam vel sucum tisanae sic facies: tisanam vel alicam lavando fricas, quam ante diem infundis. Imponis supra ignem. Cum bullierit, mittis olei satis et anethi modicum fasciculum. Cepam siccam, satureiam et coloefium, ut ibi coquantur propter sucum. Mittis coriandrum viride et

aufs Feuer, damit es stockt, und serviere. 5. Bohnentopf auf andere Art mache folgendermaßen: Zerteile ein Hähnchen in kleine Stücke und lass es mit Liquamen, Öl und Wein aufkochen. Schneide Zwiebel, Koriander und enthäute Hirnchen klein und gib sie zu selbigem Hähnchen. Wenn es gar ist, nimm es heraus und entbeine es. Schneide Zwiebel und Koriander klein und passiere die gekochten ungewürzten Erbsen durch ein Sieb darauf. Nimm einen Topf für Bohnentopf und ordne es je nach Menge abwechselnd an. Dann zerstoße Pfeffer und Cumin und gieße vom eigenen Saft dazu. Verrühre dann im Mörser zwei Eier, schmecke ab, gieße vom eigenen Saft dazu und garniere mit ganzen gekochten Erbsen oder mit Pinienkernen, lass es auf kleiner Flamme aufkochen und serviere. 6. Bohnentopf anders: mit Bohnentopf gefülltes Hähnchen oder Spanferkel: Beine ein Hähnchen von der Brust her aus, binde dessen Schenkel ausgestreckt zusammen und stecke sie mit einem Spießchen zusammen, bereite die Füllung zu und fülle abwechselnd gewaschene Erbsen, Hirnchen, lukanische Würstchen und anderes hinein. Zerstoße Liebstöckel, Oregano und Ingwer, gieße Liquamen dazu und schmecke mit Passum und Wein ab. Lass es aufkochen und, wenn es aufgekocht ist, gib es maßvoll dazu. Wenn du die Füllung gewürzt hast, gib sie nacheinander in das Hähnchen, bedecke es mit Fettnetz (= Backfolie), lege es in einen Topfdeckel, gib es in den Ofen, damit es allmählich gar wird, und serviere.

5) Gersten- und Dinkelgrütze: 1. Dinkelgrütze oder Gerstenbrei mache folgendermaßen[91]: Reibe Gersten oder Dinkelgrütze, die du einen Tag vorher einweichst, beim Waschen. Setze sie aufs Feuer. Wenn es gekocht hat, gib genügend Öl und ein mäßig großes Bündelchen Dill, getrocknete Zwiebel, Bohnenkraut und einen Schweinehüftknochen (?) dazu, damit es darin wegen des Saftes (?)[92] kocht. Gib frischen Koriander und da-

salem simul tritum et facies ut ferveat. Cum bene fervuerit, tollis fasciculum et transferes in altero caccabo tisanam, sic ne fundum tangat propter combusturam. Li[g]as bene et colas in caccabo super acronem coleofium. Teres piper, ligusticum, pulei aridi modicum, cuminum, sil (?) frictum, ut bene tegatur. Suffundis mel, acetum, defritum, liquamen, refundis in caccabum, sed coloefium acronem facies ut ferveat super ignem lentum. 2. Aliter tisanam: infundis cicer, lenticulam, pisam, defricas tisanam et cum leguminibus elixas. Ubi bene bullierit, olei satis mittis et super viridia concidis porrum, coriandrum, anethum, feniculum, ⟨betam, malvam, coliculum molle⟩. Haec viridia minuta concisa in caccabum mittis. Coliculos elixas et teres feniculi semen satis, origanum, silfi, ligusticum. Postquam triveris, liquamine temperas et super legumina refundis. Agitas. Coliculorum minutas super concidis.

6) Fabaciae virides et Baianae: 1. Fabaciae virides ex liquamine, oleo, coriandro viridi, cumino et porro conciso coctae inferuntur. 2. Aliter: fabaciae frictae ex liquamine inferuntur. 3. Aliter: fabaciae ex sinapi trito, melle, nucleis, ruta, cumino. Ex aceto inferuntur. 4. Baianas elixas minutatim concidis. Ruta, apio viridi, porro, aceto, oleo, liquamine, caroeno vel passo modico inferes.

7) Faenum Graecum: faenum Graecum ex liquamine, oleo et vino.

mit zusammen gemahlenes Salz dazu und lass es aufkochen. Wenn es gut aufgekocht ist, nimm das Bündelchen heraus und gib die Gerstengrütze in einen anderen Topf, sodass sie den Boden nicht berührt, um nicht anzubrennen. Binde sie gut und passiere sie durch ein Sieb in den Topf über die Speckschwarte der Schweinehüfte. Zerstoße Pfeffer, Liebstöckel, ein wenig getrocknete Poleiminze, Cumin und gemahlenen Bergfenchel[93], sodass alles gut bedeckt ist. Gieße dazu Honig, Essig, Defrutum und Liquamen, und gieße es in den Topf zurück, aber die Schweinehüfte lass auf kleiner Flamme weiterkochen. 2. Gerstengrütze auf andere Art[94]: Weiche Kichererbsen, Linsen und Erbsen ein, stampfe Gerstengrütze und koche sie mit den Hülsenfrüchten. Wenn es gut gekocht hat, gib genügend Öl dazu und schneide über das Gemüse Lauch, Koriander, Dill, Fenchel[95] ⟨, Rübe, Malve⟩ und weichen Kohl (?)[96]. Gib dieses Gemüse kleingeschnitten in den Topf. Koche den Kohl und stampfe genug Fenchelsamen, Oregano, Silphium und Liebstöckel. Nachdem du es zerstampft hast, schmecke mit Liquamen ab und gieße es über die Hülsenfrüchte. Rühre um. Schneide kleine Kohlstücke darüber.

6) Grüne und bajanische Saubohnen: 1. Grüne Saubohnen werden mit Liquamen, Öl, frischem Koriander, Cumin und gehacktem Lauch gekocht serviert. 2. Auf andere Art: Gebratene Saubohnen werden mit Liquamen serviert. 3. Auf andere Art: Saubohnen mit gemahlenem Senf, Honig, Pinienkernen, Weinraute und Cumin. Sie werden mit Essig serviert. 4. Gekochte bajanische Saubohnen schneide klein. Serviere sie mit Weinraute, frischem Sellerie, Lauch, Essig, Öl, Liquamen und ein wenig Caroenum oder Passum.

7) Bockshornklee: Bockshornklee mit Liquamen, Öl und Wein.

8) Faseoli et cicer: 1. Faseoli virides et cicer ex sale, cumino, oleo et mero modico inferuntur. 2. Aliter faseolus sive cicer: frictos ex oenogaro et piper gustabis. Et elixati, sumpto semine cum ovis, in patella feniculo viride, piper⟨e⟩ et liquamine et caroeno modico pro salso inferuntur, vel simpliciter, ut solet.

8) Augenbohnen und Kichererbsen: 1. Grüne Augenbohnen und Kichererbsen werden mit Salz, Cumin, Öl und ein wenig unvermischtem Wein serviert.[97] 2. Grüne Augenbohnen oder Kichererbsen anders: Iss sie gebraten mit Oenogarum und Pfeffer als Vorspeise. Und sie werden, wenn man sie ohne Schoten zusammen mit Eiern verwendet, in einer Pfanne gekocht und mit frischem Fenchel, Pfeffer und Liquamen und ein wenig Caroenum anstatt Salzfisch[98] serviert, oder einfach, wie gewöhnlich.

Liber VI: Aeropetes

1) In strutione. 2) In grue vel anate perdice turture palumbo columbo et diversis avibus. 3) In turdis. 4) In ficedulis. 5) In pavo. 6) In fasiano. 7) In ansere. 8) In pullo.

1) In strutione: 1. In strutione elixo: piper, menta, cuminum assum, apii semen, dactylos vel caryotas, mel, acetum, passum, liquamen et oleum modice. Et in caccabo facies ut bulliat. Amulo obligas, et sic partes strutionis in lance perfundis, et desuper piper aspargis, si autem in conditura[m] coquere volueris, alicam addis. 2. Aliter ⟨in⟩ strutione elixo: piper, ligusticum, thymum aut satureiam, mel, sinape, acetum, liquamen et oleum.

2) In grue vel anate, perdice, turture, palumbo, columbo et diversis avibus: 1. Gruem vel anatem lavas, [vel] ornas et includis in olla. Adicies aquam, salem, anethum, dimidia coctura decoques, dum obduretur, levas et iterum in caccabum mittis cum oleo et liquamine, cum fasciculo origani et coriandri. Prope cocturam defritum modice mittis, ut coloret. Teres piper, ligusticum, cuminum, coriandrum, laseris radicem, rutam, caroenum, mel, suffundis ius de suo sibi, aceto temperas. In caccabo reexinanies ut calefiat, amulo obligabis. Imponis in lance et ius perfundis. 2. In grue, in anate vel in pullo: piper, cepam siccam, ligusticum, cuminum, apii semen, pruna, vel Damascena enucleata, mustum, acetum, liquamen, defritum, oleum et coques grue⟨m⟩. Cum coquis, caput eius aqua⟨m⟩ non con-

VI. Buch: Geflügel[99]

1) Für Strauß. 2) Für Kranich oder Ente, Rebhuhn, Turteltaube, Ringeltaube, Tauber und verschiedene andere Vögel. 3) Für Drosseln. 4) Für Pfau. 5) Für Grasmücken. 6) Für Fasan. 7) Für Gans. 8) Für Hähnchen.

1) Für Strauß: 1. Für gekochten Strauß: Pfeffer, Minze, gerösteten Cumin, Selleriesamen, normale oder Medjool-Datteln[100], Honig, Essig, Passum, Liquamen und ein wenig Öl. Und lass es in einem Topf kochen. Binde mit Speisestärke, übergieße so die Teile des Straußes auf der Platte und streue Pfeffer darauf, wenn du es aber zu einer Gewürzsauce kochen willst, gib Grütze dazu. 2. Für gekochten Strauß anders: Pfeffer, Liebstöckel, Thymian oder Bohnenkraut, Honig, Senf, Essig, Liquamen und Öl.

2) Für Kranich oder Ente, Rebhuhn, Turteltaube, Ringeltaube, Tauber und verschiedene andere Vögel: 1. Wasche den Kranich oder die Ente, garniere und schließe sie in einem Kessel ein. Gib Wasser, Salz und Dill dazu und koche sie halb gar, solange sie fest bleibt, nimm sie heraus und gib sie wieder mit Öl und Liquamen sowie einem Bündelchen Oregano und Koriander in einen Topf. Wenn sie fast gar ist, gib ein wenig Defrutum dazu, damit es Farbe bekommt. Zerstoße Pfeffer, Liebstöckel, Cumin, Koriander, Laserwurzel, Weinraute, Caroenum und Honig, gieße vom eigenen Saft dazu und schmecke mit Essig ab. Gieße es in den Topf hinein, damit es heiß wird und binde mit Speisestärke. Lege sie auf eine Platte und gieße die Sauce darüber. 2. Für Kranich, Ente oder Hähnchen: Pfeffer, getrocknete Zwiebel, Liebstöckel, Cumin, Selleriesamen, Pflaumen oder entsteinte Damaszenerpflaumen, Most, Essig, Liquamen, Defrutum und Öl und koche den Kranich[101]. Während du ihn

tingat, sed sit foris ab aqua[m]. Cum cocta fuerit, de savano (= sabano) calido involves gruem et caput eius trahe: cum nervis sequetur, ut pulpae vel ossa remaneant; cum nervis enim manducari non potest. 3. Gruem vel anatem ex rapis: lavas, ornas et in olla elixabis cum aqua, sale et anetho dimidia coctura. Rapas coque, ut exbromari possint. Levabis de olla et iterum lavabis, et in caccabum mittis anatem cum oleo et liquamine et fasciculo porri et coriandri. Rapam lotam et minutatim concisam desuper mittis, facies ut coquatur. Modica coctura mittis defritum ut coloret. Ius tale parabis: piper, cuminum, coriandrum, laseris radicem, suffundis acetum et ius de suo sibi, reexinanies super anatem ut ferveat. Cum ferbuerit, amulo obligabis, et super rapas adicies. Piper aspargis et adponis. 4. Aliter in gruem vel anatem [in] elixam: ligusticum, piper, cuminum, coriandrum siccum, mentam, origanum, nucleos, caryotam, liquamen, oleum, mel, sinape et vinum. 5. Aliter gruem vel anatem assas: eas de hoc iure perfundes: teres piper, ligusticum, origanum, liquamen, mel, aceti modicum et olei. Ferveat bene. Mittis amulum et supra ius rotulas cucurbitae elixae vel colocasiae ut bulliant. Si sunt, et ungellas coques et iecinera pullorum. In boletari piper minutum aspargis et inferes. 6. Aliter in grue vel anate elixa: piper, ligusticum, apii semen, eruca⟨m⟩ et coriandri, menta⟨m⟩, caryotam, mel, acetum, liquamen, defritum et sinape. Idem faciet et si in caccabo assas.

kochst, soll sein Kopf nicht ins Wasser eintauchen, sondern außerhalb des Wassers sein. Wenn er gar ist, hülle den Kranich mit einem heißen Leinentuch ein und reiße seinen Kopf ab. Mit den Sehnen wird fortgefahren, sodass das Fleisch beziehungsweise die Knochen zurückbleiben. Mit den Sehnen kann man ihn nämlich nicht verspeisen. 3. Kranich oder Ente mit Rüben: Wasche, dressiere und koche sie in einem Kessel mit Wasser, Salz und Dill halb gar. Koche die Rüben, damit sie ihre Strenge verlieren können. Nimm sie aus dem Kessel, wasche die Ente nochmals und gib sie mit Öl, Liquamen und einem Bündelchen Lauch und Koriander in einen Topf. Lege die gewaschenen und kleingeschnittenen Rüben darauf und lass es kochen. Wenn es einigermaßen gar ist, gib Defrutum dazu, damit es Farbe bekommt. Bereite folgende Sauce zu: Pfeffer, Cumin, Koriander und Laserwurzel, gieße Essig und vom eigenen Saft dazu und gieße es zum Aufkochen über die Ente. Wenn es aufgekocht ist, binde mit Speisestärke und gib es über die Rüben. Streue Pfeffer darauf und serviere. 4. Gekochter Kranich oder Ente auf andere Art: Liebstöckel, Pfeffer, Cumin, getrockneten Koriander, Minze, Oregano, Pinienkerne, Datteln, Liquamen, Öl, Honig, Senf und Wein. 5. Gegrillter Kranich oder Ente auf andere Art: Übergieße sie mit folgender Sauce: Zerstoße Pfeffer, Liebstöckel, Oregano, Liquamen, Honig und ein wenig Essig und Öl. Es soll gut aufkochen. Gib Speisestärke dazu und über die Sauce Scheibchen von gekochtem Kürbis oder Lotuswurzeln[102], damit sie damit kochen. Wenn vorhanden, koche auch Schweinshaxen und Hühnerleber darin. Streue gemahlenen Pfeffer in die Schüssel und serviere. 6. Auf andere Art für gekochten Kranich oder Ente: Pfeffer, Liebstöckel, Selleriesamen, wilde Rauke und Koriander, Minze, Datteln, Honig, Essig, Liquamen, Defrutum und Senf. Dasselbe mache auch, wenn du es im Topf brätst.

3) In perdice et attagena et in turture elixis: 1. ⟨In perdice⟩: piper, ligusticum, apii semen, mentam, mirta⟨e⟩ [et] bacas vel uvam passam, [vel] ⟨mel,⟩ vinum, acetum, liquamen et oleum. Uteris frigido. 2. Perdicem: cum pluma sua elixas, ibi madefactum depilabis. [Perdices coctura] occisa perdix potest ex iure coqui, ne induresCat; si dierum fuerit, elixa coqui debet. 3. In perdice et attagena et in turture: piper, ligusticum, mentam, rutae semen, liquamen, merum et oleum. Calefacies.

4) In palumbis, columbis [avibus in altile et in fenicoptero]: 1. In assis: piper, ligusticum, coriandrum, careum, cepam siccam, mentam, ovi vitellum, caryotam, mel, acetum, liquamen, oleum et vinum. 2. Aliter ⟨in⟩ elixis: piper, careum, apii semen, petroselinum, condimenta mortaria, caryotam, mel, acetum, vinum, oleum et sinape. 3. Aliter: piper, ligusticum, petroselinum, apii semen, rutam, nucleos, caryotam, mel, acetum, liquamen, sinape et oleum modice. 4. Aliter: piper, ligusticum, laser vivum, suffundis liquamen, vino et liquamine temperabis, et mittis super columbum vel palumbum. Piper aspersum inferes.

5) Ius in diversis avibus: 1. Piper, cuminum frictum, ligusticum, mentam, uvam passam enucleatam aut Damascena, mel modice. Vino myrt⟨e⟩o temperabis, aceto, liquamine et oleo. Calefacies et agitabis apio et satureia. 2. Aliter ius in avibus: piper, petroselinum, ligusticum, mentam siccam, cneci flos, vino suffundis, adicies Ponticam vel amygdala tosta, mel modicum,

3) Für gekochtes Rebhuhn, Haselhuhn und Turteltaube: 1. ⟨Für Rebhuhn?⟩[103]: Pfeffer, Liebstöckel, Selleriesamen, Minze, Myrtenbeeren und andere Beeren oder Rosinen, Honig, Wein, Essig, Liquamen und Öl. Verwende sie (die Sauce) kalt. 2. Rebhuhn: Koche es mit seinem Gefieder, dann[104] rupfe es noch feucht. Ein eben geschlachtetes Rebhuhn kann in der Sauce gekocht werden, ohne zäh zu werden. Wenn es schon ein paar Tage alt ist, muss es vorher abgebrüht und dann gekocht werden. 3. Für Rebhuhn, Haselhuhn und Turteltaube: Pfeffer, Liebstöckel, Minze, Weinrautensamen, Liquamen, unvermischter Wein und Öl. Erhitze sie (die Sauce).

4) Für Ringeltauben und Tauber [Mastgeflügel und Flamingo]: 1. Für gegrillte: Pfeffer, Liebstöckel, Koriander, Wiesenkümmel, getrocknete Zwiebel, Minze, Eidotter, Datteln (oder Dattelsirup?), Honig, Essig, Liquamen, Öl und Wein. 2. Anders für gekochte: Pfeffer, Wiesenkümmel, Selleriesamen, Petersilie, »Mörsergewürz«, Datteln, Honig, Essig, Wein, Öl und Senf. 3. Auf andere Art: Pfeffer, Liebstöckel, Petersilie, Selleriesamen, Weinraute, Pinienkerne, Datteln, Honig, Essig, Liquamen, Senf und nicht zu viel Öl. 4. Auf andere Art: Pfeffer, Liebstöckel, Laser, Wein, gieße Liquamen dazu, schmecke mit Wein und Liquamen ab und gib es über den Tauber oder die Ringeltaube. Serviere mit darauf gestreutem Pfeffer.

5) Sauce für verschiedene Vögel: 1. Pfeffer, gerösteten Cumin, Liebstöckel, Minze, entkernte Rosinen oder Damaszenerpflaumen und ein wenig Honig. Schmecke mit Myrtenwein, sowie mit Essig, Liquamen und Öl ab. Erhitze sie und rühre mit Sellerie und Bohnenkraut um. 2. Sauce für Vögel auf andere Art: Pfeffer, Petersilie, Liebstöckel, getrocknete Minze und Saflorblüte[105], gieße Wein dazu, gib türkische Haselnüsse oder geröstete Mandeln und ein wenig Honig hinein und schmecke mit

vino et aceto, liquamine temperabis. Oleum in pultarium super ius mittis, calefacies, ius agitabis apio viridi et nepeta. Incaraxas et perfundis. 3. Ius candidum in avem elixam: piper, ligusticum, cuminum, apii semen, Ponticam vel amigdalam tostam vel nuces depellatas, mel modicum, liquamen, acetum et oleum. 4. Ius viride in avibus: piper, careum, spica Indica, cuminum, folium, condimenta viridia omne genus, dactylum, mel, acetum, vinum modice, liquamen et oleum. 5. Ius candidum in ansere elixo: piper, careum, cuminum, apii semen, thymum, cepam, laseris radicem, nucleos tostos, mel, acetum, liquamen et oleum. 6. Ad aves hircosas ⟨oenogarum⟩: piper, ligusticum, thymum, mentam aridam, calvam, caryotam, mel, acetum, vinum, liquamen, oleum, defritum, sinape. Avem sapidiorem et altiorem facies et ei pinguedinem servabis, si eam farina[m] oleo subacta[m] contextam in furnum miseris. 7. Aliter avem: in ventrem eius fractas olivas novas mittis et consutam sic elixabis. Deinde coctas olivas exime[n]s.

6) In fenicoptero: 1. Fenicopterum eliberas, lavas, ornas, includis in caccabum, adicies aquam, salem, anethum et aceti modicum. Dimidia coctura alligas fasciculum porri et coriandri, ut coquatur. prope cocturam defritum mittis, coloras. Adicies in mortarium piper, cuminum, coriandrum, laseris radicem, mentam, rutam, fricabis, suffundis acetum, adicies caryotam, ius de suo sibi perfundis. Reexinanies in eundem caccabum, amulo obligas, ius perfundis et inferes. Idem facies et in psittaco. 2. Aliter: assas avem, teres piper, ligusticum, apii semen,

Wein, Essig und Liquamen ab. Gib Öl über die Sauce in den Tontopf, erhitze sie und rühre die Sauce mit grünem Sellerie und Katzenminze um. Schneide ⟨den Vogel⟩ ein und gieße die Sauce darüber. 3. Weiße Sauce für gekochtes Geflügel: Pfeffer, Liebstöckel, Cumin, Selleriesamen, türkische Haselnüsse, geröstete Mandeln oder geschälte Nüsse, ein wenig Honig, Liquamen, Essig und Öl. 4. Grüne Sauce für Geflügel: Pfeffer, Wiesenkümmel, Citronella[106], Cumin, Gewürzblätter, jede Art grüner Gewürzkräuter, Datteln, Honig, Essig, ein wenig Wein, Liquamen und Öl. 5. Weiße Sauce für gekochte Gans: Pfeffer, Wiesenkümmel, Cumin, Selleriesamen, Thymian, Zwiebel, Laserwurzel, geröstete Pinienkerne, Honig, Essig, Liquamen und Öl. 6. Oenogarum[107] zu streng schmeckenden Vögeln: Pfeffer, Liebstöckel, Thymian, getrocknete Minze, Bartnuss (?), Datteln, Honig, Essig, Wein, Liquamen, Öl, Defrutum und Senf. Du wirst das Geflügel wohlschmeckender und besser machen und ihm das Fett erhalten, wenn du es mit Ölteig (mit Öl verknetetem Mehl) umhüllt in den Ofen gibst. 7. Geflügel auf andere Art: Gib in dessen Bauch zerquetschte[108] frische Oliven und koche es zugenäht auf diese Art. Danach nimm die gekochten Oliven heraus.

6) Für Flamingo: 1. Enthäute den Flamingo, wasche und dressiere ihn und verschließe ihn in einem Topf, gib Wasser, Salz, Dill und ein wenig Essig dazu. Wenn er halb gar ist, binde ein Bündelchen Lauch und Koriander zusammen, damit es damit kocht. Wenn es fast gar ist, gib Defrutum hinzu und färbe es. Gib in einen Mörser Pfeffer, Cumin, Koriander, Laserwurzel, Minze und Weinraute und zermahle es, gieße Essig dazu, gib Datteln hinein und gieße vom eigenen Saft darüber. Schütte es in denselben Topf, binde mit Speisestärke, gieße die Sauce darüber und serviere. Dasselbe mache auch für Papagei. 2. Auf andere Art: Grille den Vogel und zerstoße Pfeffer, Liebstöckel,

sesamum frictum, petroselinum, mentam, cepam siccam, caryotam; melle, vino, liquamine, aceto, oleo et defrito temperabis.

7) Aves omnes ne liquescant: cum plumis elixare omnibus melius erit. Prius tamen exinterantur per guttur vel e navi assublatae (?).

8) Anserem elixum calidum ex iure frigido Apiciano: teres piper, ligusticum, coriandri semen, mentam, rutam, refundis liquamen et oleum modice, temperas. Anserem elixum ferventem sabano mundo exsiccabis, ius perfundis et inferes.

9) In pullo elixo ius crudum: 1. a) Adicies in mortarium anethi semen, mentam siccam, laseris radicem, suffundis acetum, adicies caryotam, refundis liquamen, sinapis modicum et oleum, defrito temperas et sic mittis. 1. b) Pullum anethatum mellis modice, liquamine temperabis. Levas pullum coctum et sabano mundo siccas, caraxas et ius scissuris infundis, ut combibat, et cum combiberit, assabis et suo iure pinnis tangis. Pipere aspersum inferes. 2. Pullum Particum: pullum aperies a navi et in quadrato ornas. Teres piper, ligusticum, carei modicum; suffunde liquamen; vino temperas. Componis in Cumana pullum et condituram super pullum facies. Laser vivum inradas, dissolvis, et in pullum mittis simul, et coques. Piper aspersum,

Selleriesamen, gerösteten Sesam, Petersilie, Minze, getrocknete Zwiebel und Datteln. Schmecke mit Honig, Wein, Liquamen, Essig, Öl und Defrutum ab.

7) Damit alle Vögel nicht zu weich werden: Es wird für alle besser sein, sie mit dem Gefieder zu kochen. Vorher aber werden sie durch die Gurgel ausgenommen oder, nachdem der Bürzel entfernt worden ist, von hinten[109].

8) ⟨Für Gans⟩: Heiße gekochte Gans mit kalter Sauce à la Apicius: Zerstoße Pfeffer, Liebstöckel, Koriandersamen, Minze und Weinraute, gieße Liquamen und ein wenig Öl dazu und schmecke ab. Trockne die heiße Gans mit einem sauberen Leinentuch ab, gieße die Sauce darüber und serviere.

9) Ungekochte Sauce für gekochtes Hähnchen[110]: 1. a) Gib in einen Mörser Dillsamen, getrocknete Minze und Laserwurzel, gieße Essig dazu, gib Datteln (oder Dattelsirup?) hinein und gieße Liquamen, ein wenig Senf und Öl hinein, schmecke mit Defrutum ab und gib es so darüber. 1. b) Hähnchen mit Dillsauce[111]: Schmecke es mit ein wenig Honig und Liquamen ab. Nimm das gekochte Hähnchen aus dem Topf und trockne es mit einem sauberen Leinentuch ab, schneide die Haut vielfach ein und gieße Sauce in die Schnitte hinein, damit es sie aufsaugt, und grille es, wenn es sie aufgesaugt hat, und benetze es mit Federn mit dem eigenen Bratensaft. Streue Pfeffer darauf und serviere. 2. Parthisches Hähnchen: Schneide das Hähnchen vom Bürzel her auf und dressiere es auf einem viereckigen Brett. Zerstoße Pfeffer, Liebstöckel und ein wenig Wiesenkümmel. Gieße Liquamen dazu und schmecke mit Wein ab. Lege das Hähnchen in eine Tonkasserolle und gib die Gewürzsauce über das Hähnchen. Schabe ganz frisches Laser hinein, verrühre es, gib es zusammen auf das Huhn und koche es.

inferes. 3. Pullum oxizomum: olei acetabulum maiorem, satis modice liquaminis, acetabulum minorem, aceti acetabulum perquam minorem, piperis scripulos sex, petroselinum scriptulum, porros fasciculum. 4. Pullum Numidicum: pullum curas, elixas, lavas, laseras, piper⟨as⟩ et assas. Teres piper, cuminum, coriandri semen, laseris radicem, rutam, caryotam, nucleos, suffundis acetum, mel, liquamen et oleum, temperabis. Cum ferbuerit, amulo obligas, pullum perfundis, piper aspergis et inferes. 5. Pullum laseratum: pullum aperies a navi, lavabis, ornabis et ⟨in⟩ Cumana ponis. Teres piper, ligusticum, laser vivum, suffundis liquamen, vino et liquamine temperabis, et mittis pullum. Coctus si fuerit, piper aspersum, inferes. 6. Pullum paroptum: laseris modicum, piperis scripulos sex, olei acetabulum, liquaminis acetabulum, petroselini modice. 7. Pullum elixum ex iure suo: teres piper, cuminum, thymi modicum, feniculi semen, mentam, rutam, laseris radicem, suffundis acetum, adicies caryotam et teres. Melle, aceto, liquamine et oleo temperabis [8.] pullum refrigeratum et mittis siccatum, quem perfusum inferes. (?) 9. Pullum elixum cum cucurbitis elixis: iure supra scripto addito, sinape perfundis et inferes. 10. Pullum elixum cum cologasiis (= colocasiis) elixis: supra scripto iure perfundis et inferes. 11. Faci⟨s⟩ et in elixam et in olivis columbadibus, non valde, ita ut laxamentum habeat, ne dissiliat dum coquitur in olla[m], submissus in sportellam.

Serviere mit Pfeffer bestreut. 3. Hähnchen mit scharfer Gewürzsauce: eine größere Sauciere Öl (ca. 0,1 l?)[112], nicht zu viel Liquamen, eine kleinere Sauciere (ca. 0,05 l?), eine noch kleinere Sauciere (ca. 0,03 l?) Essig, sechs Skrupel (ca. 6,8 g) Pfeffer, ein Skrupel (ca. 1,1 g) Petersilie und ein Bündelchen Lauch. 4. Numidisches Hähnchen: Bereite das Hähnchen vor, koche es, wasche es, würze es mit Laser und Pfeffer und grille es. Zerstoße Pfeffer, Cumin, Koriandersamen, Laserwurzel, Weinraute, Datteln und Pinienkerne, gieße Essig, Honig, Liquamen und Öl dazu und schmecke ab. Wenn es aufgekocht ist, binde mit Speisestärke, begieße das Hähnchen damit, streue Pfeffer darauf und serviere. 5. Hähnchen mit Lasersauce: Schneide das Hähnchen vom Bürzel her auf, wasche und dressiere es und lege es in eine Tonkasserolle. Zerstoße Pfeffer, Liebstöckel, ganz frisches Laser, gieße Liquamen dazu, schmecke mit Wein und Liquamen ab und gib das Hähnchen ⟨in den Ofen?⟩. Wenn es gar ist, serviere mit Pfeffer bestreut. 6. Schwach gebratenes (?) Hähnchen: ein wenig Laser, sechs Skrupel (ca. 6,8 g) Pfeffer, eine Sauciere (ca. 0,07 l) Öl, eine Sauciere Liquamen und ein wenig Petersilie. 7. Gekochtes Hähnchen im eigenen Saft: Zerstoße Pfeffer, Cumin, ein wenig Thymian, Fenchelsamen, Minze, Weinraute und Laserwurzel, gieße Essig dazu, gib Datteln (oder Dattelsirup?) dazu und zermahle es. Schmecke mit Honig, Essig, Liquamen und Öl ab. [8.][113] Gib das abgekühlte und abgetrocknete Huhn dazu, das du damit übergossen servierst. 9. Gekochtes Hähnchen mit gekochten Kürbissen: Nach Zugabe der oben beschriebenen Sauce gib Senf darüber und serviere. 10. Gekochtes Hähnchen mit gekochten Lotuswurzeln: Übergieße es mit der oben beschriebenen Sauce und serviere. 11.[114] Mache es so auch bei einem gekochten Hähnchen mit eingemachten Oliven, nicht zu viel, sodass noch Platz bleibt, damit es nicht zerplatzt, während es, in ein Körbchen gelegt, im Kessel kocht. Wenn es aufgekocht ist, nimm es öfters vom

Cum bullierit, frequenter levas et ponis ne dissiliat. 12. Pullus Vardanus ⟨Varianus?⟩: pullum coques iure hoc: liquamine, oleo, vino, fasciculum porri, coriandri, satureia. Cum coctus fuerit, teres piper, nucleos, cyathos duos et ius de suo sibi suffundis – et fasciculos proicies – lac⟨te⟩ temperas et reexinanies in mortarium supra pullum, ut ferveat. Obligas eundem albamentis ovorum tritis, ponis in lance et iure supra scripto perfundis. Hoc ius candidum appellatur. 13. Pullum Front[on]ianum: pullum praedura, condies liquamine, oleo mixto, cui mittis fasciculum anethi, porri, satureia et coriandri viridis, et coques. Ubi coctus fuerit, levabis eum, lance⟨m⟩ defrito perunges, piper aspargis et inferes. 14. Pullus tractogalatus: pullum coques liquamine, oleo, vino, cui mittis fasciculum coriandri, cepam. Deinde, cum coctus fuerit, levabis eum de iure suo et mittis in caccabum novum lac et salem modicum, mel et aquae minimum, id est tertiam partem. Ponis ad ignem lentum ut tepescat, tractum confringis et mittis paulatim, assidue agitas, ne uratur. Pullum illic mittis integrum vel carptum, versabis in lance, quem perfundis ius tale: piper, ligusticum, origanum, suffundis mel et defrito modicum, et ius de suo sibi, temperas. In caccabulo facies ut bulliat. Cum bullierit, amulo obligas et inferes. 15. Pullus fusilis: pullum sicuti liquaminatum a cervice expedies. Teres piper, ligusticum, gingiber, pulpam caesam, alicam elixam, teres cerebellum ex iure coctum,

Feuer und setze es wieder auf, damit es nicht aufplatzt. 12. Hähnchen à la Varius[115]: Koche das Hähnchen mit folgender Sauce: mit Liquamen, Öl und Wein, ein Bündelchen Lauch und Koriander und Bohnenkraut. Wenn es gar ist, zerstoße Pfeffer und Pinienkerne. Gieße zwei Gläschen (ca. 0,092 l) ⟨Liquamen?⟩ und vom eigenen Saft dazu – und wirf die Bündelchen weg –, stimme es mit Milch ab, schütte den Inhalt des Mörsers (?) zum Kochen über das Hähnchen. Binde selbiges mit zerstampften gekochten Eiweißen, lege es (das Hähnchen) auf eine Platte und übergieße es mit der oben beschriebenen Sauce. Diese wird »Weiße Sauce« genannt. 13. Hähnchen à la Fronto[116]: Brate das Hähnchen an und würze es mit einer Mischung aus Liquamen und Öl, zu dem du ein Bündelchen Dill, Lauch, Bohnenkraut und frischen Koriander gibst und koche es. Sobald es gar ist, nimm es vom Feuer, feuchte eine Platte mit Defrutum an, streue Pfeffer darauf und serviere. 14. Hähnchen mit Milchteigbrei: Koche das Hähnchen mit Liquamen, Öl und Wein und gib dazu ein Bündelchen Koriander und Zwiebel. Dann, wenn es gar ist, nimm es aus seiner Sauce und gib in einen neuen Tontopf Milch und ein wenig Salz, Honig und ganz wenig, das heißt ein Drittel Wasser. Setze es auf kleiner Flamme auf, damit es heiß wird, zerbröckele Teig, gib ihn allmählich dazu und rühre ununterbrochen, damit es nicht anbrennt. Gib das Hähnchen ganz oder zerlegt dort hinein, stürze es auf eine Platte und übergieße es mit folgender Sauce: Pfeffer, Liebstöckel, Oregano, gieße Honig, ein wenig Defrutum und vom eigenen Saft dazu und schmecke ab. Lass es in einem kleinen Topf aufkochen, binde, wenn es aufgekocht ist, mit Speisestärke und serviere. 15. Hähnchen mit flüssiger Füllung: Nimm das Hähnchen wie das mit Liquamen-Sauce (?)[117] vom Hals her aus. Zerstoße Pfeffer, Liebstöckel, Ingwer, Hackfleisch und gekochte Grütze, stampfe ein in Brühe gekochtes Hirnchen, schlage Eier auf und mische sie dazu, um eine glatte

ova confringis et commiscis, ut unum corpus efficias. Liquamine temperas et oleum modice mittis, piper integrum, nucleos abundantes. Fac impensam et imples pullum vel porcellum, ita ut laxamentum habeat. Similiter in cap[s?]o facies. Ossibus eiectis coques. 16. Pullus leucozomus: accipies pullum et ornas ut supra. Aperis illum a pectore. Accipiat aquam et oleum Spanum (= Hispanum) abundans. Agitatur ut ex se ambulet et umorem consumat. Postea cum coctus fuerit, quodcumque porro remanserit inde levas. Piper aspargis et inferes.

Masse zu erhalten. Schmecke mit Liquamen ab und gib ein wenig Öl sowie ganze Pfefferkörner und reichlich Pinienkerne dazu. Bereite die Füllung zu und fülle das Huhn oder Spanferkel, sodass noch etwas Platz bleibt. Ähnlich mache es in einer (Schweins)blase (?) ⟨oder bei Kapaun?⟩[118]. Koche es ohne Knochen. 16. Hähnchen mit weißer Brühe: Nimm das Hähnchen und dressiere es wie oben. Schneide es von der Brust her auf. Es soll Wasser und reichlich spanisches Öl bekommen. Es muss gerührt werden, damit der Saft herausfließen kann und einkocht[119]. Nachher, wenn es gar ist, nimm, was auch immer noch übrig geblieben ist (?), da heraus. Streue Pfeffer darauf und serviere[120].

1) Vulvae steriles, callum, libelli, coticulae et ungellae. 2) Sumen. 3) Ficatum. 4) Ofellae. 5) Assaturae. 6) In elixam et in copadiis. 7) Ventricula. 8) Lumbuli et renes. 9) Perna. 10) Iecinora. 11) Dulcia domestica et melce. 12) Bulbi. 13) Fungi farnei vel boleti. 14) Tubera. 15) In colocasio. 16) Cocleas. 17) Ova.

1) Vulvae steriles, callum, libelli, coticulae et ungellae: 1. Vulvae steriles: lasere vulvas – sed accipies Cirenaicum vel Particum – aceto et liquamine temperato appones. 2. In vulva et sterile: piper, apii semen, mentam siccam, laseris radicem, mel, acetum et liquamen. 3. Vulvae et steriles: piper⟨e⟩ et liquamine, lasere Partico apponis. 4. Vulvae steriles: piper⟨e⟩, liquamine et condito modico apponis. 5. Callum, libelli, coticulae, ungellae: cum pipere, liquamine, laser⟨e⟩ apponis. 6. Vulvam ut tostam facias, in cantabro involve et postea in muria mitte et sic coque.

2) Sumen: 1. Sumen elixas, de cannis surclas, sale aspargis et in furnum mittis vel in graticulam. Subassas. Teres piper, ligusticum, liquamen, mero et passo ⟨temperas⟩, amulo obligas et sumen perfundis. 2. Sumen plenum: teritur piper, careum, echinus salsus, quo suitur et sic coquitur. Manducatur cum allece, sinape.

VII. Buch: Der Gourmet

1) Gebärmutter von Jungsäuen, Schwarte, Rollbraten (?)[121], Koteletts und Schweinshaxen. 2) Schweineeuter. 3) Feigenleber. 4) Braten. 5) Grillgewürze. 6) Für gekochtes Fleisch und Schnitzel. 7) Gefüllte Mägen (?)[122]. 8) Lendenstücke und Nieren. 9) Schinken. 10) Leber. 11) Hausgemachte Süßspeisen und dicke Milch. 12) Gemüsezwiebeln. 13) Eschenpilze (?)[123] oder Champignons. 14) Trüffel. 15) Für Lotuswurzel. 16) Schnecken. 17) Eier.

1) Gebärmutter von Jungsäuen, Schwarte, Rollbraten (?)[124], Koteletts und Schweinshaxen: 1. Gebärmutter von Jungsäuen: Schmecke die Gebärmutter mit Laser – aber nimm cyrenäisches oder parthisches –, Essig und Liquamen ab und serviere. 2. Für normale Gebärmutter und die von einer Jungsau (?)[125]: Pfeffer, Selleriesamen, getrocknete Minze, Laserwurzel, Honig, Essig und Liquamen. 3. Normale Gebärmutter und die von Jungsäuen: Serviere mit Pfeffer, Liquamen und parthischem Laser. 4. Gebärmutter von Jungsäuen: Serviere mit Pfeffer, Liquamen und ein wenig Würzwein. 5. Schwarte, Rollbraten (?)[126], Koteletts und Schweinshaxen: Serviere mit Pfeffer, Liquamen und Laser. 6. Um geröstete Gebärmutter zu machen: Wickle sie in Kleiebrei ein, gib sie dann in Salzlake und backe sie so.

2) Schweineeuter: 1. Koche das Euter, stecke es mit Rohrstäbchen zusammen, bestreue es mit Salz und gib es in den Ofen oder auf einen Grill. Grille es an. Zerstoße Pfeffer, Liebstöckel, Liquamen und ⟨schmecke⟩ mit unvermischtem Wein und Passum ⟨ab⟩, binde mit Speisestärke und übergieße das Euter damit. 2. Gefülltes Euter: Pfeffer, Wiesenkümmel und eingesalzener Seeigel werden zerstoßen und das Euter damit ⟨gefüllt,⟩ zugenäht und so gekocht. Verspeist wird es mit Allec und Senf.

3) Ficatum: 1. In ficato oenogarum: piper, timum, ligusticum, liquamen, vinum modice, oleum. 2. Aliter: ficatum praecidis ad cannam, infundis in liquamine piper, ligusticum, bacas lauri duas, involves in augmento (?) et in graticula assas et inferes.

4) Ofellae: 1. Ofellas Ostienses: in ofellam (?) designa[n]s ofellas in cute, ita ut cutis sic remaneat. Teres piper, ligusticum, anethum, cuminum, silfium, bacam lauri unam, suffundis liquamen, fricas, in angularem refundis simul cum ofellis. Ubi requieverit in condimentis biduo vel triduo, ponis, surclas decussatim, et in furnum mittis. Cum coxeris, ofellas, quas designaveras, separabis et teres piper, ligusticum, suffundis liquamen et passum modicum, ut dulce fiat. Cum fervuerit, ius amulo obligas. Ofellas satias et inferes. 2. Ofellas Apicianas: ofellas exossas, in rotundum complicas, surclas, ad furnum admoves. Postea praeduras, levas et humorem exspuat, in graticula igni lento exsiccabis, ita ne uratur. Teres piper, ligusticum, ciperis, cuminum, liquamen et passo temperabis. Cum hoc iure ofellas in caccabum mittis. Cum coctae fuerint, levas et siccas, sine iure, pipere asperso, et inferes. Si pingues fuerint, cum surclas, tollis cutem. Potes[t] et de abdomine huiusmodi ofellas facere. 3. Ofellae aprogeneo (= aprogineo) more: ex oleo, liquamine condiuntur, et mittitur eis condimentum, cum coc-

3) Feigenleber: 1. Oenogarum für Feigenleber: Pfeffer, Thymian, Liebstöckel, Liquamen, ein wenig Wein und Öl. 2. Auf andere Art: Schneide die Feigenleber mit einem Rohrmesserchen, weiche Pfeffer[127], Liebstöckel und zwei Lorbeerfrüchte in Liquamen ein, wickle sie ⟨damit⟩ in Wursthaut, grille sie auf einem Rost und serviere.

4) Braten: 1. Braten auf Ostienser Art: Markiere auf dem Braten[128] Stücke auf der Schwarte, sodass die Schwarte ganz bleibt[129]. Zerstoße Pfeffer, Liebstöckel, Dill, Cumin, Silphium und eine Lorbeerfrucht, gieße Liquamen dazu, mache es sämig und gieße es zusammen mit dem Braten in eine viereckige Auflaufform. Wenn er zwei oder drei Tage in den Gewürzen geruht hat, nimm ihn heraus, stecke ihn kreuzweise (?)[130] zusammen und gib ihn in den Ofen. Wenn du ihn gebacken hast, trenne die Bratenstücke, die du markiert hast, auseinander, zerstoße Pfeffer und Liebstöckel und gieße Liquamen und ein wenig Passum dazu, damit es süß wird. Wenn es aufgekocht ist, binde die Sauce mit Speisestärke. Tränke die Bratenstücke darin und serviere. 2. Rollbraten à la Apicius: Entferne die Knochen von den Bratenstücken, wickle sie zu einer Rolle, stecke sie zusammen und bringe den Rollbraten zum Ofen (?)[131]. Danach brate ihn an, nimm ihn vom Feuer und lass ihn die Feuchtigkeit ausscheiden, trockne ihn dann auf einem Rost auf kleiner Flamme, ohne dass er verbrennt. Zerstoße Pfeffer, Liebstöckel, Erdmandeln, Cumin und Liquamen und schmecke mit Passum ab. Mit dieser Sauce gib den Braten in einen Topf. Wenn er gar ist, nimm ihn heraus und trockne ihn ohne Sauce und serviere mit daraufgestreutem Pfeffer. Wenn er fett ist, schneide die Schwarte ab, bevor du ihn zusammensteckst. Du kannst einen solchen Braten auch mit Bauchfleisch machen. 3. Braten nach Art von Schwarzwild: Er wird mit Öl und Liquamen gewürzt und es werden Gewürzkräuter dazugege-

tae fuerint. Et super adicitur his, cum in foco sunt, conditura, et denuo bulliunt. Piper tritum, condimentum, mel, liquamen, amulum, cum iam bulliunt. Et sine liquamine et oleo elixantur, coquuntur et sic pipere perfunduntur. Ius supra scriptum, et sic bulliunt. 4. Aliter ofellae: recte friguntur, ut paene assae reddantur. Liquaminis summi ciato, aquae ciato, aceti ciato, olei ciato simul mixtis et immissis in patellam fictilem, frigis et inferes. 5. Aliter ofellas: in sartagine abundanti oenogaro. Piper asparges et inferes. 6. Aliter ofellas: ofellae prius sale et cumino infusae in aquam recte friguntur.

5) Assaturae: 1. Assaturam: assam a furno simplicem salis plurimi conspersam cum melle inferes. 2. Aliter assaturas: petroselini scripulos VI, laser scripulos VI, gingiberis scripulos VI, lauri bacas V, condimenti, laseris radicem scripulos VI, origani scripulos VI, cyperis scripulos VI, costi modice, pyrethri scripulos III, apii seminis scripulos VI, piperis scripulos XII, liquaminis et olei quod sufficit. 3. Aliter assaturas: myrtae siccae bacam extenteratam cum cumino, pipere, mel, liquamen, defrito et oleo teres, et fervefactum amulas. Carnem elixam sale subassatam perfundis, piper aspargis et inferes. 4. Aliter assaturas: piperis scripulos VI, ligusticum scripulos VI, petroselinum scripulos VI, apii semen scripulos VI, anethi scripulos VI, laseris radicem scripulos VI, asareos scripulos VI, piretri (= pyrethri) modice, ciperis scripulos VI, carei scripulos VI, cumini scripulos VI, gingiberis scripulos VI, liquaminis eminam, olei

ben, wenn er gar ist. Wenn er im Ofen ist, wird Gewürzsauce darübergegeben und man lässt ihn erneut kochen. Dazu gibt man gemahlenen Pfeffer, Gewürzkräuter, Honig, Liquamen und Speisestärke, wenn er schon kocht. Er wird ohne Liquamen und Öl gesotten, gargekocht und so mit Pfeffer und der oben beschriebenen Sauce begossen und so lässt man ihn weiter köcheln. 4. Bratenstücke auf andere Art: Sie werden ordentlich gebraten, sodass sie fast wie Grillbraten zubereitet werden. Mische ein Gläschen (ca. 0,046 l) besten Liquamens, ein Gläschen Wasser, ein Gläschen Essig und ein Gläschen Öl, gieße es in die tönerne Pfanne, brate ihn damit und serviere. 5. Braten auf andere Art: in einer Kasserolle mit reichlich Oenogarum. Streue Pfeffer darauf und serviere. 6. Braten auf andere Art: Die Bratenstücke werden vorher mit Salz und Cumin mariniert und dann ordentlich gebraten.

5) Grillgewürze: 1. Grillgewürz: Serviere einfachen Grillbraten aus dem Ofen mit sehr viel Salz bestreut zusammen mit Honig. 2. Grillgewürz auf andere Art: 6 Skrupel (ca. 6,8 g) Petersilie, 6 Skrupel Laser, 6 Skrupel Ingwer, 5 Lorbeerfrüchte, Gewürzkräuter, 6 Skrupel Laserwurzel, 6 Skrupel Oregano, 6 Skrupel Erdmandeln, ein wenig Kostwurz, 3 Skrupel (ca. 3,4 g) Bertram, 6 Skrupel Selleriesamen, 12 Skrupel (ca. 14 g) Pfeffer sowie genügend Liquamen und Öl. 3. Grillgewürz auf andere Art: Zerstoße entkernte, getrocknete Myrtenbeeren mit Cumin, Pfeffer, Honig, Liquamen, Defrutum und Öl und dicke es ein, wenn es aufgekocht ist. Begieße gekochtes und mit Salz angegrilltes Fleisch damit, streue Pfeffer darauf und serviere. 4. Grillgewürz auf andere Art: 6 Skrupel (ca. 6,8 g) Pfeffer, 6 Skrupel Liebstöckel, 6 Skrupel Petersilie, 6 Skrupel Selleriesamen, 6 Skrupel Dill, 6 Skrupel Laserwurzel, 6 Skrupel Haselwurz, ein wenig Bertram, 6 Skrupel Erdmandeln, 6 Skrupel Wiesenkümmel, 6 Skrupel Cumin, 6 Skrupel Ingwer, ein hal-

acetabulum. 5. Assaturas in collari: elixatur et infunditur in fretali piper, condimentum, mel, liquamen, et atteritur in clibano quousque coquatur. Elixum vero collare, si voles, sine conditura assas, et siccum calidum perfundis.

6) In elixam et copadia: 1. Ius in elixam omnem: piper, ligusticum, origanum, rutam, silfium, cepam siccam, vinum, caroenum, mel, acetum, olei modicum. Persiccatam et sabano expressam elixam perfundis. 2. Ius in elixam: piper, petroselinum, liquamen, acetum, caryotam, cepullam, olei modicum. Perfundis calido iure. 3. Ius in elixam: teres piper, rutam aridam, feniculi semen, cepam, caryotam, liquamen et oleum. 4. Ius candidum in elixam: piper, liquamen, vinum, rutam, cepam, nucleos, conditum, modicum de buccellis maceratis unde stringat, oleum. Cum coxerit, ius perfundis. 5. Aliter ius candidum in elixam: piper, careum, ligusticum, thymum, origanum, cepullam, dactylum, mel, liquamen, oleum. 6. In copadiis ius album: piper, cuminum, ligusticum, rutae semen, Damascenas, infundis vinum, oenomeli et aceto temperabis. ⟨agitabis⟩ thymo et origano. 7. Aliter ius candidum in copadiis: piper, thymum, cuminum, apii semen, feniculum, mentam, bacam myrtae, uvam passam. Mulso temperas. Agitabis ramo satureiae. 8. Ius in copadiis: piper, ligusticum, careo, mentam,

ber Schoppen (0,27 l) Liquamen und eine Sauciere (ca. 0,07 l) Öl. 5. Grillgewürz für Halsstück: Es wird gekocht, in die Pfanne werden Pfeffer, Gewürzkräuter, Honig und Liquamen hineingegeben und auf dem Kohlebecken zerstampft, solange es kocht. Wenn du willst, grille das gekochte Halsstück aber ohne Gewürzsauce und übergieße das trockene und heiße Halsstück damit.

6) Für gekochtes Fleisch und Schnitzel: 1. Sauce für jedes gekochte Fleisch: Pfeffer, Liebstöckel, Oregano, Weinraute, Silphium, getrocknete Zwiebel, Wein, Caroenum, Honig, Essig und ein wenig Öl. Übergieße das sehr gut getrocknete und mit einem Leinentuch ausgepresste gekochte Fleisch damit. 2. Sauce für gekochtes Fleisch: Pfeffer, Petersilie, Liquamen, Essig, Datteln (oder Dattelsirup?), kleine Zwiebeln und ein wenig Öl. Übergieße es mit der heißen Sauce. 3. Sauce für gekochtes Fleisch: Zerstoße Pfeffer, getrocknete Weinraute, Fenchelsamen, Zwiebel, Datteln (oder Dattelsirup?), Liquamen und Öl. 4. Weiße Sauce für gekochtes Fleisch: Pfeffer, Liquamen, Wein, Weinraute, Zwiebel, Pinienkerne, Gewürzkräuter (oder Würzwein?) und ein wenig eingeweichte Brotkrume, wovon es dickflüssiger werden soll, und Öl. Wenn die Sauce gar ist, gieße sie darüber. 5. Weiße Sauce für gekochtes Fleisch auf andere Art: Pfeffer, Wiesenkümmel, Liebstöckel, Thymian, Oregano, eine kleine Zwiebel, Datteln, Honig, Liquamen und Öl. 6. Weiße Sauce für Schnitzel: Pfeffer, Cumin, Liebstöckel, Weinrautensamen und Damaszenerpflaumen, gieße Wein dazu und schmecke mit Weinhonig und Essig ab, ⟨rühre⟩ mit Thymian und Oregano ⟨um⟩[132]. 7. Weiße Sauce für Schnitzel auf andere Art: Pfeffer, Thymian, Cumin, Selleriesamen, Fenchel, Minze, Myrtenbeeren und Rosinen. Schmecke mit Honigwein ab. Rühre mit einem Zweig Bohnenkraut um. 8. Sauce für Schnitzel: Pfeffer, Liebstöckel, Wiesenkümmel, Minze,

nardostacium, folium, ovi vitellum, mel, mulsam, acetum, liquamen et oleum. Agitabis satureia[m] et porro, amulabis. 9. Ius album in copadiis: piper, ligusticum, cuminum, apii semen, thymum, nucleos infusos, nuces infusas et purgatas, mel, acetum, liquamen et oleum. 10. Ius in copadiis: piper, apii semen, careum, satureiam, cneci flos, cepullam, amygdala tosta, caryotam, liquamen, oleum, sinapis modicum. Defrito coloras. 11. Ius in copadiis: piper, ligusticum, petroselinum, cepullam, amygdala tosta, dactylum, mel, acetum, liquamen, defritum, oleum. 12. Ius in copadiis: ova dura incidis, piper, cuminum, petroselinum, porrum coctum, mirtae bacas, plusculum mel, acetum, liquamen, oleum. 13. In elixam anetatam crudum: piper, anethi semen, mentam siccam, laseris radicem, suffundis acetum, adicies caryotam, mel, liquamen, sinapis modicum, defrito, oleo temperabis. Et hoc in collari porcino. 14. Ius in elixam allecatam: piper, ligusticum, careo, apii semen, thymum, cepullam, dactylum, allecem colatum, melle et vino temperas. Apium viridem incisum super aspargis, oleum mittis et inferes.

7) Ventricula: 1. Ventrem porcinum: bene exinanies, aceto et sale, postea aqua lavas, et sic hanc impensam imples: pulpam porcinam tunsam tritam, ita ut enervata commisceas cerebella tria et ova cruda, cui nucleos infundis et piper integrum mittis et hoc iure temperas: teres piper, ligusticum, silfium, anesum, gingiber, rutae modicum, liquamen optimum et olei modicum. Reples aqualiculum sic ut laxamentum habeat, ne dissili-

Nardenblüte, Gewürzblätter, ein Eidotter, Honig, Honigwasser, Essig, Liquamen und Öl. Rühre mit Bohnenkraut und Lauch um und dicke es ein. 9. Weiße Sauce für Schnitzel: Pfeffer, Liebstöckel, Cumin, Selleriesamen, Thymian, eingeweichte Pinienkerne, eingeweichte und geschälte Nüsse, Honig, Essig, Liquamen und Öl. 10. Sauce für Schnitzel: Pfeffer, Selleriesamen, Wiesenkümmel, Bohnenkraut, Saflorblüte, eine kleine Zwiebel, geröstete Mandeln, Datteln (oder Dattelsirup?), Liquamen, Öl und ein wenig Senf. Färbe es mit Defrutum. 11. Sauce für Schnitzel: Pfeffer, Liebstöckel, Petersilie, eine kleine Zwiebel, geröstete Mandeln, Datteln, Honig, Essig, Liquamen, Defrutum und Öl. 12. Sauce für Schnitzel: Schneide hartgekochte Eier klein, Pfeffer, Cumin, Petersilie, gargekochten Lauch, Myrtenbeeren, nicht zu wenig Honig, Essig, Liquamen und Öl. 13. Ungekochte Dillsauce für gekochtes Fleisch: Pfeffer, Dillsamen, getrocknete Minze und Laserwurzel, gieße Essig und gib Datteln (oder Dattelsirup?), Honig, Liquamen und ein wenig Senf dazu und schmecke mit Defrutum und Öl ab. Und das ist für Halsstück vom Schwein[133]. 14. Allec-Sauce für gekochtes Fleisch: Pfeffer, Liebstöckel, Wiesenkümmel, Selleriesamen, Thymian, eine kleine Zwiebel, Datteln, durchgeseihtes Allec, schmecke mit Honig und Wein ab. Streue frischen gehackten Sellerie darüber, gib Öl dazu und serviere.

7) Gefüllte Mägen (?): 1. Schweinsmagen: Leere ihn gut aus, wasche ihn mit Essig und Salz, danach mit Wasser und fülle sodann folgende Masse hinein: gehacktes und gemahlenes Schweinefleisch, wobei du drei gehäutete Hirnchen und rohe Eier dazumischst sowie Pinienkerne und ganze Pfefferkörner dazugibst, und mit folgender Sauce abschmeckst: Zerstoße Pfeffer, Liebstöckel, Silphium, Anis, Ingwer, ein wenig Weinraute, bestes Liquamen und ein wenig Öl. Fülle einen Schweinsmagen so, dass noch etwas Platz bleibt, damit er beim

at in coctura. Surclas ambas et in ollam bullientem summittis. Levas et pungis acu, ne crepet. Qua dimidias coctum fuerit, levas et ad fumum suspendis, ut coloretur. Et denuo eum perelixabis, ut coqui possit, deinde liquamine, mero, oleo modico, et cultello aperies et cum liquamine et ligustico apponis. 2. Ventrem ut tostum facias, in cantabro involve, postea in muriam mittis et sic coque.

8) Lumbi et renes: 1. Lumbuli assi ita fiunt: aperiuntur in duas partes, ita ut expansi sint, et aspergitur eis piper tritum, nuclei et coriandrum concisum minutatim factum et semen feniculi tritum. Deinde lumbuli recluduntur [assi] et consuuntur et involvuntur omento et sic praedurantur in oleo et liquamine, inde assantur in clibano vel craticula.

9) Perna: 1. Pernam, ubi eam cum Caricis plurimis elixaveris et tribus lauri foliis, detracta cute tessellam incidis et melle complebis. Deinde farinam oleo subactam conteres et ei corium reddis, ut, cum farina cocta fuerit, eximas furno ut est, et inferes. 2. Pernae cocturam: ex aqua cum Caricis cocta simpliciter, ut solet, inlata cum buccellis, caroeno vel condito. Melius, si cum musteis.

10) Petasonem ex musteis: petasonem elixas cum bilibre hordei et Caricis XXV. Cum elixatus fuerit, decarnas et arvil-

Kochen nicht zerplatzt. Stecke beide ⟨Seiten⟩ zusammen und gib ihn in einen Kessel mit kochendem Wasser. Nimm ihn heraus und steche mit einer Nadel hinein, damit er nicht platzt. Wenn er halb gar ist, nimm ihn heraus und hänge ihn in den Rauch, damit er Farbe bekommt. Dann koche ihn erneut durch, sodass er gar werden kann, danach mit Liquamen, unvermischtem Wein und ein wenig Öl, schneide ihn mit einem Messer auf und serviere ihn mit Liquamen und Liebstöckel. 2. Um gerösteten Magen zu machen, wickle ihn in Kleiebrei ein, gib ihn danach in Salzlake und backe ihn so.

8) Lendenstücke und Nieren: 1. Gegrillte Lendenstücke werden folgendermaßen gemacht: Sie werden in zwei Teile aufgeschnitten, sodass sie auseinanderklaffen, dann werden gemahlener Pfeffer, Pinienkerne, kleingehackter Koriander und gemahlener Fenchelsamen auf sie gestreut. Danach werden die Lendenstücke wieder verschlossen und zugenäht, in Wursthaut eingewickelt und so in Öl und Liquamen angebraten, anschließend werden sie in einer Backpfanne oder auf einem Rost gegrillt.

9) Schinken: 1. Schneide in den Schinken, sobald du ihn mit sehr vielen karischen Feigen und drei Lorbeerblättern gekocht hast, nach Abziehen der Haut ein würfelförmiges Loch hinein und fülle es mit Honig. Dann stampfe mit Öl verrührtes Mehl und gib ihm die Schale wieder, sodass du ihn, wenn das Mehl gebacken ist, aus dem Ofen nimmst, wie er ist, und servierst. 2. Das Kochen von Schinken: serviert wie gewöhnlich einfach in Wasser mit karischen Feigen gekocht mit Brotstücken, Caroenum oder Würzwein. Besser mit Mostbrötchen[134].

10) Vorderschinken mit Mostbrötchen[135]: Koche den Vorderschinken mit zwei Pfund (ca. 655 g) Gerste und 25 karischen

lam illius candenti vatillo uris et melle contingis. Quod melius, missum in furnum, melle obligas. Cum coloraverit, mittis in caccabum passum, piper, fasciculum rutae, merum, temperas. Cum fuerit temperatum, dimidium in petasonem perfundis et aliam partem piperati buccellas musteorum fractas perfundis. Cum sorbuerit, quod mustei recusaveri⟨n⟩t, petasoni refundis.

11) Laridi coctura: tectum aqua cum multo anetho coques, oleum modicum destillabis et modicum salis.

12) Iecinora sive pulmones: 1. Iecinera haedina vel agnina sic coques: aquam mulsam facies, et ova, partem lactis admiscis eis ut incisa iecinera sorbeant. Coques ex oenogaro, piper⟨e⟩ asperso, et inferes. 2. [Aliter iecinera?] in pulmonibus: ex lacte lavas pulmones et colas quod capere possunt, et infringis ova dua (= duo) cruda, salis grana pauca, mellis ligulam, et simul conmiscis et imples pulmones. Elixas et concidis. Teres piper, suffundis liquamen, passum, merum, pulmones confringis et hoc oenogaro perfundis.

13) Dulcia domestica et melcae: 1. Dulcia domestica: palmulas vel dactylos excepto semine, nuce vel nucleis vel piper tritum infercies. Sales foris contingis, frigis in melle cocto, et inferes. 2. Aliter dulcia: musteos Afros optimos rades et in lacte infun-

Feigen. Wenn er gargekocht ist, löse das Fleisch vom Knochen, röste seine Speckschicht auf einem weißglühenden Kohlebecken und benetze sie mit Honig. Besser noch, wenn du sie, nachdem du ihn in den Ofen geschoben hast, mit Honig bestreichst[136]. Wenn er Farbe bekommen hat, gib in einen Topf Passum, Pfeffer, ein Bündelchen Weinraute, unvermischten Wein und schmecke ab. Wenn es abgestimmt ist, gieße die Hälfte der Pfeffersauce zum Vorderschinken und den anderen Teil über zerbröckelte Stückchen von Mostbrötchen. Wenn sie vollgesogen sind, gieße das, was bei den Mostbrötchen übriggeblieben ist, zum Vorderschinken.

11) Das Kochen von Speck: Koche ihn mit Wasser bedeckt mit viel Dill und besprenge ihn mit ein wenig Öl und Salz.

12) Leber beziehungsweise Lunge: 1. Koche Zicklein- oder Lammlebern folgendermaßen: Mache Honigwasser und mische Eier und einen Teil Milch dazu, sodass die eingeschnittenen Lebern es aufsaugen. Koche in Oenogarum und serviere sie mit Pfeffer bestreut. 2. [Leber auf andere Art und] für Lunge: Wasche die Lunge mit Milch und lass abtropfen, was sie ⟨nicht⟩ aufnehmen kann, schlage zwei rohe Eier hinein, gib wenige Salzkörner und einen Esslöffel Honig dazu, mische es zusammen und fülle die Lunge damit. Koche und schneide sie klein. Zerstoße Pfeffer, gieße Liquamen, Passum und unvermischten Wein dazu. Zerpflücke die Lunge und übergieße sie mit diesem Oenogarum.

13) Hausgemachte Süßspeisen und dicke Milch (?)[137]: 1. Hausgemachte Süßspeise: Fülle große oder normale Datteln, nachdem der Kern entfernt ist, mit Nüssen, Pinienkernen oder gemahlenem Pfeffer. Wälze sie in Salz, brate sie in gekochtem Honig und serviere. 2. Eine Süßspeise auf andere Art: Entferne

dis. Cum biberint, in furnum mittis, ne arescant, modice. Eximes eos calidos, melle perfundis, compungis ut bibant. Piper aspergis et inferes. 3. Aliter dulcia: siligineos rasos frangis, et buccellas maiores facies. In lacte infundis, frigis [et] in oleo, mel superfundis et inferes. 4. Dulcia piperata: mittis mel, merum, passum, rutam. Eo mittis nucleos, nuces, alicam elixatam. Concisas nuces Avellanas tostas adicies et inferes. 5. Aliter dulcia: piper, nucleos, mel, rutam et passum teres cum lacte et tractam coques. Coagulum coque cum modicis ovis. Perfusum melle, aspersum inferes. 6. Aliter dulcia: accipies similam, coques [et] in aqua[m] calida[m], ita ut durissimam pultem facias, deinde in patellam expandis. Cum refrixerit, concidis quasi dulcia et frigis in oleo optimo. Levas, perfundis mel, piper aspergis et inferes. Melius feceris, si lac pro aqua[m] miseris. 7. Tiropatinam: accipies lac. Adversus patinam aestimabis, temperabis lac cum melle quasi ad lactantia, ova quinque ad sextarium mittis, si ad emina⟨m⟩, ova tria. In lacte dissolvis ita ut unum corpus facias, in Cumana colas et igni lento coques. Cum duxerit ad se, piper aspargis et inferes. 8. Ova sfongia ex lacte: ova quattuor, lactis eminam, olei unciam in se dissolvis, ita ut unum corpus facias. In patellam subtilem adicies olei modicum, facies ut bulliat, et adicies impensam quam [com]

die Kruste von besten afrikanischen Mostbrötchen und weiche sie in Milch ein. Wenn sie sich vollgesogen haben, gib sie in den Ofen, aber nicht zu lange, damit sie nicht austrocknen. Nimm sie heiß heraus, übergieße sie mit Honig und steche hinein, damit sie sich vollsaugen. Streue Pfeffer darauf und serviere. 3. Eine Süßspeise auf andere Art: Zerbrich Weizenbrötchen ohne Kruste und mache größere Brocken. Weiche sie in Milch ein, brate sie in Öl, gieße Honig darüber und serviere. 4. Eine gepfefferte Süßspeise (?)[138]: Gib Honig, unvermischten Wein, Passum und Weinraute ⟨in eine Schüssel⟩. Dort hinein gib Pinienkerne, Nüsse und gekochte Grütze. Füge gehackte geröstete Haselnüsse hinzu und serviere. 5. Eine Süßspeise auf andere Art: Zerstoße Pfeffer, Pinienkerne, Honig, Weinraute und Passum mit Milch und koche den Teig. Koche es mit ein paar Eiern zu einem steifen Brei. Serviere ihn mit Honig begossen und ⟨mit Pfeffer?⟩ bestreut. 6. Eine Süßspeise auf andere Art:[139] Nimm Weizenauszugsmehl, koche es in heißem Wasser, sodass du einen sehr festen Teig erhältst, und rolle ihn dann auf einem Backblech aus. Wenn er abgekühlt ist, schneide Plätzchen aus und frittiere sie in bestem Öl. Nimm sie heraus, übergieße sie mit Honig, streue Pfeffer darauf und serviere. Du kannst sie noch besser machen, wenn du Milch statt Wasser verwendest. 7. Pudding (?)[140]: Nimm Milch, schätze die Menge je nach Größe der Auflaufform ab, schmecke die Milch mit Honig wie für Milchbrei ab und gib fünf Eier auf einen Sextar (0,55 l), auf einen halben (0,27 l) drei Eier dazu. Verrühre sie so in der Milch, dass du eine glatte Masse erhältst, passiere es in eine Tonkasserolle (?)[141] und koche auf kleiner Flamme. Wenn er steif geworden ist, streue Pfeffer darauf und serviere. 8. Omeletts mit Milch: Verrühre vier Eier, eine halben Sextar (0,27 l) Milch und eine Unze (ca. 27 g) Öl miteinander, sodass du eine glatte Masse erhältst. Gib in eine dünne Pfanne etwas Öl, lass es aufkochen und gib die Masse dazu, die du vorberei-

parasti. Una parte cum fuerit coctum, in disco vertes, melle perfundis, piper aspargis et inferes. 9. Melcas: cum pipere et liquamine vel sale, oleo et coriandro.

14) Bulbos: 1. Bulbos oleo, liquamine, aceto infere⟨s⟩, modico cumino asperso. 2. Aliter: bulbos tundis, a quo ex aqua coquis, deinde oleo frigis. Ius sic facies: thymum, puleium, piper, origanum, mel, acetum modice et, si placet, [et] modice liquamen. Piper aspargis et inferes. 3. Aliter: bulbos elixos in pultarium pressos: mittis thymum, origanum, mel, acetum, defritum, cariotam. Liquamine, oleum modice. Piper aspergis et inferes. [Varro: »si quid de bulbis, dixi: ›in aquam, qui Veneris ostium quaerunt‹, deinde ut legitimis nuptiis in cena ponuntur, sed et cum nucleis pineis aut cum erucae sucum et piperem.«] 4. Aliter: bulbos frictos in garo inferes.

15) Fungi farnei vel boleti: 1. Fungi farnei: elixi, calidi, exsiccati in garo piper⟨ato⟩ accipiuntur, ita ut piper cum liquamine teres. 2. In fungis farneis: piper, caroenum, acetum et oleum. 3. Aliter fungi farnei: elixi ex sale, oleo, mero, coriandro conciso inferuntur. 4. Boletos fungos: caroenum, fasciculum coriandri viridis. Ubi ferbuerit, exempto fasciculo inferes. 5. Boletos aliter: caliculos eorum liquamine vel sale aspersos inferunt. 6. Boletos

tet hast. Wenn sie von einer Seite gar ist, stürze sie auf eine Platte, übergieße sie mit Honig, streue Pfeffer darauf und serviere. 9. Dicke Milch (?)[142]: mit Pfeffer und Liquamen oder mit Salz, Öl und Koriander.

14) Gemüsezwiebeln: 1. Serviere Gemüsezwiebeln mit Öl, Liquamen, Essig und mit ein wenig Cumin bestreut. 2. Auf andere Art: Zerstampfe die Gemüsezwiebeln, worauf du sie in Wasser kochst und dann in Öl schmorst. Bereite die Sauce folgendermaßen zu: Thymian, Poleiminze, Pfeffer, Oregano, Honig, ein wenig Essig und, wenn es gefällt, auch ein wenig Liquamen. Streue Pfeffer darauf und serviere. 3. Auf andere Art: lege gekochte und ausgepresste Gemüsezwiebeln in eine Schüssel: Gib Thymian, Oregano, Honig, Essig, Defrutum, Datteln (oder Dattelsirup?), Liquamen und ein wenig Öl dazu. Streue Pfeffer darauf und serviere. [Varro[143]: »Wenn ich etwas über Gemüsezwiebeln gesagt habe, dann dies: ›ins Wasser, die die Venuspforte suchen.‹, dann werden sie wie bei offiziellen Hochzeiten zum Abendessen serviert, aber auch mit Pinienkernen oder mit einem Dip aus wilder Rauke und Pfeffer.«] 4. Auf andere Art: Serviere gebratene Gemüsezwiebeln in Garum.

15) Eschenpilze (?)[144] oder Champignons: 1. Eschenpilze werden gekocht, abgetrocknet und, noch heiß, in gepfeffertem Garum verspeist, indem du den Pfeffer mit Liquamen zerstößt. 2. Für Eschenpilze: Pfeffer, Caroenum, Essig und Öl. 3. Eschenpilze auf andere Art: Sie werden mit Salz, Öl, unvermischtem Wein und gehacktem Koriander (in Wasser) gekocht und serviert. 4. Champignons: Caroenum und ein Bündchen frischen Koriander. Sobald es aufgekocht ist, entferne das Bündchen und serviere. 5. Champignons auf andere Art: Man serviert deren Hüte besprengt mit Liquamen oder Salz. 6. Champignons

aliter: thyrsos eorum concisos in patellam novam perfundis, addito pipere, ligustico, modico melle. Liquamine temperabis. Oleum modice.

16) Tubera: 1. Tubera radis, elixas, sale aspergis, et surculo infiges. Subassas, et mittes in caccabum oleum, liquamen, caroenum, vinum, piper et mel. Cum ferbuerit, amulo obligas. Tubera exornas et inferes. 2. Aliter tubera: elixas et, asperso sale, in surculis adfigis et subassas. Et mittes in caccabum liquamen, oleum viridem, caroenum, vinum modice et piper confractum et mellis modicum, et ferveat. Cum fervuerit, amulo obligas et tubera conpungens, ut combibant illud, exornas. Cum bene ferbuerint, inferes. Si volueris, eadem tubera omento porcino involves et assabis et sic inferes. 3. Aliter tubera: oenogarum, piper, ligusticum, coriandrum, rutam, liquamen, mel, vinum, oleum modice. Calefacies. 4. Aliter tubera: piper, mentam, rutam, mel, oleum, vinum modicum. Calefacies et inferes. 5. Aliter tubera: elixa cum porro, deinde sale, pipere, coriandro conciso, mero, oleo mo⟨dico⟩ inferes. 6. Aliter tubera: piper, cuminum, mentam, apium, rutam, mel, acetum vel vinum, salem vel liquamen et oleum modice.

17) In colocasio: piper, cuminum, rutam, mel, liquamen, olei modicum. Cum fervuerit, amulo obligas.

18) Cocleas: 1. Cocleas lacte pastas: accipies cocleas, ⟨s⟩fongizabis, membranam tolles, ut possint prodire. Adicies in vas lac et

auf andere Art: Gib deren kleingeschnittene Stiele unter Zugabe von Pfeffer, Liebstöckel und ein wenig Honig in eine neue Pfanne. Schmecke mit Liquamen ab. Dazu ein wenig Öl.

16) Trüffel: 1. Schäle die Trüffel, koche sie (in Wasser), bestreue sie mit Salz und stecke sie auf ein Spießchen. Grille sie an und gib in einen Topf Öl, Liquamen, Caroenum, Wein, Pfeffer und Honig. Wenn es aufgekocht ist, binde mit Speisestärke. Garniere die Trüffel und serviere. 2. Trüffel auf andere Art: Koche sie (in Wasser), stecke sie mit Salz bestreut auf Spießchen und grille sie an. Gib in einen Topf Liquamen, grünes Öl, Caroenum, ein wenig Wein, grob gemahlenen Pfeffer und ein wenig Honig und lass es aufkochen. Wenn es aufgekocht ist, binde mit Speisestärke, steche in die Trüffel hinein, damit sie es aufsaugen und garniere sie. Wenn sie ordentlich gekocht sind, serviere. Wenn du willst, wickle diese Trüffel in Wursthaut vom Schwein, grille sie und serviere sie so. 3. Trüffel auf andere Art: Oenogarum, Pfeffer, Liebstöckel, Koriander, Weinraute, Liquamen, Honig, Wein und ein wenig Öl. Erhitze es. 4. Trüffel auf andere Art: Pfeffer, Minze, Weinraute, Honig, Öl und ein wenig Wein. Mache es heiß und serviere. 5. Trüffel auf andere Art: Serviere sie gekocht mit Lauch, dann Salz, Pfeffer, gehacktem Koriander, unvermischtem Wein und ein wenig Öl. 6. Trüffel auf andere Art: Pfeffer, Cumin, Minze, Sellerie, Weinraute, Honig, Essig oder Wein, Salz oder Liquamen und ein wenig Öl.

17) Für Lotuswurzel: Pfeffer, Cumin, Weinraute, Honig, Liquamen und ein wenig Öl. Wenn es aufgekocht ist, binde mit Speisestärke.

18) Schnecken: 1. Mit Milch gemästete Schnecken: Nimm Schnecken, tupfe sie ab und nimm den Verschlussdeckel (?)[145]

sale⟨m⟩ uno die, ceteris diebus in lac per se, et omni hora mundabis stercus. Cum pastae fuerint, ut non possint se retrahere, [et] ex oleo friges. Mittes oenogarum. Similiter et pulpa[s] (?) pasci possunt. 2. Cocleas: sale puro et oleo assabis cocleas: lasere, liquamine, pipere, oleo suffundis. 3. Cocleas assas: liquamine, pipere, cumino. Suffundis assidue. 4. Aliter cocleas: viventes in lac siligineum infundes: ubi pastae fuerint, coques.

19) Ova: 1. Ova frixa: oenogarata. 2. O⟨va⟩ elixa: liquamine, oleo, mero vel ex liquamine, pipere, lasere. 3. In ovis apalis: piper, ligusticum, nucleos infusos. Suffundes mel, acetum, liquamine temperabis.

weg, damit sie herauskommen können. Gib sie am ersten Tag in ein Gefäß mit Milch und Salz, an den übrigen Tagen nur in Milch und entferne stündlich den Kot. Wenn sie gemästet sind, sodass sie sich nicht mehr zurückziehen können, frittiere sie in Öl. Gib Oenogarum dazu. Ähnlich können sie auch mit Fleisch (oder Brei?)[146] gemästet werden. 2. Schnecken: Grille die Schnecken mit reinem Salz und Öl. Begieße sie mit (einem Dip aus) Laser, Liquamen, Pfeffer und Öl. 3. Gegrillte Schnecken: mit Liquamen, Pfeffer und Cumin. Begieße sie damit (während des Grillens) ständig. 4. Schnecken auf andere Art: Gib sie lebend in Milch mit Weizenmehl. Sobald sie gemästet sind, koche sie.

19) Eier: 1. Spiegeleier: mit Oenogarum. 2. Gekochte Eier: mit Liquamen, Öl, unvermischtem Wein oder mit Liquamen, Pfeffer und Laser. 3. Für weichgekochte Eier (?)[147]: Pfeffer, Liebstöckel und eingeweichte Pinienkerne. Gieße Honig und Essig dazu und schmecke mit Liquamen ab.

Liber VIII: Tetrapus

1) In apro. 2) In cervo. 3) In caprea. 4) In ovifero. 5) Bubula sive vitulina. 6) In haedo et agno. 7) In porcello. 8) Leporem. 9) Glires.

1) In apro: 1. Aper ita conditur: sfungiatur, et sic aspergitur ei sal[e], cuminum tritum, et sic manet. Alia die mittitur in furnum. Cum coctus fuerit, perfunditur piper tritum, [condimentum aprunum] mel, liquamen, caroenum et passum. 2. Aliter in apro: aqua marina cum ramulis lauri aprum elixas quousque madescat. Corium ei tolles. Cum sale, sinapi, aceto inferes. 3. Aliter in apro: teres piper, ligusticum, origanum, bacas myrtae extenteras, coriandrum, cepas, suffundes mel, vinum, liquamen, oleum modice, calefacies, amulo obligas. Aprum in furno coctum perfundes. Hoc et in omne genus carnis ferinae facies. 4. In aprum assum iura ferventia facies sic: piper, cuminum frictum, apii semen, mentam, thymum, satureiam, cneci flos, nucleos tostos vel amygdala tosta, mel, vinum, liquamen acetabulum, oleum modice. 5. Aliter in aprum assum iura ferventia: piper, ligusticum, apii semen, mentam, thymum, nucleos tostos, vinum, acetum, liquamen, et oleum modice. Cum ius simplex bullierit, tunc triturae globum mittes et agitas cepam et rutae fasciculos. Si volueris, pinguius facere, obliga, si vis, albo ovorum liquido, moves paulatim, aspergis piper tritum et inferes. 6. Ius in aprum elixum:

VIII. Buch: Der Vierfüßer

1) Für Wildschwein. 2) Für Hirsch. 3) Für Reh (?)[148]. 4) Für Wildschaf. 5) Rind oder Kalbfleisch. 6) Für Zicklein oder Lamm. 7) Für Spanferkel. 8) Hase. 9) Siebenschläfer.

1) Für Wildschwein: 1. Wildschwein wird folgendermaßen gewürzt: Es wird abgetupft, sodann werden Salz und gemahlener Cumin darübergestreut und so bleibt es. Am nächsten Tag wird es in den Ofen gegeben. Wenn es gar ist, wird eine Sauce aus gemahlenem Pfeffer, [Wildschweingewürz,] Honig, Liquamen, Caroenum und Passum darübergegossen. 2. Für Wildschwein auf andere Art: Koche das Wildschwein in Meerwasser mit Lorbeerzweigen, bis es weich wird. Ziehe ihm das Fell ab. Serviere mit Salz, Senf und Essig. 3. Für Wildschwein auf andere Art: Zerstoße Pfeffer, Liebstöckel, Oregano, entkernte Myrtenbeeren, Koriander und Zwiebeln, gieße Honig, Wein, Liquamen und ein wenig Öl dazu, erhitze es und binde mit Speisestärke. Übergieße das im Ofen gebackene Wildschwein damit. Das mache auch für jede Art von Wildbret. 4. Bereite heiße Brühe für gegrilltes Wildschwein folgendermaßen zu: Pfeffer, gemahlenen Cumin, Selleriesamen, Minze, Thymian, Bohnenkraut, Saflorblüte, geröstete Pinienkerne oder geröstete Mandeln, Honig, Wein, eine Sauciere (ca. 0,07 l) Liquamen und ein wenig Öl. 5. Heiße Brühe für gegrilltes Wildschwein auf andere Art: Pfeffer, Liebstöckel, Selleriesamen, Minze, Thymian, geröstete Pinienkerne, Wein, Essig, Liquamen und ein wenig Öl. Wenn die einfache Brühe aufgekocht ist, dann gib einen Kloß geriebenes Gewürz[149] dazu und rühre mit Zwiebel und Bündelchen von Weinraute um. Wenn du eine dickere Sauce machen willst, binde, wenn du willst, mit flüssigem Eiweiß, rühre ein wenig, streue gemahlenen Pfeffer darauf. 6. Sauce für gekochtes Wildschwein: Pfeffer, Liebstöckel,

piper, ligusticum, cuminum, silfi, origanum, nucleos, caryotam, mel, sinape, acetum, liquamen et oleum. 7. Ius frigidum in aprum elixum: piper, careum, ligusticum, coriandri semen frictum, anethi semen, apii semen, thymum, origanum, cepullam, mel, acetum, sinape, liquamen, oleum. 8. Aliter ius frigidum in aprum elixum: piper, ligusticum, cuminum, anethi semen et thymum, origanum, silfi modicum, erucae semen plusculum; suffundes merum, condimenta viridia modica, cepa⟨m⟩, Pontica⟨s⟩ vel amygdala fricta, dactylum, mel, acetum, merum modicum, coloras defrito, liquamen, oleum. 9. Aliter in apro: teres piper, ligusticum, origanum, apii semen, laseris radicem, cuminum, feniculi semen, rutam, liquamen, vinum, passum. Facies ut ferveat. Cum fervuerit, amulo obligas. Aprum intro foras et inferes. 10. Perna apruna ita impletur Terentina: per articulum pernae palum mittes ita, ut cutem a carne separes, ut possit condimentum accipere per cornulum, ut universa impleatur. Teres piper, bacam lauri, rutam. Si volueris, laser adicies, liquamen optimum, caroenum et olei viridis guttas. Cum impleta fuerit, constringitur illa pars, qua impleta est, ex lino et mittitur in zemam. Elixatur in aqua[m] marina[m] cum lauri turionibus et anetho.

2) In cervo: 1. Ius in cervum: teres piper, ligusticum, careum, origanum, apii semen, laseris radicem, feniculi semen, fricabis, suffundes liquamen, vinum, passum, oleum modice. Cum fervuerit, amulo obligas. Cervum coctum intro foras tanges et in-

Cumin, Silphium, Oregano, Pinienkerne, Dattel(-sirup?), Honig, Senf, Essig, Liquamen und Öl. 7. Kalte Sauce für gekochtes Wildschwein: Pfeffer, Wiesenkümmel, Liebstöckel, gemahlenen Koriandersamen, Dillsamen, Selleriesamen, Thymian, Oregano, eine kleine Zwiebel, Honig, Essig, Senf, Liquamen und Öl. 8. Kalte Sauce für gekochtes Wildschwein auf andere Art: Pfeffer, Liebstöckel, Cumin, Dillsamen und Thymian, Oregano, ein wenig Silphium und nicht zu wenig Samen von wilder Rauke; gieße unvermischten Wein, ein wenig grüne Gewürzkräuter, Zwiebel, türkische Haselnüsse oder gemahlene Mandeln, Dattel(n), Honig, Essig und ein wenig unvermischten Wein dazu, färbe mit Defrutum, dazu Liquamen und Öl. 9. Für Wildschwein auf andere Art: Zerstoße Pfeffer, Liebstöckel, Oregano, Selleriesamen, Laserwurzel, Cumin, Fenchelsamen, Weinraute, Liquamen, Wein und Passum. Lass es aufkochen. Wenn es aufgekocht ist, binde mit Speisestärke. Benetze das Wildschwein von innen und außen (?)[150] und serviere. 10. Wildschweinhüftschinken wird folgendermaßen nach Art des Terenz[151] gefüllt: Treibe durch das Hüftgelenk einen Pflock, um die Haut vom Fleisch zu trennen, sodass es durch einen kleinen Trichter Gewürz aufnehmen kann, damit es ganz gefüllt wird. Zerstoße Pfeffer, Lorbeerfrucht und Weinraute. Wenn du willst, gib Laser dazu, bestes Liquamen, Caroenum und (einige) Tropfen grünen Öls (?)[152]. Wenn er gefüllt ist, wird jene Stelle, wo er gefüllt worden ist, mit einem Faden zugebunden, und er wird in einen Kessel gegeben. Er wird in Meerwasser mit Lorbeersprossen und Dill gekocht.

2) Für Hirsch: 1. Sauce für Hirsch: Zerstoße Pfeffer, Liebstöckel, Wiesenkümmel, Oregano, Selleriesamen, Laserwurzel, Fenchelsamen, zermahle es, gieße Liquamen, Wein, Passum und ein wenig Öl dazu. Wenn es aufgekocht ist, binde mit Speisestärke. Benetze den gekochten Hirsch von innen und außen

feres. 2. In platone similiter et in omne genus venationis eadem conditura uteris. 3. Aliter: cervum elixabis et subassabis. Teres piper, ligusticum, careum, apii semen, suffundes mel, acetum, liquamen, oleum. Calefactum amulo obligas et carnem perfundes. 4. Ius de cervo: piper, ligusticum, cepullam, origanum, nucleos, caryotas, mel, liquamen, sinape, acetum, oleum. 5. Cervinae conditura: piper, cuminum, condimentum, petroselinum, cepa, ruta, mel, liquamen, mentam, passum, caroenum et oleum modice. Amulo obligas, cum iam bulliit. 6. Iura ferventia in cervo: piper, ligusticum, petroselinum, cuminum suffundes, nucleos tostos aut amygdala, mel, acetum, vinum, oleum modice, liquamen et agitabis. 7. Embamma in cervinam assam: piper, nardostacium, folium, apii semen, cepam aridam, rutam viridem, mel, acetum, liquamen, adiect⟨a⟩m careotam (= caryotam), uvam passam et oleum. 8. Aliter in cervom assum iura ferventia: piper, ligusticum, petroselinum, Damascena macerata, vinum, mel, acetum, liquamen, oleum modice. Agitabis porro et satureia.

3) In caprea: 1. Ius in caprea: piper, ligusticum, careum, cuminum, petroselinum, rutae semen, mel, sinape, acetum, liquamen et oleum. 2. Ius in caprea assa: piper, condimentum, rutam, cepam, mel, liquamen, passum, oleum modice, amulum ⟨cum?⟩ iam bulliet. 3. Aliter ius in caprea: piper, condimentum, petroselinum, origanum modicum, rutam, liquamen, mel, passum et olei modicum. Amulo obligabis.

4) In ovifero [hoc est ovis silvatica]: 1. Ius in ovifero fervens: piper, ligusticum, cuminum, mentam siccam, thymum, silfi,

und serviere. 2. Für Damhirsch ähnlich, und für jede Art von Wild benütze dieselbe Gewürzsauce. 3. Auf andere Art: Koche den Hirsch und grille ihn an. Zerstoße Pfeffer, Liebstöckel, Wiesenkümmel und Selleriesamen, gieße Honig, Essig, Liquamen und Öl dazu. Binde die erhitzte Sauce mit Speisestärke und übergieße das Fleisch. 4. Sauce für Hirsch: Pfeffer, Liebstöckel, eine kleine Zwiebel, Oregano, Pinienkerne, Datteln, Honig, Liquamen, Senf, Essig und Öl. 5. Gewürzsauce für Hirschbraten: Pfeffer, Cumin, Gewürzkräuter, Petersilie, Zwiebel, Weinraute, Honig, Liquamen, Minze, Passum, Caroenum und ein wenig Öl. Binde mit Speisestärke, wenn es schon aufgekocht ist. 6. Heiße Brühe für Hirsch: gib Pfeffer, Liebstöckel, Petersilie, Cumin[153], geröstete Pinienkerne oder Mandeln, Honig, Essig, Wein, ein wenig Öl und Liquamen dazu und rühre um. 7. Süßsaure Sauce für gegrillten Hirschbraten: Pfeffer, Nardenblüte, Gewürzblätter, Selleriesamen, getrocknete Zwiebel, frische Weinraute, Honig, Essig und Liquamen, dazu Dattel(n), Rosinen und Öl. 8. Heiße Brühe für gegrillten Hirsch: Pfeffer, Liebstöckel, Petersilie, eingeweichte Damaszenerpflaumen, Wein, Honig, Essig, Liquamen und ein wenig Öl. Rühre mit Lauch und Bohnenkraut um.

3) Für Reh (?): 1. Sauce für Reh (?): Pfeffer, Liebstöckel, Wiesenkümmel, Cumin, Petersilie, Weinrautensamen, Honig, Senf, Essig, Liquamen und Öl. 2. Sauce für gegrilltes Reh (?): Pfeffer, Gewürzkräuter, Weinraute, Zwiebel, Honig, Liquamen, Passum, ein wenig Öl und Speisestärke, ⟨wenn⟩ es schon kocht. 3. Sauce für Reh (?) auf andere Art: Pfeffer, Gewürzkräuter, Petersilie, ein wenig Oregano, Weinraute, Liquamen, Honig, Passum und ein wenig Öl. Binde mit Speisestärke.

4) Für Wildschaf [das heißt »Waldschaf«]: 1. Heiße Sauce für Wildschaf: Pfeffer, Liebstöckel, Cumin, getrocknete Minze,

suffundes vinum, adicies Damascena macerata, mel, vinum, liquamen, acetum, passum ad colorem, oleum. Agitabis fasciculo origani et mentae siccae. 2. Ius in venationibus omnibus elixis et assis: piperis scripulos VIII, rutam, ligusticum, apii semen, iuniperum, thymum, mentam aridam scripulos senos, pulei scripulos III. Haec omnia ad levissimum pulverem redigis et in uno commisces et teres. Adicies in vasculum melle quod satis erit, et his uteris cum oxygaro. 3. Ius frigidum in ovifero: piper, ligusticum, thymum, cuminum frictum, nucleos tostos, mel, acetum, liquamen et oleum. Piper aspergis.

5) Bubula sive vitellina: 1. Vitellina fricta: piper, ligusticum, apii semen, cuminum, origanum, cepam siccam, uvam passam, mel, acetum, vinum, liquamen, oleum, defritum. 2. Vitulinam sive bubulam cum porris, Cidoneis (= Cydoneis) vel cepis vel colocaseis (= colocasiis): liquamen, piper, laser et olei modicum. 3. In vitulinam elixam: teres piper, ligusticum, careum, apii semen, suffundes mel, acetum, liquamen, oleum, calefacies, amulo obligas et carnem perfundes. 4. Aliter in vitulina elixa: piper, ligusticum, feniculi semen, origanum, nucleos, caryotam, mel, acetum, liquamen, sinapi et oleo.

6) In haedo vel agno: 1. Copadia haedina sive agnina: pipere, liquamine coques cum faseolis faratariis, liquamine, pipere, lasere, cum inbracto, bocellas (= buccellas) panis et oleo modico. 2. Aliter haedinam sive agninam excaldatam: mittes in caccabum copadia. Cepam, coriandrum minutum succides, teres piper, ligusticum, cuminum, liquamen, oleum, vinum. Coques,

Thymian und Silphium, gieße Wein dazu, gib eingeweichte Damaszenerpflaumen, Honig, Wein, Liquamen, Essig, Passum für die Farbe und Öl dazu. Rühre mit einem Bündelchen Oregano und getrockneter Minze um. 2. Sauce für alles gekochte und gegrillte Wild: 8 Skrupel (ca. 9,1 g) Pfeffer, Weinraute, Liebstöckel, Selleriesamen, Wacholderbeere, Thymian, 6 Skrupel (ca. 6,8 g) getrocknete Minze und 3 Skrupel (ca. 3,4 g) Poleiminze. Mahle dies alles zu sehr feinem Pulver, indem du es zusammenmischst und zerreibst. Gib in das Gefäß ausreichend Honig und verwende es mit Oxygarum. 3. Kalte Sauce für Wildschaf: Pfeffer, Liebstöckel, Thymian, gemahlenen Cumin, geröstete Pinienkerne, Honig, Essig, Liquamen und Öl. Streue Pfeffer darauf.

5) Rind oder Kalbfleisch: 1. Gebratenes Kalbfleisch: Pfeffer, Liebstöckel, Selleriesamen, Cumin, Oregano, getrocknete Zwiebel, Rosinen, Honig, Essig, Wein, Liquamen, Öl und Defrutum. 2. Kalb oder Rindfleisch mit Lauch, Quitten, Zwiebeln oder Lotuswurzeln: Liquamen, Pfeffer, Laser und ein wenig Öl. 3. Für gekochtes Kalbfleisch: Zerstoße Pfeffer, Liebstöckel, Wiesenkümmel, Selleriesamen, gieße Honig, Essig, Liquamen und Öl dazu, erhitze es, binde mit Speisestärke und übergieße das Fleisch. 4. Für gekochtes Kalbfleisch auf andere Art: Pfeffer, Liebstöckel, Fenchelsamen, Oregano, Pinienkerne, Dattel(-sirup?), Honig, Essig, Liquamen, Senf und Öl.

6) Für Zicklein oder Lamm: 1. Koche Koteletts vom Zicklein oder Lamm mit Pfeffer, Liquamen und zusammen mit Augenbohnen[154], Liquamen, Pfeffer, Laser, Brühe (?), Brotstückchen und ein wenig Öl. 2. Gedünstetes Zicklein oder Lammfleisch auf andere Art: Gib die Koteletts in einen Topf. Schneide Zwiebel und Koriander klein und zerstoße Pfeffer, Liebstöckel, Cumin, Liquamen, Öl und Wein. Koche es, gieße es in

exinanies in patina, amulo obligas. [3. Aliter haedinam sive agninam excaldatam:] ⟨agnina⟩ a crudo tritura⟨m⟩ mortario accipere debet, caprina autem cum coquitur accipit trituram. 4. Haedum sive agnum assum: haedi cocturam: ubi eum ex liquamine et oleo coxeris, incisum infundes in pipere, lasere, liquamine, oleo modice, et in graticula assabis. Eodem iure continges. Piper asparges et inferes. 5. Aliter haedum sive agnum assum: piperis semunciam, asareos scripulos VI, gingiberis modicum, petroselini scripulos VI, laseris modice, liquaminis optimi heminam, olei acetabulum. 6. Haedus sive agnus syringiatus [id est mammotestus]: exossatur diligenter a gula, sic ut uter fiat, et intestina eius integra exinaniantur, ita ut in caput intestina ⟨?⟩ suffletur, et per novissimam partem stercus exinanibitur. Aqua lavantur diligenter et sic implentur admixto liquamine, et ab umeris consuitur et mittitur in clibanum. Cum coctus fuerit, perfunditur ius bulliens: lacte, piper tritum, liquamen, caroenum, defritum modice, sic et oleum, et iam bullienti mittis amulum. Vel certe mittitur in retiaculo vel in sportella et diligenter constringitur et bullienti zema cum modico salis summittitur. Cum bene illic tres undas bullierit, levatur, et denuo bullit cum umore supra scripto. Bulliente conditura perfunditur. 7. Aliter haedus sive agnus syringiatus: lactis sextarium unum, mellis unc. VI, piperis unc. I, salis mo-

die Pfanne und binde mit Speisestärke. [3. Gedünstetes Zicklein oder Lammfleisch auf andere Art]: Es (das Lammfleisch) muss die Gewürzmischung im Rohzustand aus dem Mörser bekommen, Ziegenfleisch aber bekommt die Gewürzmischung, wenn es kocht. 4. Gegrilltes Zicklein oder Lamm: Brühe für Zicklein: Sobald du es in Liquamen und Öl gekocht hast, mache Schnitte hinein, lege es in Pfeffer, Laser, Liquamen und ein wenig Öl ein und grille es auf einem Rost. Benetze es mit derselben Brühe. Streue Pfeffer darauf und serviere. 5. Gegrilltes Zicklein oder Lamm auf andere Art: eine halbe Unze (ca. 14 g) Pfeffer, 6 Skrupel (ca. 6,8 g) Haselwurz, ein wenig Ingwer, 6 Skrupel Petersilie, ein wenig Laser, einen halben Sextar (ca. 0,27 l) bestes Liquamen und eine Sauciere (ca. 0,07 l) Öl. 6. Zicklein oder Lamm, das noch an der Mutter saugt[155]: Es wird sorgfältig von der Gurgel her ausgebeint, sodass es wie ein Schlauch wird, dessen Därme werden ausgeleert, sodass sie ganz bleiben, indem in das obere Ende hineingeblasen und durch den After der Kot ausgeleert wird[156]. Sie (die Därme) werden sorgfältig mit Wasser gewaschen und so unter Zumischung von Liquamen gefüllt, dann wird es von den Schultern her zugenäht und in eine Backpfanne gegeben. Wenn es gar ist, wird eine kochende Sauce darübergegossen: Milch, gemahlener Pfeffer, Liquamen, Caroenum, ein wenig Defrutum ebenso wie Öl, und wenn sie schon aufkocht, gib Speisestärke dazu. Oder es wird in ein Netz oder ein Körbchen gegeben, gut zugebunden und zusammen mit ein wenig Salz in einen Kessel mit kochendem Wasser hineingetan. Wenn es dort dreimal schäumend aufgekocht ist, wird es herausgenommen und erneut mit der oben beschriebenen Brühe gekocht. Es wird mit der kochenden Gewürzsauce übergossen. 7. Zicklein oder Lamm, das noch an der Mutter saugt[157], auf andere Art: einen Sextar (ca. 0,55 l) Milch, 6 Unzen (ca. 164 g) Honig, 1 Unze (ca. 27 g) Pfeffer, ein wenig Salz und ein wenig Laser.

dicum, laseris modicum. Ius in ipsius (?): olei acetabulum, liquaminis acetabulum, mellis acetabulum, dactylos tritos octo, vini boni heminam, amulum modice. 8. Haedus sive agnus crudus: oleo, pipere fricabis et asperges foris salem purum multo cum coriandri semine, in furnum mittis, assatum inferes. 9. Haedum sive agnum Tarpeianum: antequam coquatur, ornatus consuitur. Piper, rutam, satureiam, cepam, thymum modicum. Et liquamine collues haedum, macerabis in furno, in patella, quae oleum habeat. Cum percoxerit, perfundes in patella impensam, teres satureiam, cepam, rutam, dactylos, liquamen, vinum, caroenum, oleum. Cum bene duxerit impensam, in disco pones, piper asperges et inferes. 10. Haedum sive agnum pasticum: mittes in furnum. Teres piper, rutam, cepam, satureiam, Damascena enucleata, laseris modicum, vinum, liquamen et oleum [vinum]. Fervens colluitur in disco, ex aceto sumitur. 11. Haedo laurum ex lacte: haedum curas, exossas, interanea eius cum quagulo (= coagulo) tolles, lavas. Adicies in mortarium piper, ligusticum, laseris radicem, bacas lauri duas, pyrethri modicum, cerebella duo vel tria. Haec omnia teres, suffundes liquamen, temperabis ex sale. Super trituram colas lactis sextarios duos, mellis ligulas duas. Hac impensa intestina reples et super haedum componis in giro, et omentum charta cooperies, surclas, in caccabum vel patellam compones haedum, adicies liquamen, oleum, vinum. Cum ad mediam cocturam venerit, teres ligusticum, et ius de suo sibi

Sauce dafür (?): eine Sauciere (ca. 0,07 l) Öl, eine Sauciere Liquamen, eine Sauciere Honig, acht zerstampfte Datteln, einen halben Sextar (ca. 0,27 l) guten Weines und ein wenig Speisestärke. 8. Rohes Zicklein oder Lamm[158]: Reibe es mit Öl und Pfeffer ein und streue außen reines Salz mit viel Koriandersamen daran, gib es in den Ofen und serviere es gegrillt. 9. Zicklein oder Lamm à la Tarpeius[159]: Bevor es gekocht wird, wird es dressiert und zugenäht. ⟨Dazu⟩ Pfeffer, Weinraute, Bohnenkraut, Zwiebel und ein wenig Thymian. Begieße das Zicklein ordentlich mit Liquamen und backe es im Ofen in einer eingeölten Pfanne, bis es weich ist. Wenn es gargekocht ist, gieße folgende Gewürzmischung in die Pfanne: zerstoße Bohnenkraut, Zwiebel, Weinraute, Datteln, Liquamen, Wein, Caroenum und Öl. Wenn die Gewürzmischung gut eingezogen ist, lege es auf eine runde Platte, streue Pfeffer darauf und serviere. 10. Gemästetes Zicklein oder Lamm: Gib es in den Ofen. Zerstoße Pfeffer, Weinraute, Zwiebel, Bohnenkraut, entkernte Damaszenerpflaumen, ein wenig Laser, Wein, Liquamen und Öl. Auf einer runden Platte wird es damit ordentlich übergossen, wenn es noch heiß ist, und es wird mit Essig gegessen. 11. Für Lorbeerzicklein in Milch: Bereite das Zicklein vor, entbeine es, entferne seine Eingeweide zusammen mit dem Fettgewebe[160] und wasche es. Gib in einen Mörser Pfeffer, Liebstöckel, Laserwurzel, zwei Lorbeerfrüchte, etwas Bertram und zwei oder drei Hirnchen. Zerstampfe dies alles, gieße Liquamen dazu und schmecke mit Salz ab. Auf die Gewürzmischung seihe 1,1 l Milch und zwei Esslöffel Honig. Fülle mit dieser Masse die Därme, lege sie ringförmig auf das Zicklein, decke die Wurst mit Papier ab und stecke es mit Spießchen zusammen. Lege das Zicklein in einen Topf oder eine Pfanne und gib Liquamen, Öl und Wein dazu. Wenn es halb gar ist, zerstoße Liebstöckel und gieße vom eigenen Saft dazu. Gib etwas Defrutum dazu, zerstoße es und gieße es in den Topf. Wenn

suffundes. Mittes defriti modicum, teres, reexinanies in caccabum. Cum percoctus fuerit, exornas, amulo obligas et inferes.

7) In porcello: 1. Porcellum farsilem duobus generibus: curas, a gutture exenteras, a cervice ornas. Antequam perdures, subaperies auriculam sub cutem, mittes impensam Terentinam in vesicam bubul⟨a⟩m et fistulam aviarii rostro vesicae alligabis, per quam exprimes in aurem, quantum ceperit. Postea charta praecludes et infiblabis et praeparabis aliam impensam. Sic facies: teres piper, ligusticum, origanum, laseris radicem modicum, suffundes liquamen, adicies cerebella cocta, ova cruda, alicam coctam, ius de suo sibi. ⟨Cum cocta⟩ fuerit, aucellas, nucleos, piper integrum. Liquamine temperas. Imples porcellum, charta obduras et fiblas. Mitt[er]es in furnum. Cum coctus fuerit, exornas, perunges et inferes. 2. Aliter porcellum: salem, cuminum, laser. 3. Porcellum liquaminatum: de porcello eicis utriculum, ita ut aliquae pulpae in eo remaneant. Teres piper, ligusticum, origanum, suffundes liquamen, adicies unum cerebellum, ova duo, misces in se. Porcellum praeduratum imples, fiblabis, in sportella ferventi ollae summittis. Cocto fiblas tolles, ut ius ex ipso manare possit. Piper aspersum. Inferes. 4. Porcellum elixum farsilem: de porcello utriculum eicies, praeduras. Teres piper, ligusticum, origanum, suffundes liquamen, cerebella cocta quod satis erit, similiter ova dissolves, liquamine temperabis, farcimina cocta integra praecides, sed

es durch und durch gar ist, garniere es, binde mit Speisestärke und serviere.

7) Für Spanferkel: 1. Gefülltes Spanferkel auf zwei Arten: Bereite es vor, nimm es von der Gurgel her aus und dressiere es vom Nacken her (?)[161]. Bevor du es anbrätst(?)[162], öffne das eine Öhrchen bis unter die Haut, gib eine Füllung à la Terenz[163] (vgl. 8,1,10) in eine Rinderblase und binde ein Röhrchen mit Schnabel (?), wie man es zum Hühnerstopfen benutzt (?)[164], an die Blase, durch das du in das Ohr so viel hineinpresst, wie es fasst. Danach verschließe es von außen mit Papier, klammere es zu und bereite eine weitere Füllung vor. Mache sie folgendermaßen: Zerstoße Pfeffer, Liebstöckel, Oregano, etwas Laserwurzel, gieße Liquamen hinein, gib gekochte Hirnchen, rohe Eier, gekochte Grütze und vom eigenen Saft dazu. Wenn es gar ist (?)[165], füge Wachteln, Pinienkerne und ganze Pfefferkörner hinzu. Schmecke mit Liquamen ab. Fülle das Ferkel, versteife (?)[166] es mit Papier und klammere es zusammen. Gib es in den Ofen. Wenn es gar ist, garniere es, öle es ein (?) und serviere. 2. Spanferkel auf andere Art: Salz, Cumin, Laser. 3. Spanferkel mit Liquamensauce: Entferne von dem Spanferkel die Gedärme (?)[167], sodass darin noch einige Fleischstücke zurückbleiben. Zerstoße Pfeffer, Liebstöckel, Oregano, gieße Liquamen hinzu, gib ein Hirnchen und zwei Eier dazu und mische es zusammen. Fülle das angebratene Spanferkel, klammere es zu und gib es in einem Körbchen in einen Kessel mit kochendem Wasser. Wenn es gar ist, entferne die Klammern, sodass die Sauce aus ihm herausfließen kann. Serviere es mit Pfeffer bestreut. 4. Gefülltes gekochtes Spanferkel: Entferne vom Spanferkel die Gedärme (?) und brate es an. Zerstoße Pfeffer, Liebstöckel, Oregano, gieße Liquamen dazu, gekochte Hirnchen in genügender Menge, verrühre Eier in ähnlicher Menge damit, schmecke mit Liquamen ab und schneide gekochte

ante porcellum praeduratum liquamine delavas, deinde imples, infiblas, in sportella ferventi ollae summites. Coctum spongizas, sine pipere inferes. 5. Porcellum assum: tracto mel in porcellum curatum, a gutture exenteras, siccas. Teres piperis unciam, mel, vinum, impones ut ferveat, tractam siccatam confringes et partibus caccabo permisces. Agitabis surculo lauri viridis. Tam diu coques, donec lenis fiat et impinguet. Hac impensa porcellum imples, surculas, obduras charta, in furnum mittes, exornas et inferes. 6. Porcellum lacte pastum elixum calidum, iure frigid⟨o⟩ crudo Apiciano: adicies in mortarium piper, ligusticum, coriandri semen, menta⟨m⟩, ruta⟨m⟩, fricabis, suffundes liquamen, adicies mel, vinum et liquamen, porcellum elixum ferventem sabano mundo siccatum perfundes et inferes. 7. Porcellum Vitellianum: porcellum ornas quasi aprum, sale asperges, in furno assas. Adicies in mortarium piper, ligusticum, suffundes liquamen, vino et passo temperabis in caccabo, cum olei pusillum, ferveat, et porcellum assum iure asperges, ita ut sub cute ius recipiat. 8. Porcellum Flacianum: porcellum ornas in modum apri, sale asperges et in furnum mittes. Dum coquitur, adicies in mortarium piper, ligusticum, careum, apii semen, laseris radicem, rutam viridem, fricabis, suffundes liquamen, vino et passo temperabis. In caccabum cum olei modicum ferveat. Amulo obligas. Porcellum coctum ab ossibus tanges, apii semen teres ita, ut fiat pulvis, asperges

ganze Würste in Stücke. Aber vorher wasche das angebratene Spanferkel mit Liquamen ab, dann fülle es, klammere es zu und gib es in einem Körbchen in einen Kessel mit kochendem Wasser. Wenn es gar ist, tupfe es ab und serviere ohne Pfeffer. 5. Gegrilltes Spanferkel mit Honigteig (?)[168]: Nimm ein vorbereitetes Spanferkel von der Gurgel her aus und trockne es ab. Zerstoße eine Unze (ca. 27 g) Pfeffer, Honig und Wein, setze es zum Kochen auf, zerbröckle getrockneten Teig und mische ihn in Teilen in den Topf. Rühre mit einem frischen Lorbeerzweig um und koche so lange, bis es sämig und dick wird. Mit dieser Masse fülle das Spanferkel, stecke es mit Spießchen zusammen, versteife es (?)[169] mit Papier, gib es in den Ofen, garniere es und serviere. 6. Mit Milch gemästetes, gekochtes und heißes Spanferkel mit kalter ungekochter Sauce à la Apicius: Gib in einen Mörser Pfeffer, Liebstöckel, Koriandersamen, Minze und Weinraute, zerreibe es, gieße Liquamen dazu, gib Honig, Wein und Liquamen dazu, übergieße das mit einem sauberen Leinentuch abgetrocknete, kochend heiße Spanferkel und serviere. 7. Spanferkel à la Vitellius[170]: Dressiere das Spanferkel wie ein Wildschwein, bestreue es mit Salz und grille es im Ofen. Gib in einen Mörser Pfeffer und Liebstöckel, gieße Liquamen dazu und schmecke es im Topf mit Wein, Passum und ein klein wenig Öl ab, lass es aufkochen und besprenge das gegrillte Spanferkel mit der Sauce, sodass es die Sauce unter die Haut aufnimmt. 8. Spanferkel à la Flaccus[171]: Dressiere das Spanferkel nach Art eines Wildschweins, bestreue es mit Salz und gib es in den Ofen. Während es backt, gib in einen Mörser Pfeffer, Liebstöckel, Wiesenkümmel, Selleriesamen, Laserwurzel und frische Weinraute, zerreibe es, gieße Liquamen dazu und schmecke mit Wein und Passum ab. Es soll im Topf mit ein wenig Öl aufkochen. Binde mit Speisestärke. Benetze das Spanferkel, wenn es gar ist, von den Knochen her, mahle Selleriesamen so, dass er zu Pulver wird, streue ihn darauf und ser-

et inferes. 9. Porcellum laureatum: porcellum exossas, quasi oenogaratum ornas, praeduras. Laurum viridem in medio franges satis, in furnum assas, et mittes in mortarium piper, ligusticum, careum, apii semen, laseris radicem, bacas lauri. Fricabis, suffundes liquamen, et vino et passo temperabis. Adicies in caccabo cum olei modicum, ut ferveat. Obligas. Porcellum lauro eximes et ius ab ossa tanges et inferes. 10. Frontinianum porcellum: exossas, praeduras, ornas. Adicies in caccabum liquamen, vinum, obligas fasciculum porri, anethi. Mediam cocturam mittes defritum. Coctum lavas et siccum mittes. Piper asperges et inferes. 11. Porcellum oenococtum: porcellum produras, ornas. Adicies in caccabum oleum, liquamen, vinum, aquam. Obligas fasciculum porri, coriandri. Media coctura colorabis defrito. Adicies in mortarium piper, ligusticum, careum, origanum, apii semen, laseris radicem, fricabis, suffundes liquamen, ius de suo sibi. Vino et passo temperabis. Exinanies in caccabum, facies ut ferveat. Cum fervuerit, amulo obligas. Porcellum compositum in patina perfundes, piper asperges et inferes. 12. Porcellum Celsinianum: ornas, infundes pipere, ruta, cepa, satureia, succo (?) suo, et ova infundes per auriculam, et ex pipere, liquamine, vino modico in acetabulum temperas, et sumes. 13. Porcellum assum: teres piper, rutam, satureiam, cepam, ovorum coctorum media, liquamen, vinum, oleum, conditum. Bulliat. Conditura porcellum in boletari perfundes et inferes. 14. Porcellum

viere. 9. Spanferkel mit Lorbeersauce: Entbeine das Spanferkel, dressiere es wie das mit Oenogarum-Sauce (?)[172] und brate es an. Zerkleinere in der Mitte genügend frischen Lorbeer, grille es im Ofen und gib in einen Mörser Pfeffer, Liebstöckel, Wiesenkümmel, Selleriesamen, Laserwurzel und Lorbeerfrüchte. Zerreibe es, gieße Liquamen dazu und schmecke mit Wein und Passum ab. Gib es mit etwas Öl in einen Topf, damit es aufkocht. Binde es. Nimm das Spanferkel aus dem Lorbeer (?)[173], benetze es mit der Sauce von den Knochen her (?)[174] und serviere. 10. Spanferkel à la Frontinus[175]: Entbeine es, brate es an und dressiere es; gib in einen Topf Liquamen und Wein und binde ein Sträußchen Lauch und Dill daran fest. Wenn es halb gar ist, gib Defrutum dazu. Wasche es, wenn es gar ist und gib es abgetrocknet ⟨auf eine Platte?⟩, streue Pfeffer darauf und serviere. 11. Spanferkel in Weinsauce: Brate das Spanferkel an und dressiere es. Gib in einen Topf Öl, Liquamen, Wein und Wasser. Binde ein Sträußchen Lauch und Koriander daran fest. Wenn es halb gar ist, färbe mit Defrutum. Gib in einen Mörser Pfeffer, Liebstöckel, Wiesenkümmel, Oregano, Selleriesamen und Laserwurzel, zerreibe es und gieße Liquamen und vom eigenen Saft dazu. Schmecke mit Wein und Passum ab, gieße es in den Topf und lass es aufkochen. Wenn es aufgekocht ist, binde mit Speisestärke. Übergieße das auf eine Platte gelegte Spanferkel damit, streue Pfeffer darauf und serviere. 12. Spanferkel à la Celsinus[176]: Dressiere es und lege es in Pfeffer, Weinraute, Zwiebel, Bohnenkraut sowie in seinem Saft (?) ein, gieße durch das Ohr Eier hinein und schmecke mit Pfeffer, Liquamen und ein wenig Wein in einer Sauciere ab (?), und verspeise es. 13. Gegrilltes Spanferkel: Zerstoße Pfeffer, Weinraute, Bohnenkraut, Zwiebel, gekochtes Eigelb, Liquamen, Wein, Öl und Würzwein. Es soll aufkochen. Übergieße das Spanferkel in einer Servierschüssel mit der Gewürzsauce und serviere. 14. Gartenspanferkel[177]: Das Gartenspanferkel wird

hortolanum: porcellus hortolanus exossatur per gulam in modum utris. Mittitur in eum pullus isiciatus particula(ti)m concisus, turdi, ficedulae, isicia de pulpa sua, Lucanicae, dactyli exossati, fabriles bulbi, cocleae exemptae, malvae, betae, porri, apium, cauliculi elixi, coriandrum, piper integrum, nuclei, ova XV super infunduntur, liquamen piperatum, ova mittantur tria. Et consuitur et praeduratur. In furno assatur. Deinde a dorso scinditur et iure hoc perfunditur: piper teritur, ruta, liquamen, passum, mel, oleum modicum, cum bullierit, amulum mittitur. 15. Ius frigidum in porcellum: ita facies in elixum: teres piper, careum, anethum, origanum modice, nucleos pineos, suffundes acetum, liquamen, careotam, mel, sinape factum, superstillabis oleum, piper asperges et inferes. 16. Porcellum Traianum sic facies: exossas porcellum et aptabis sicuti oenococtum et ad fumum suspendes, et adpendeas, et quantum adpendeas, tantum salis in ollam mittes. Et elixas ut coquatur, et siccum in lance inferes salso recente. 17. In porcello lactante: piperis unc. I, vini heminam, olei optimi acetabulum maius, liquaminis acetabulum, aceti acetabulum minus.

8) Leporem: 1. Leporem madidum: in aqua praecoquitur modice, deinde componitur in patina, accoquendus oleo in furno, et cum prope sit coctus ex alio oleo. Pertangito de conditura infra scripta: teres piper, satureiam, cepam, rutam, apii semen, liquamen, laser, vinum et modice olei. Aliquotiens

durch die Gurgel nach Art eines Schlauchs ausgebeint. Man gibt kleingeschnittenes Hühnerfleisch, Drosseln, Grasmücken, Fleischbällchen von seinem eigenen Fleisch, lukanische Würstchen, entkernte Datteln, gedörrte Gemüsezwiebeln (?), Schnecken ohne Haus, Malven, rote Beten, Lauch, Sellerie, gekochten Kohl, Koriander, ganze Pfefferkörner und Pinienkerne hinein, 15 Eier werden darübergegossen, dazu gepfeffertes Liquamen, und es sollen noch drei Eier hinzugefügt werden. Dann wird es zugenäht und angebraten, dann im Ofen gegrillt. Daraufhin wird es am Rücken aufgeschnitten und mit folgender Sauce übergossen: Man zerstößt Pfeffer, Weinraute, Liquamen, Passum, Honig und etwas Öl. Wenn es aufgekocht ist, wird Speisestärke dazugegeben. 15. Kalte Sauce für Spanferkel: Mache sie folgendermaßen für gekochtes ⟨Spanferkel⟩: Zerstoße Pfeffer, Wiesenkümmel, Dill, etwas Oregano und Pinienkerne, gieße Essig, Liquamen, Dattel⟨sirup?⟩[178], Honig und fertigen Senf dazu, träufle Öl und streue Pfeffer darauf und serviere. 16. Spanferkel à la Trajan[179] bereite folgendermaßen: Entbeine das Spanferkel und mache es wie das in Weinsauce zurecht und hänge es zum Räuchern auf, wiege es, und wie viel es wiegt, so viel Salz gib in einen Kessel, koche es gar und serviere es trocken auf einer Platte statt frischen Salzfischs (?). 17. Für Spanferkel, das noch an der Mutter saugt: 1 Unze (ca. 27 g) Pfeffer, einen halben Sextar (ca. 0,27 l) Wein, eine größere Sauciere (ca. 0,1 l) besten Öls, eine Sauciere (ca. 0,07 l) Liquamen und eine kleinere Sauciere (ca. 0,05 l) Essig.

8) Hase: 1. Hase in Sauce: Er wird in Wasser etwas angegart[180], dann wird er in eine Pfanne gelegt und muss mit Öl im Ofen gebacken werden, und wenn er fast gar ist, mit neuem Öl. Bestreiche ihn mit der unten beschriebenen Gewürzsauce: Zerstoße Pfeffer, Bohnenkraut, Zwiebel, Weinraute, Selleriesamen, Liquamen, Laser, Wein und etwas Öl. Er wird ein paar-

versatur, in ipsa percoquitur conditura. 2. Item alia[m] ad eam impensam: cum prope tolli debeat, teres piper, dactylum, laser, uvam passam, caroenum, liquamen, oleum. Suffundes et, cum bullierit, piper asperges et inferes. 3. Leporem farsum: nucleos integros, amygdala, nuces sive glandes concisas, piperis grana solida, pulpa de ipso lepore. Et ovis fractis obligatur, de omento porcino in furno. Sic iterum impensam facies: rutam, piper satis, cepam, satureiam, dactylos, liquamen, caroenum vel conditum. Diu combulliat donec spisset, et sic perfunditur. Sed lepus in piperato liquamine et lasere maneat. 4. Ius album in assum leporem: piper, ligusticum, cuminum, apii semen, ovi duri medium. Trituram colligis et facies globum ex ⟨e⟩a. In caccabulo coques liquamen, vinum, oleum, acetum modice, cepulam concisam, postea globolum condimentorum mittes et agitabis origano vel satureia. Si opus fuerit, amulas. 5. Aliter in leporem: ex sanguine et iecinere et pulmonibus leporinis minuta: adicies in caccabum liquamen et oleum, cocturam, porrum et coriandrum minutatim concides, iecinera et pulmones in caccabum mittes. Cum cocta fuerit, teres piper, cuminum, coriandrum, laseris radicem, mentam, rutam, puleium, suffundes acetum, adicies iecinera leporum et sanguinem, teres. Mel et de suo sibi, aceto temperabis, exinanies in caccabum, pulmones leporum minutatim concisos in eundem caccabum mittes, facies ut ferveat. Cum ferbuerit, amulo obligas, piper asparges et inferes. 6. Aliter leporem ex suo iure: leporem curas, exossas, ornas, mittes in caccabo, adicies oleum, liquamen, cocturam, fasciculum por-

mal darin gewendet und in dieser Gewürzsauce gargekocht. 2. Ebenso andere ⟨Zutaten⟩ für diese Sauce: Wenn er fast schon vom Feuer genommen werden muss, zerstoße Pfeffer, Dattel, Laser, Rosinen, Caroenum, Liquamen und Öl. Gieße es dazu und, wenn es aufgekocht ist, streue Pfeffer darauf und serviere. 3. Gefüllter Hase: ganze Pinienkerne, Mandeln, gehackte Nüsse oder Bucheckern, ganze Pfefferkörner[181] und Fleisch vom Hasen selbst. Dann wird es mit aufgeschlagenen Eiern gebunden, ⟨bedecke ihn⟩ im Ofen mit Wursthaut (einer Art Backfolie) vom Schwein. Bereite folgendermaßen wiederum eine Sauce zu: Weinraute, genug Pfeffer, Zwiebel, Bohnenkraut, Datteln, Liquamen und Caroenum oder Würzwein. Sie soll lange einkochen, bis sie dick wird, und wird dann darübergegossen. Aber der Hase soll in gepfeffertem Liquamen und Laser bleiben. 4. Weiße Sauce für gegrillten Hasen: Pfeffer, Liebstöckel, Cumin, Selleriesamen, hartgekochtes Eigelb. Balle die Gewürzmischung zusammen und mache daraus (?) einen Kloß. Koche in einem Topf Liquamen, Wein, Öl, etwas Essig, eine kleine gehackte Zwiebel, gib danach das Gewürzklößchen dazu und rühre mit Oregano oder Bohnenkraut um. Wenn es nötig ist, dicke es ein. 5. Für Hasen auf andere Art: Frikassee aus Hasenblut, -leber und -lunge: Gib in einen Topf Liquamen, Öl und Brühe, schneide Lauch und Koriander klein und gib Lorbeer und Lunge in den Topf. Wenn sie gar sind, zerstoße Pfeffer, Cumin, Koriander, Laserwurzel, Minze, Weinraute und Poleiminze, gieße Essig dazu, gib Hasenleber und -blut dazu und zerstampfe es. ⟨Gib dazu⟩ Honig und vom eigenen Saft, schmecke mit Essig ab, gieße es in den Topf, gib kleingeschnittene Hasenlunge in denselben Topf und lass es aufkochen. Wenn es aufgekocht ist, binde mit Speisestärke, streue Pfeffer darauf und serviere. 6. Hase im eigenen Saft auf andere Art: Bereite den Hasen vor, entbeine und dressiere ihn und gib ihn in einen Topf, gib Öl, Liquamen, Brühe, ein Bündelchen

ri, coriandrum, anethum. Dum coquitur, adicies in mortarium piper, ligusticum, cuminum, coriandri semen, laseris radicem, cepam aridam, mentam, rutam, apii semen, fricabis, suffundes liquamen, adicies mel, ius de suo sibi, defrito, aceto temperabis. Facies ut ferveat. Cum fervuerit, amulo obligabis. Exornas, ius perfundes, ⟨piper⟩ asperges et inferes. 7. Leporem Passenianum: leporem curas, exossas, extensum ornas, suspendes ad fumum. Cum coloraverit, facies ut dimidia coctura coquatur. Lavas, asperges salem, assas (?), oenogar⟨o⟩ tanges, adicies in mortarium piper, ligusticum, fricabis, suffundes liquamen, vinum et liquamine temperabis. In caccabum. Adicies oleum modicum, facies ut ferveat. Cum fervuerit, amulo obligas. Leporem assum a dorso tangis, piper asperges et inferes. 8. Leporem isiciatum: ea[n]dem conditura condies pulpam, nucleos infusos admisces, omento teges vel charta, colliges lacinias et surcula. 9. Leporem farsilem: leporem curas, ornas, quadratum imponis. Adicies in mortarium piper, ligusticum, origanum, suffundes liquamen, adicies iecinera gallinarum cocta, cerebella cocta, pulpam concisam, ova cruda tria, liquamine temperabis. Omento teges et carta et surclas. Lento igni subassas. Adicies in mortarium piper, ligusticum, fricabis, suffundes liquamen, vino et liquamine temperabis. Facies ut ferveat. Cum ferbuerit, amulo obligas et leporem subassatum perfundes. Piper asperges et inferes. 10. Leporem aliter elixum: ornas, adicies in lance oleum, liquamen, ace-

Lauch, Koriander und Dill dazu. Während er kocht, gib in einen Mörser Pfeffer, Liebstöckel, Cumin, Koriandersamen, Laserwurzel, getrocknete Zwiebel, Minze, Weinraute und Selleriesamen und zerreibe es, gieße Liquamen und gib Honig und vom eigenen Saft dazu und schmecke mit Defrutum und Essig ab. Lass es aufkochen. Wenn es aufgekocht ist, binde mit Speisestärke. Garniere ihn, gieße die Sauce darüber, streue ⟨Pfeffer⟩ darauf und serviere. 7. Hase à la Passenius (?)[182]: Bereite den Hasen vor, entbeine ihn, dressiere ihn so, dass er ausgestreckt ist und hänge ihn zum Räuchern auf. Wenn er Farbe bekommen hat, lass ihn halb gar kochen. Wasche ihn, streue Salz darauf, grille ihn (?), benetze ihn mit Oenogarum, gib in einen Mörser Pfeffer und Liebstöckel, zerreibe es, gieße Liquamen und Wein dazu und schmecke mit Liquamen ab. Gib es in den Topf, dazu etwas Öl und lass es aufkochen. Wenn es aufgekocht ist, binde mit Speisestärke. Benetze den gegrillten Hasen am Rücken damit, streue Pfeffer darauf und serviere. 8. Mit Hackfleischbällchen gefüllter Hase: Würze das Fleisch mit derselben Gewürzsauce, mische eingeweichte Pinienkerne dazu, bedecke ihn mit Wursthaut oder Papier, nimm die Zipfel und stecke sie mit Spießchen zusammen. 9. Gefüllter Hase: Bereite den Hasen vor, dressiere ihn und lege ihn in Form eines Quadrates hin. Gib in einen Mörser Pfeffer, Liebstöckel und Oregano, gieße Liquamen und gib gekochte Hühnerlebern, gekochte Hirnchen, Hackfleisch und drei rohe Eier dazu und schmecke mit Liquamen ab. Bedecke ihn mit Wursthaut und Papier und spieße ihn zusammen. Grille ihn leicht auf kleiner Flamme. Gib in einen Mörser Pfeffer und Liebstöckel, zerreibe es, gieße Liquamen dazu und schmecke mit Wein und Liquamen ab. Lass es aufkochen. Wenn es aufgekocht ist, binde mit Speisestärke und übergieße den leicht gegrillten Hasen. Streue Pfeffer darauf und serviere. 10. Gekochter Hase auf andere Art: Dressiere ihn, gib auf eine Platte Öl, Liquamen, Essig und Pas-

tum, passum, cepam concides et rutam viridem, thymum subcultratum, et sic adpones. 11. Leporis conditura: teritur piper, ruta, cepula et iecur leporis, liquamen, caroenum, passum, olei modicum, amulum, cum bullit. 12. Leporem sicco sparsum: et hunc praecondies sicut haedum Tarpeianum. Antequam coquatur, ornatus suitur. Piper, rutam, satureiam, cepam, thymum modicum, liquamine collues, postea in furnum coques et inpensa[m] tali circumsparges: piperis semunciam, rutam, cepam, satureiam, dactylos IV, uvam passam iustam. Coloratum super vatillum. Vinum, oleum, liquamen, caroenum. Frequenter tangitur, ut condituram suam omnem tollat, postea ex pipere sicco in disco sumitur. 13. Aliter leporem conditum: coques ex vino, liquamine, aqua, sinapi modicum, anetho, porro cum capillo suo. Cum se coxerit, condies: piper, satureia, cepae rotundum, dactylos, Damascena[e] duo, vinum, liquamen, caroenum, olei modice. Stringatur amulo, modicum bulliat. Conditur lepus, in patina perfunditur.

9) Glires: glires: isicio porcino, item pulpis ex omni membro glirium, trito cum pipere, nucleis, lasere, liquamine farcies glires, et sutos in tegula positos mittes in furnum aut farsos in clibano coque.

sum, hacke eine Zwiebel, frische Weinraute und kleingeschnittenen Thymian und serviere ihn so. 11. Gewürzsauce für Hasen: Man stößt Pfeffer, Weinraute, eine kleine Zwiebel, die Leber des Hasen, Liquamen, Caroenum, Passum und etwas Öl. Gib Speisestärke dazu, wenn es kocht. 12. Hase mit trockenem Pfeffer bestreut: Würze diesen vorher wie Zicklein à la Tarpeius[183] (vgl. 8,6,9). Bevor er gebacken wird, wird er dressiert und zugenäht. Begieße Pfeffer, Weinraute, Bohnenkraut, Zwiebel und etwas Thymian ordentlich mit Liquamen, danach backe ihn im Ofen und bestreue ihn rundherum mit einer solchen (Gewürz-)Mischung: eine halbe Unze (ca. 14 g) Pfeffer, Weinraute, Zwiebel, Bohnenkraut, vier Datteln und die richtige Menge Rosinen. Er wird über einem Kohlebecken gebräunt. ⟨Nimm⟩ Wein, Öl, Liquamen und Caroenum. Damit wird er immer wieder benetzt, damit er die ganze Gewürzsauce aufnimmt (?), danach wird er mit trockenem Pfeffer auf einer Platte verspeist. 13. Gewürzter Hase auf andere Art: Koche ihn in Wein, Liquamen, Wasser, etwas Senf, Dill und Lauch mit seinen Zwiebeln. Wenn er gar ist, würze ihn: Pfeffer, Bohnenkraut, Zwiebelringe (?)[184], Datteln, zwei Damaszenerpflaumen, Wein, Liquamen, Caroenum und etwas Öl. Es soll mit Speisestärke eingedickt werden und leicht aufkochen. Der Hase wird gewürzt und auf einer Platte übergossen.

9) Siebenschläfer: Siebenschläfer: Fülle die Siebenschläfer mit Schweinehackfleisch, ebenso mit Fleisch von allen Gliedmaßen der Siebenschläfer, zusammen mit gemahlenem Pfeffer, Pinienkernen, Laser und Liquamen und gib sie zugenäht und auf Tontiegel gelegt in den Ofen oder backe sie gefüllt in der Backpfanne.

Liber IX: Thalassa

1) In locusta. 2) In torpedine. 3) In lolligine. 4) In sepiis. 5) In polypo. 6) In ostreis. 7) Omne genus conciliorum. 8) In echino. 9) In metulis. 10) In sarda cordula. 11) Embractum Baianum.

1) Ius in locusta: 1. Ius in locusta et ca⟨mm⟩ari⟨s⟩: indura cepam pallacanam concisam e⟨t⟩ ius: piper, ligusticum, careum, cuminum, caryotam, mel, acetum, vinum, liquamen, oleum, defritum. Hoc ius adicito sinapi in elixuris. 2. Lucustas assas sic facies: aperiuntur lucustae, ut adsolet, cum testa sua et infunditur eis piperatum, coriandratum, et sic in graticula assantur. Cum siccaverint, adicies eis in graticula, quotiens siccaverint, quousque assantur bene ⟨et⟩ inferes. 3. Locusta elixa cum cuminato: piper, ligusticum, petroselinum, mentam siccam, cuminum plusculum, mel, acetum, liquamen. Si voles, folium et malabatrum addes. 4. Aliter lucusta: esicia de cauda eius sic facies: folium nocivum prius demes et elixas deinde pulpam, concides, cum liquamine, pipere et ovis isicia formabis. 5. In lucusta elixa: piper, cuminum, ruta, mel, acetum, liquamen et oleum. 6. Aliter in lucusta: piper, ligusticum, cuminum, mentam, rutam, nucleos, mel, acetum, liquamen et vinum.

2) In torpedine: 1. In torpedine: teritur piper, ruta, cepula arida, mel, liquamen, passum, vinum modice, olei boni guttas.

IX. Buch: Das Meer

1) Für Languste. 2) Für Zitterrochen. 3) Für Tintenfisch (*Sepia loligo*). 4) Für Sepia (*Sepia officinalis*). 5) Für Oktopus (*Octopus vulgaris*). 6) Für Austern. 7) Jede Art von Schalentieren. 8) Für Seeigel. 9) Für Miesmuscheln. 10) Für eingesalzenen und jungen Thunfisch. 11) Embractum auf bajanische Art.

1) Sauce für Langusten: 1. Sauce für Langusten und Hummer (?)[185]: Schmore gehackten Schnittlauch an und die Sauce dafür (?): Pfeffer, Liebstöckel, Wiesenkümmel, Cumin, Datteln (oder Dattelsirup?), Honig, Essig, Wein, Liquamen, Öl und Defrutum. Zu dieser Sauce gib beim Sieden Senf.[186] 2. Gegrillte Langusten mache folgendermaßen: Die Langusten werden aufgeschnitten, sodass sie, wie üblich, in der Schale bleiben, es werden Pfeffer- und Koriandersauce hineingegossen und sie werden so auf einem Rost gegrillt. Wenn sie trocken geworden sind, gib zu ihnen auf dem Rost so oft etwas dazu, bis sie fertig gegrillt sind und serviere. 3. Gekochte Langusten mit Cuminsauce: Pfeffer, Liebstöckel, Petersilie, getrocknete Minze, nicht zu wenig Cumin, Honig, Essig und Liquamen. Wenn du willst, gib Gewürzblätter und Indische Lorbeerblätter dazu. 4. Langusten auf andere Art: Mache Fleischbällchen aus ihrem Schwanz folgendermaßen: Entferne zuerst die ungenießbare[187] Schale und koche dann das Fleisch, schneide es klein und forme mit Liquamen, Pfeffer und Eiern Fleischbällchen. 5. Für gekochte Languste: Pfeffer, Cumin, Weinraute, Honig, Essig, Liquamen und Öl. 6. Für gekochte Languste auf andere Art: Pfeffer, Liebstöckel, Cumin, Minze, Weinraute, Pinienkerne, Honig, Essig, Liquamen und Wein.

2) Für Zitterrochen: 1. Für Zitterrochen: Man zerstößt Pfeffer, Weinraute, eine kleine getrocknete Zwiebel, Honig, Liquamen,

Cum bullire coeperit, amulo obligas. 2. In torpedine elixa: piper, ligusticum, petroselinum, mentam, origanum, ovi medium, mel, liquamen, passum, vinum, oleum. Si voles, addes sinape, acetum. Si calidum volueris, uvam passam addes.

3) In lolligine: 1. In lolligine in patina: teres piper, rutam, mel modicum, liquamen, caroenum, olei guttas. 2. In lolligine farsile: piper, ligusticum, co⟨r⟩iandrum, apii semen, ovi vitellum, mel, acetum, liquamen, vinum et oleum. Obligabis.

4) In sepiis: 1. In sepia farsile: piper, ligusticum, apii semen, careum, mel, liquamen, vinum, condimenta coctiva. Calefacies, et sic aperies sepiam et perfundes. 2. Sic facies eam sepiam coctam: cerebella elixa enervata teres cum pipere, cui commisces ova cruda quod satis erit, piper[e] integrum, isicia minuta, et sic co⟨n⟩sues et in bullientem ollam mittes ita, ut coire impensa possit. 3. Sepias elixas ab aheno: in frigidam missas cum pipere, lasere, liquamine, nucleis, ova, et condies ut voles. 4. Aliter sepias: piper, ligusticum, cuminum, coriandrum viride, mentam aridam, ovi vitellum, mel, liquamen, vinum, acetum et oleum modicum. Et, ubi bullierit, amulo obligas.

5) In polypo: In polypo: pipere, liquamine, lasere inferes.

Passum, ein wenig Wein und Tropfen von gutem Öl. Wenn es angefangen hat aufzukochen, binde mit Speisestärke. 2. Für gekochten Zitterrochen: Pfeffer, Liebstöckel, Petersilie, Minze, Oregano, ein halbes Ei, Honig, Liquamen, Passum, Wein und Öl. Wenn du willst, gib Senf und Essig dazu. Wenn du es heiß möchtest, gib Rosinen dazu.

3) Für Tintenfisch (*Sepia loligo*): 1. Für Tintenfisch in der Pfanne: Zerstoße Pfeffer, Weinraute, ein wenig Honig, Liquamen, Caroenum und Tropfen von Öl. 2. Für gefüllten Tintenfisch: Pfeffer, Liebstöckel, Koriander, Selleriesamen, ein Eidotter, Honig, Essig, Liquamen, Wein und Öl. Binde es.

4) Für Sepia (*Sepia officinalis*): 1. Für gefüllte Sepia: Pfeffer, Liebstöckel, Selleriesamen, Wiesenkümmel, Honig, Liquamen, Wein und Gewürzkräuter zum Mitkochen. Erhitze es und schneide dann die Sepia auf und übergieße sie damit. 2. Bereite die gekochte Sepia folgendermaßen zu: Zerstampfe enthäutete gekochte Hirnchen mit Pfeffer, mische genügend rohe Eier, ganze Pfefferkörner und kleine Hackfleischbällchen dazu, nähe ihn so zusammen und gib ihn in einen Topf mit kochendem Wasser, sodass die Füllung steif werden kann. 3. Gekochte Sepien aus dem Kessel (?)[188]: Sie werden mit Pfeffer, Laser, Liquamen, Pinienkernen und Eiern in kaltes Wasser gegeben. Würze sie, wie du willst. 4. Sepien auf andere Art: Pfeffer, Liebstöckel, Cumin, frischen Koriander, getrocknete Minze, Eidotter, Honig, Liquamen, Wein, Essig und ein wenig Öl. Wenn es gekocht hat, binde mit Speisestärke.

5) Für Oktopus (*Octopus vulgaris*): Für Oktopus: Serviere mit Pfeffer, Liquamen und Laser.

6) In ostreis: In ostreis: piper, ligusticum, ovi vitellum, acetum, liquamen, oleum et vinum. Si volueris, et mel addes.

7) In omne genus conciliorum: In omne genus conciliorum: piper, ligusticum, petroselinum, mentam siccam, cuminum plusculum, mel, liquamen. Si voles, folium et malabathrum addes.

8) In echino: 1. In echino: accipies pultarium novum, oleum modicum, liquamen, vinum dulce, piper minutum. Facies ut ferveat. Cum fervuerit, in singulos echinos mittes, agitabis, ter bulliat. Cum coxeris, piper asperges et inferes. 2. Aliter echino: piper, costum modice, mentam siccam, mulsum, liquamine, spicam Indicam et folium. 3. Aliter echino: colum mittes in aqua calida, coques, levas, in patella compones, addes folium, piper, mel, liquamen, olei modice, ova, et sic obligas. In termospodio coques, piper asperges et inferes. 4. In echino salso: echinum salsum cum liquamen optimum, caroeno, pipere, temperabis et adpones. 5. Aliter: echinis salsis liquamen optimum admisces, et quasi recentes ap⟨pare⟩bunt, ita ut a balneo sumi possint.

9) In metulis (= mitulis): In metulis: liquamen, porrum concisum, cuminum, passum, satureiam, vinum. Mixtum facies aquatius et ibi mitulos coques.

10) In sarda, cordula, mugile: 1. In sardis: sardam farsilem sic facere oportet: sarda[m] exossatur, et teritur pul[p]eium cum

6) Für Austern: Für Austern: Pfeffer, Liebstöckel, Eidotter, Essig, Liquamen, Öl und Wein. Wenn du willst, gib auch Honig dazu.

7) Für jede Art von Schalentieren: Für jede Art von Schalentieren: Pfeffer, Liebstöckel, Petersilie, getrocknete Minze, nicht zu wenig Cumin, Honig und Liquamen. Wenn du willst, gib Gewürzblätter und Indische Lorbeerblätter dazu.

8) Für Seeigel: 1. Für Seeigel: Nimm einen neuen Tontopf, etwas Öl, Liquamen, süßen Wein und gemahlenen Pfeffer. Lass es kochen. Wenn es gekocht hat, gib es auf die einzelnen Seeigel, rühre um, und lass sie dreimal aufkochen. Wenn du sie gargekocht hast, streue Pfeffer darauf und serviere. 2. Seeigel auf andere Art: Pfeffer, ein wenig Kostwurz, getrocknete Minze, Honigwein (oder -wasser?)[189], Liquamen, Citronella und Gewürzblätter. 3. Seeigel auf andere Art: Gib den Durchschlag (mit den Seeigeln) in heißes Wasser, koche sie, nimm sie heraus und lege sie auf ein Backblech, gib Gewürzblätter, Pfeffer, Honig, Liquamen, ein wenig Öl und Eier dazu und binde es. Backe sie in einem Kohlebecken, streue Pfeffer darauf und serviere. 4. Für eingesalzenen Seeigel: eingesalzenen Seeigel mit bestem Liquamen, Caroenum und Pfeffer, schmecke ab und serviere. 5. Auf andere Art: Mische zu eingesalzenen Seeigeln bestes Liquamen, und sie werden fast frisch erscheinen, sodass sie aus diesem Bad heraus verspeist werden können.

9) Für Miesmuscheln: Für Miesmuscheln: Liquamen, gehackten Lauch, Cumin, Passum, Bohnenkraut und Wein. Mache eine wässrige Mischung und koche die Muscheln darin.

10) Für Bonito, Thunfischheuerling und Meeräsche: 1. Für Bonito: Gefüllten Bonito muss man folgendermaßen zubereiten:

piperis grana, mentam, nuces, mel. Impletur et consuitur. Involvitur in charta et sic supra vaporem ignis in operculo componitur. Conditur ex oleo, caroeno, alle⟨ce⟩. 2. Sarda ita fit: coquitur sarda et exossatur. Teritur pipere, ligustico, thymo, origano, ruta[m], careota[m], melle et in vasculo ovis incisis ornatur impensa. Vinum modice, acetum, defritum et oleum viridem. 3. Ius in sarda: piper, origanum, mentam, cepam, aceti modicum et oleum. 4. Ius in sarda: piper, ligusticum, mentam aridam, cepam coctam, mel, acetum, oleum. Perfundes, asperges ovis duris concisis. 5. Ius in cordula assa: piper, ligusticum, apii semen, mentam, rutam, careotam, mel, acetum, vinum et oleum, convenit et in sarda. 6. Ius in mugile salso: piper, ligusticum, cuminum, cepa, menta, ruta, calva, careotam, mel, acetum, sinape et oleum. 7. Aliter ius in mugile salso: piper, origanum, eruca, mentam, ruta, calva, careotam, mel, oleum, acetum et sinape.

11) Ius in siluro, in pelamide et in tinno salsis: piper, ligusticum, cuminum, cepam, mentam, rutam, calvam, caryotam, mel, acetum, sinape, oleum.

12) Ius in mulo tarico: piper, rutam, cepam, dactylum, sinapi, trito commisces echino, oleo, et sic perfundes piscem frictum vel assatum.

Der Bonito wird entgrätet und Poleiminze (?)[190] wird mit Pfefferkörnern, Minze, Nüssen und Honig zerstoßen. Er wird gefüllt und zugenäht. Dann wird er in Papier eingewickelt und so in einen Topfdeckel in den Dampf über das Feuer gehängt. Er wird mit Öl, Caroenum und Allec gewürzt. 2. Bonito macht man so: Der Bonito wird gekocht und entgrätet. Er wird mit Pfeffer, Liebstöckel, Thymian, Oregano, Weinraute, Dattel und Honig gestampft und in einem kleinen Gefäß wird die Masse mit geschnittenen Eiern garniert, dazu ein wenig Wein, Essig, Defrutum und grünes Öl. 3. Sauce für Bonito: Pfeffer, Oregano, Minze, Zwiebel, ein wenig Essig und Öl. 4. Sauce für Bonito: Pfeffer, Liebstöckel, getrocknete Minze, gekochte Zwiebel, Honig, Essig und Öl. Gieße sie darüber und bestreue mit gehackten hartgekochten Eiern. 5. Sauce für gegrillten jungen Thunfisch: Pfeffer, Liebstöckel, Selleriesamen, Minze, Weinraute, Dattel(-sirup?), Honig, Essig, Wein und Öl. Sie passt auch zu Bonito. 6. Sauce für eingesalzene Meeräsche: Pfeffer, Liebstöckel, Cumin, Zwiebel, Minze, Weinraute, Bartnuss (?), Dattel(-sirup?), Honig, Essig, Senf und Öl. 7. Sauce für eingesalzene Meeräsche auf andere Art: Pfeffer, Oregano, wilde Rauke, Minze, Weinraute, Bartnuss (?), Dattel(-sirup?), Honig, Öl, Essig und Senf.

11) Sauce für eingesalzenen Wels (?), einjährigen Thunfisch und Thunfisch: Pfeffer, Liebstöckel, Cumin, Zwiebel, Minze, Weinraute, Bartnuss (?), Dattel(-sirup?), Honig, Essig, Senf und Öl.

12) Sauce für gepökelte Meerbarbe: Pfeffer, Weinraute, Zwiebel, Dattel und Senf, mische es mit zerstampftem Seeigel[191] und Öl und übergieße den gebratenen oder gegrillten Fisch damit.

13) Salsum sine salso: 1. Iecur coques, teres, et inicies piper et liquamen aut salem. Addes oleum. Iecur leporis aut haedi aut agni aut pulli. Et, si volueris, in formella piscem formabis. Oleum viride supra adicies. 2. Aliter vice salsi: cuminum, piper, liquamen teres, et passum modice vel caroeni et nuces tritas plurimas misces et simul conteres et ⟨in⟩ salsare defundes. Oleum modice superstillabis et inferes. 3. Aliter salsum ⟨s⟩in⟨e⟩ salso: cuminum tantum quantum quinque digitis tollis, piperis ad dimidium eius et unam spicam alei (= alii) purgatam teres, liquamen superfundes, oleum modice superstillabis. Hoc aegrum stomachum valde reficit et digestionem facit.

14) Embractum Baianum: Embractum Baianum: ostreas minutas, sphondylos, orticas (= urticas) in caccabum mittes, nucleos tostos concisos, rutam, apium, piper, coriandrum, cuminum, passum, liquamen, careotam, oleum.

13) Salzfisch ohne Salzfisch: 1. Koche Leber, zerstampfe sie und gib Pfeffer und Liquamen oder Salz hinein. Füge Öl hinzu. ⟨Nimm dafür⟩ Leber vom Hasen, Zicklein, Lamm oder Huhn. Forme dann, wenn du willst, in einer Backform einen Fisch. Gib grünes Öl darüber. 2. Auf andere Art an Stelle von Salzfisch: Zerstoße Cumin, Pfeffer und Liquamen und mische ein wenig Passum oder Caroenum und sehr viele gemahlene Nüsse dazu, zerstampfe alles zusammen und gieße es in eine Schüssel für Salzfisch (?)[192]. Träufle ein wenig Öl darüber und serviere. 3. Salzfisch ohne Salzfisch auf andere Art: Zerstoße so viel Cumin, wie du mit fünf Fingern nehmen kannst, ungefähr halb so viel Pfeffer und eine Knoblauchzehe, gieße Liquamen und träufle ein wenig Öl darüber. Das stellt einen kranken Magen sehr gut wieder her und fördert die Verdauung.

14) Embractum auf bajanische Art: Embractum auf bajanische Art: Gib in einen Topf kleingehackte Austern, Lazarusklappern und Quallen, dazu gehackte geröstete Pinienkerne, Weinraute, Sellerie, Pfeffer, Koriander, Cumin, Passum, Liquamen, Dattel(-sirup?) und Öl.

Liber X: Alieus

1) In piscibus diversis. 2) In murenam. 3) In anguillam.

1) In piscibus: 1. Ius diabotanon in pisce frixo: piscem quemlibet curas, ⟨salias⟩, friges. Teres piper, cuminum, coriandri semen, laseris radicem, origanum, rutam, fricabis, suffundes acetum, adicies careotam, mel, defritum, oleum, liquamen, temperabis, refundes in caccabum, facies ut ferveat. Cum ferverit, piscem frictum perfundes, piper asperges et inferes. 2. Ius in pisce elixo: piper, ligusticum, cuminum, cepulam, origanum, nucleos, careotam, mel, acetum, liquamen, sinapi, oleum modice, ius calidum si velis, uvam passam. 3. Aliter in pisce elixo: teres piper, ligusticum, coriandrum viridem, satureiam, cepam, ovorum vitella cocta, passum, acetum, oleum et liquamen. 4. Ius in pisce elixo: piscem curabis diligenter, mittes in mortarium salem, coriandri semen, conteres bene, volves eum, adicies in patinam, cooperies, gypsabis, coques in furno. Cum coctus fuerit, tolles, aceto acerrimo asperges et inferes. 5. Aliter ius in pisce elixo: cum curaveris piscem, adicies in sartaginem ⟨coriandri?⟩ semen, aquam, anethum viridem et ipsum piscem. Cum coctus fuerit, asperges aceto et inferes. 6. Ius Alexandrinum in pisce asso: piper, cepam siccam, ligusticum, cuminum, origanum, apii semen, pruna Damascena enucleata, mulsum, acetum, liquamen, defritum, oleum, et coques. 7. Aliter ius Alexandrinum in pisce asso: piper, ligusticum, coriandrum viride, uvam passam enucleatam, vinum, passum, liquamen, oleum, et coques. 8. Aliter ius Alexandrinum in

X. Buch: Die Fischerei

1) Für verschiedene Fische. 2) Für Muräne. 3) Für Aal.

1) Für Fische: 1. Kräutersauce für gebratenen Fisch: Bereite beliebigen Fisch vor, ⟨salze⟩ und brate ihn. Zerstoße Pfeffer, Cumin, Koriandersamen, Laserwurzel, Oregano und Weinraute, zerreibe es, gieße Essig und gib Dattel(-wein oder -sirup)[193], Honig, Defrutum, Öl und Liquamen dazu, schmecke ab, gieße es in einen Topf und lass es aufkochen. Wenn es aufgekocht ist, übergieße den gebratenen Fisch, streue Pfeffer darauf und serviere. 2. Sauce für gekochten Fisch: Pfeffer, Liebstöckel, Cumin, eine kleine Zwiebel, Oregano, Pinienkerne, Dattel, Honig, Essig, Liquamen, Senf, ein wenig Öl und, wenn du eine heiße Sauce willst, auch Rosinen. 3. Für gekochten Fisch auf andere Art: Zerstoße Pfeffer, Liebstöckel, frischen Koriander, Bohnenkraut, Zwiebel, gekochte Eidotter, Passum, Essig, Öl und Liquamen. 4. Sauce für gekochten Fisch: Bereite den Fisch sorgfältig vor, gib in einen Mörser Salz und Koriandersamen, zerstoße sie gut, wälze ihn darin, gib ihn in eine Auflaufform, verschließe und vergipse sie und backe ihn im Ofen. Wenn er gar ist, nimm ihn heraus, besprenge ihn mit sehr scharfem Essig und serviere. 5. Für gekochten Fisch auf andere Art: Wenn du den Fisch vorbereitet hast, gib in eine Kasserolle ⟨Koriander-?⟩samen[194], Wasser, frischen Dill und den Fisch selbst. Wenn er gar ist, besprenge ihn mit Essig und serviere. 6. Alexandrinische Sauce für gegrillten Fisch: Pfeffer, getrocknete Zwiebel, Liebstöckel, Cumin, Oregano, Selleriesamen, entsteinte Damaszenerpflaumen, Mulsum (?)[195], Essig, Liquamen, Defrutum und Öl, dann koche sie. 7. Alexandrinische Sauce für gegrillten Fisch auf andere Art: Pfeffer, Liebstöckel, frischen Koriander, entkernte Rosinen, Wein, Passum, Liquamen und Öl, dann koche sie. 8. Alexandrinische Sauce für ge-

pisce asso: piper, ligusticum, coriandrum viride, cepam, Damascena enucleata, passum, liquamen, acetum, oleum, et coques. 9. Ius in grongo assa: piper, ligusticum, cuminum frictum, origanum, cepam siccam, ovorum vitella cocta, vinum, mulsum, acetum, liquamen, defritum, et coques. 10. Ius in cornutam: piper, ligusticum, origanum, cepam, uvam passam e[t]nucleatam, vinum, mel, acetum, liquamen, oleum, et coques. 11. Ius in mullos assos: piper, ligusticum, rutam, mel, nucleos, acetum, vinum, liquamen, oleum modice. Calefacies et perfundes. 12. Aliter ius in mullos assos: rutam, mentam, coriandrum, feniculum, omnia viridia, piper, ligusticum, mel, liquamen et oleum modice. 13. Ius in pelamide assa: piper, ligusticum, origanum, coriandrum viride, cepam, uvam passam e[t]nucleatam [passam], liquamen, defritum, oleum, et coques. Hoc ius convenit et in elixa. Si vis, et mel addes. 14. Ius in percam: piper, ligusticum, cuminum frictum, cepam, pruna Damascena enucleata, vinum, mulsum, acetum, oleum, defritum, et coques. 15. Ius in pisce rubellione: piper, ligusticum, careum, serpyllum, apii semen, cepam siccam, vinum, passum, acetum, liquamen, oleum. Amulo obligas.

2) 1. Ius in morena assa: piper, ligusticum, satureiam, crocomagma, cepa, pruna Damascena e[t]nucleata, vinum, mulsum, acetum, liquamen, defritum, oleum, et coques. 2. Aliter ius in morena assa: piper, ligusticum, pruna Damascena, vinum, mulsum, acetum, liquamen, defritum, oleum, et coques. 3. Aliter ius in morena assa: piper, ligusticum, nepetam montanam, coriandri semen, cepam, nucleos pineos, mel, acetum,

grillten Fisch auf andere Art: Pfeffer, Liebstöckel, frischen Koriander, Zwiebel, entsteinte Damaszenerpflaumen, Passum, Liquamen, Essig und Öl, dann koche sie. 9. Sauce für gegrillten Meeraal: Pfeffer, Liebstöckel, gerösteten Cumin, Oregano, getrocknete Zwiebel, gekochte Eidotter, Wein, Honigwein, Essig, Liquamen und Defrutum, dann koche sie. 10. Sauce für Hornhecht (?): Pfeffer, Liebstöckel, Oregano, Zwiebel, entkernte[196] Rosinen, Wein, Honig, Essig, Liquamen und Öl, dann koche sie. 11. Sauce für gegrillte Meerbarben: Pfeffer, Liebstöckel, Weinraute, Honig, Pinienkerne, Essig, Wein, Liquamen und ein wenig Öl. Mache es heiß und gieße es darüber. 12. Sauce für gegrillte Meerbarben auf andere Art: Weinraute, Minze, Koriander, Fenchel, alles frisch, Pfeffer, Liebstöckel, Honig, Liquamen und ein wenig Öl. 13. Sauce für gegrillten, einjährigen Thunfisch: Pfeffer, Liebstöckel, Oregano, frischen Koriander, Zwiebel, entkernte Rosinen, Liquamen, Defrutum und Öl, dann koche sie. Diese Sauce passt auch zu gekochtem ⟨Thunfisch⟩. Wenn du willst, gib auch Honig dazu. 14. Sauce für Barsch (?)[197]: Pfeffer, Liebstöckel, gerösteten Cumin, Zwiebel, entsteinte Damaszenerpflaumen, Wein, Honigwein, Essig, Öl und Defrutum, dann koche sie. 15. Sauce für Knurrhahn (?): Pfeffer, Liebstöckel, Wiesenkümmel, Sand-Thymian, Selleriesamen, getrocknete Zwiebel, Wein, Passum, Essig, Liquamen und Öl. Binde mit Speisestärke.

2) ⟨Für Muräne⟩[198]: 1. Sauce für gegrillte Muräne: Pfeffer, Liebstöckel, Bohnenkraut, Safranrückstand, Zwiebel, entsteinte Damaszenerpflaumen, Wein, Honigwein, Essig, Liquamen, Defrutum und Öl, dann koche sie. 2. Sauce für gegrillte Muräne auf andere Art: Pfeffer, Liebstöckel, Damaszenerpflaumen, Wein, Honigwein, Essig, Liquamen, Defrutum und Öl, dann koche sie. 3. Sauce für gegrillte Muräne auf andere Art: Pfeffer, Liebstöckel, Gebirgskatzenminze, Koriandersamen, Zwiebel,

liquamen, oleum, et coques. 4. Aliter ius in morena elixa: piper, ligusticum, anetum (?), apii semen, rus Syriacum, careotam, mel, acetum, liquamen, oleum, sinape, defritum. 5. Aliter ius in morena elixa: piper, ligusticum, careum, apii semen, coriandrum, mentam aridam, nucleos pineos, rutam, mel, acetum, vinum, liquamen, oleum modice. Calefacies et amulo obligas. 6. Ius in morena elixa: piper, ligusticum, careum, cuminum, nucleos, careotam, sinape[m], mel, acetum, liquamen et oleum et defritum.

3) 1. Ius in lacertos elixos: piper, ligusticum, cuminum, rutam viridem, cepam, mel, acetum, liquamen, oleum modice. Cum bullierit, amulo obligas. 2. Ius in pisce elixo: piper, ligusticum, petroselinum, origanum, cepam aridam, mel, acetum, liquamen, vinum, oleum modice. Cum bullierit, amulo obligas et in lance inferes. 3. Ius in pisce asso: piper, ligusticum, thymum, coriandrum viridem, mel, acetum, liquamen, vinum, oleum, defritum. Calefacies et agitabis rutae surculo et obligabis amulo. 4. Ius in tinno: piper, cuminum, thymum, coriandrum, cepam, uvam passam, acetum, mel, vinum, liquamen, oleum. Calefacies, amulo obligas. 5. Ius in tinno elixo: piper, ligusticum, thymum, condimenta mortaria, cepa⟨m⟩, careotam, mel, acetum, liquamen et oleum et sinape. 6. Ius in dentice asso: piper, ligusticum, coriandrum, mentam, rutam aridam, malum Cydonium coctum, mel, vinum, liquamen, oleum. Calefacies, amulo obligabis. 7. In dentice elixo: piper, anethum, cuminum, thymum, mentam, rutam viridem, mel, acetum, liquamen,

Pinienkerne, Honig, Essig, Liquamen und Öl, dann koche sie. 4. Sauce für gekochte Muräne auf andere Art: Pfeffer, Liebstöckel, Dill (?), Selleriesamen, syrischen Sumach, Dattel(-sirup?), Honig, Essig, Liquamen, Öl, Senf und Defrutum. 5. Sauce für gekochte Muräne auf andere Art: Pfeffer, Liebstöckel, Wiesenkümmel, Selleriesamen, Koriander, getrocknete Minze, Pinienkerne, Weinraute, Honig, Essig, Wein, Liquamen und ein wenig Öl. Mache es heiß und binde mit Speisestärke. 6. Sauce für gekochte Muräne: Pfeffer, Liebstöckel, Wiesenkümmel, Cumin, Pinienkerne, Dattel(-sirup?), Senf, Honig, Essig, Liquamen, Öl und Defrutum.

3) 1. Sauce für gekochte Stöcker: Pfeffer, Liebstöckel, Cumin, frische Weinraute, Zwiebel, Honig, Essig, Liquamen und ein wenig Öl. Wenn es aufgekocht ist, binde mit Speisestärke. 2. Sauce für gekochten Fisch: Pfeffer, Liebstöckel, Petersilie, Oregano, getrocknete Zwiebel, Honig, Essig, Liquamen, Wein und ein wenig Öl. Wenn es aufgekocht ist, binde mit Speisestärke und serviere auf einer Platte. 3. Sauce für gegrillten Fisch: Pfeffer, Liebstöckel, Thymian, frischen Koriander, Honig, Essig, Liquamen, Wein, Öl und Defrutum. Mache es heiß, rühre mit einem Weinrautenzweig um und binde mit Speisestärke. 4.[199] Sauce für Thunfisch: Pfeffer, Cumin, Thymian, Koriander, Zwiebel, Rosinen, Essig, Honig, Wein, Liquamen und Öl. Mache es heiß, binde mit Speisestärke. 5. Sauce für gekochten Thunfisch: Pfeffer, Liebstöckel, Thymian, Mörsergewürz (?)[200], Zwiebel, Dattel(-sirup?), Honig, Essig, Liquamen und Öl und Senf. 6. Sauce für gegrillte Zahnbrasse: Pfeffer, Liebstöckel, Koriander, Minze, getrocknete Weinraute, eine gekochte Quitte, Honig, Wein, Liquamen und Öl. Mache es heiß und binde mit Speisestärke. 7. Für gekochte Zahnbrasse: Pfeffer, Dill, Cumin, Thymian, Minze, frische Weinraute, Honig, Essig, Liquamen, Wein und ein wenig Öl. Mache es heiß

vinum, oleum modice. Calefacies et amulo obligabis. 8. Ius in pisce aurata: piper, ligusticum, careum, origanum, rutae bacam, mentam, myrtae bacam, ovi vitellum, mel, acetum, oleum, vinum, liquamen. Calefacies et sic uteris. 9. Ius in pisce aurata assa: piper, coriandrum, mentam aridam, apii semen, cepam, uvam passam, mel, acetum, vinum, liquamen et oleum. 10. Ius in scorpione elixo: piper, careum, petroselinum, careotam, mel, acetum, sinape, liquamen, oleum, defritum. 11. In pisce oenogarum: teres piper, ruta⟨m⟩, mel commisces, passum, liquamen, caroenum, ex igni mollissimo calefacies. 12. In pisce oenogarum: ut supra facies. Cum bullierit, amulo obligabis.

4) 1. Ius in anguilla: piper, ligusticum, apii semen, anethum, rus Syriacum, careotam, mel, acetum, liquamen, oleum, sinape et defritum. 2. Ius in anguillam: piper, ligusticum, rus Syriacum, mentam siccam, rutae bacas, ovorum vitella cocta, mulsum, acetum, liquamen, oleum. Coques.

EXPLICIT LIBER X

und binde mit Speisestärke. 8. Sauce für Goldbrasse: Pfeffer, Liebstöckel, Wiesenkümmel, Oregano, Weinrautenfrucht, Minze, Myrtenbeere, Eidotter, Honig, Essig, Öl, Wein und Liquamen. Mache sie heiß und verwende sie so. 9. Sauce für gegrillte Goldbrasse: Pfeffer, Koriander, getrocknete Minze, Selleriesamen, Zwiebel, Rosinen, Honig, Essig, Wein, Liquamen und Öl. 10. Sauce für gekochten Drachenkopf: Pfeffer, Wiesenkümmel, Petersilie, Dattel(-sirup?), Honig, Essig, Senf, Liquamen, Öl und Defrutum. 11. Oenogarum für Fisch: Zerstoße Pfeffer, Weinraute, mische Honig, Passum, Liquamen und Caroenum dazu und erhitze es auf sehr kleiner Flamme. 12. Oenogarum für Fisch: Mache es wie oben. Wenn es aufgekocht ist, binde mit Speisestärke.

4) 1. Sauce für Aal: Pfeffer, Liebstöckel, Selleriesamen, Dill, syrischen Sumach, Dattel(-sirup?), Honig, Essig, Liquamen, Öl, Senf und Defrutum. 2. Sauce für Aal: Pfeffer, Liebstöckel, syrischen Sumach, getrocknete Minze, Weinrautenfrüchte, gekochte Eidotter, Honigwein, Essig, Liquamen und Öl. Koche sie.

ENDE DES 10. BUCHES

Apici excerpta a Vinidario viro inlustri

Brevis pimentorum que in domo esse debeant,
ut condimentis nihil desit:

crocum, piper, zingiber, lasar, folium, baca murre, costum, cariofilum, spica Indica, addena, cardamomum, spica nardi.

De seminibus hoc:
papaber, semen rude, baca rute, baca lauri, semen aneti, semen api, semen feniculi, semen ligustici, semen eruce, semen coriandri, cuminum, anesum, petrosilenum, careum, sisama.

De siccis hoc:
lasaris radices, menta, nepeta, saluia, cupressum, origanum, zyniperum, cepa gentima (= gentiana?), bacas timmi, coriandrum, piretrum, citri, fastinaca, cepa Ascalonia, radices iunci, anet⟨um⟩, puleium, ciperum, alium, ospera, samsucum, innula, silpium, cardamomum.

De liquorib. hoc:
mel, defritum, carinum (= caroenum), apiperium, passum.

De nucleis hoc:
nuces maiores, nucl⟨e⟩os pineos, acmidula, Aballana.

Auszüge aus Apicius vom Edelmann Vinidarius

Kurze Liste der Gewürze, die im Haus sein müssen, damit an Gewürzen nichts fehle:

Safran, Pfeffer, Ingwer, Laser, ⟨Lorbeer-⟩Blätter, Myrtenbeeren, Kostwurz, Gewürznelke, Citronella, Addena (?)[201], Kardamom und Nardenspitzen.

Von den Samen folgendes:
Mohn, Weinrautensamen, Weinrautenfrucht, Lorbeerfrüchte, Dillsamen, Selleriesamen, Fenchelsamen, Samen von Liebstöckel, Samen von wilder Rauke, Koriandersamen, Cumin, Anis, Petersilie, Wiesenkümmel, Sesam.

An getrockneten Dingen Folgendes:
Laserwurzel, Minze, Katzenminze, Salbei, Zypresse⟨nholz⟩ (?), Oregano, Wacholderbeeren (?), Enzianwurzel (?)[202], Beeren vom Thymian, Koriander, Bertram, Zitrone⟨nblätter?⟩[203], Pastinake, Schalotte, Binsenwurzeln, Dill, Poleiminze, Erdmandeln, Knoblauch, Hülsenfrüchte (?)[204], Majoran, Alant, Silphium, Kardamom.

Von den Flüssigkeiten Folgendes:
Honig, Defrutum, Caroenum, Pfeffersauce (?)[205], Passum.

Von den Nussfrüchten Folgendes:
größere Nüsse (Walnüsse?), Pinienkerne, Mandeln, Haselnüsse.

De pomis siccis hoc:
Damascena, datilos (= dactylos), uba passa, granata.

Hec omnia in loco sicco pone, ne odorem et virtutem perdant.

Brevis cyborum:

1) Caccabinam minorem 2) Caccabinam fusilem 3) Ofellas garatas 4) Ofellas assas ⟨5⟩ Aliter ofellas 6) Ofellas g(a)raton 7) Pisces scorpiones rapulatos 8) Pisces frixos cuiuscumq. generis 9) Item pisces frixos 10) Pisces assos 11) Pisces inotogonon (= oenoteganon?) 12) Sardas 13) Item pisces inotogonon 14) Mullos anetatos 15) Aliter mullos 16) Murenas et anguillas 17) Lucustas et isquillas 18) Pisces elixos 19) Patinas oborum 20) Porcello coriandrato 21) Porcello aenococto 22) Porcello eo iure 23) Porcello tymmo [crapso] ⟨sparso⟩ 24) Porcellum oxyzomum 25) Porcellum lasaratum 26) Porcellum iuscellum (= iuscellatum) 27) Agnum simplicem 28) Hedum lasaratum 29) Turdos apantamenos 30) Turtures 31) Ius in perdices.

1) 1. Caccabinam minorem: olera diversa elixa compone et pullinam inter se, si volueris, condis liquamine et oleo, et bulliat. Teres piper modicum et folium et cum tritura conmisces ovum et tribulas. 2. Alias: tritura, unde perfundes caccabinam: teres ergo folium quantum conpetat cum cerifolio uno et quarta parte de lauri baca et medium caulis elixi et folia co-

An getrocknetem Obst Folgendes:
Damaszenerpflaumen, Datteln, Rosinen, Granatäpfel.

Lege dies alles an einen trockenen Ort, damit es den Geruch und das Aroma nicht verliert.

Kurze Liste der Speisen:

1) Ein kleinerer Eintopf. 2) Ein gegossener Eintopf. 3) Bratenstücke mit Garum-Sauce. 4) Grillbraten. 5) Bratenstücke auf andere Art. 6) Garum-Sauce für Bratenstücke. 7) Große Drachenköpfe mit Rüben. 8) Gebratene Fische aller Art. 9) Noch einmal gebratene Fische. 10) Gegrillte Fische. 11) Fische mit Weinbratensauce. 12) Bonito. 13) Noch einmal Fisch mit Weinbratensauce. 14) Meerbarben mit Dillsauce. 15) Meerbarben auf andere Art. 16) Muränen und Aale. 17) Langusten und Riesengarnelen[206]. 18) Gekochte Fische. 19) Auflauf mit Eiern. 20) Spanferkel mit Koriandersauce. 21) Spanferkel mit Weinsauce. [22) Das Spanferkel mit dieser Sauce][207]. 23) Spanferkel mit Thymian bestreut. 24) Spanferkel mit scharfer Gewürzsauce. 25) Spanferkel mit Lasersauce. 26) Spanferkel mit Brühe. 27) Einfaches Lamm. 28) Zicklein mit Lasersauce. 29) Drosseln leicht verdaulich (?). 30) Turteltauben. 31) Sauce für Rebhühner.

1) 1. Ein kleinerer Eintopf: Stelle verschiedene gekochte Gemüse zusammen und mische, wenn du willst, Hühnerfleisch darunter, würze mit Liquamen und Öl und lass es kochen. Zerstoße ein wenig Pfeffer und Gewürzblätter, mische ein Ei mit der Gewürzmischung und schlage es schaumig. 2. Anders: die Gewürzmischung, von der du zum Eintopf gießt: Zerstoße also die richtige Menge Gewürzblätter mit einem Kerbelblatt und einer Viertel Lorbeerfrucht, einem halben gekochten Kohlkopf

riandri et solves de iuscello eius et vaporabis in cinere calido et ad horam, antequam fundas in vasculo, perfundis conditum et sic ponis.

2) Caccabinam fusilem: malvas, porros, betas sive coliclos elixatos, turdos atque esicia de pullum, copadia porcina sive pullina et cetera, quae in praesenti habere poteris, conpones variatim. Teres piper, ligusticum cum vini veteris pondo duo, liquamen pondo I, mel pondo I, olei aliquantum. Gustata, item permixta et temperata mittis in patinam et fac ut modice ferveat. Et cum coquitur, adicies lacte sextario uno, ova dissoluta cum lacte perfundes, patinam, mox constrinxerit, inferes.

3) Ofellas garatas: ponis ofellas in sartagine, adic(i)es liquamen libram unam, olei similiter, mellis aliquantum et sic frigis.

4) Ofellas assas: exbromabis diligenter et in sartagine mittis. Friges inogarum. Postea simul cum ipsum inogarum inferes et piper aspargis.

5) Aliter ofellas: si in liquamine frigantur et calidae melle unguantur et sic inferantur.

6) Ofellas garaton: lasar, zingiber, cardamomum et uno acetabulo liquaminis misces cum his omnibus tritis et ibi ofellas coques.

und Koriandcrblättern, löse es mit dessen Brühe (der des Eintopfs), dämpfe es in heißer Asche und gieße zu der Zeit, bevor du es in eine Servierschüssel füllst, die Gewürzsauce darüber und serviere es.

2) Ein gegossener Eintopf: Stelle Malven, Lauchstangen, Rüben oder gekochte Kohlköpfe, Drosseln und gehacktes Hühnerfleisch, Schweine- oder Hähnchenschnitzel und anderes, was du im Moment bekommen kannst, bunt zusammen. Zerstoße Pfeffer und Liebstöckel mit zwei Pfund (ca. 655 g) alten Weines, einem Pfund (ca. 328 g) Liquamen, einem Pfund Honig und nicht zu wenig Öl. Wenn du es gekostet, gemischt und abgeschmeckt hast, gib es in eine Auflaufform und lass es leicht aufkochen. Und wenn es kocht, gib einen Sextar (0,55 l) Milch dazu, gieße mit Milch verrührte Eier darauf und serviere den Auflauf, wenn er steif geworden ist.

3) Bratenstücke mit Garum-Sauce: Lege die Bratenstücke in eine Kasserolle, gib ein Pfund (ca. 328 g) Liquamen dazu, ähnlich viel Öl, nicht zu wenig Honig und brate sie so.

4) Grillbraten: Wässere ihn ordentlich und gib ihn in eine Kasserolle. Brate ihn mit Oenogarum. Nachher serviere ihn zusammen mit dem Oenogarum und streue Pfeffer darüber.

5) Bratenstücke auf andere Art: Sie sollen in Liquamen gebraten und noch heiß mit Honig bestrichen und serviert werden.

6) Garum-Sauce für Bratenstücke: Laser, Ingwer und Kardamom, mische, wenn es zerstoßen ist, mit einer Sauciere (ca. 0,07 l) Liquamen und koche die Bratenstücke darin.

7) Pisces scorpiones rapulatos: coquis in liquamine et oleo et cum mediaveri[n]t coctura, tolles. Rapas elixas madidas et minutissime concisas manibus depressabis, ut umorem non habeant, et cum pisce obligas, et bulliat cum oleo abunde. Et, iam bullivit, teres cuminum, lauri bacam dimidiam, addes propter colorem crocum. Amulabis de oridia propter spissitudinem. Superfundes et tunc inferes. Addes modicum acetum.

8) Pisces frixos cuiuscumque generis sic facies: teres piper, coriandri semen, lasaris radices, origanum, rutam, caryotam, suffundes acetum, oleum, liquamen, adices defritum. Haec omnia temperabis et in caccabulo mittis et ferveat. Cum calefeceris, eosdem pisces superfundes. Asparso pipere inferes.

9) Item pisces frixos sic facies: teres piper, ligusticum, bacam lauri, coriandrum, mel, liquamen, vinum passum vel caroenum temperas. Coques igni lento, amulo orizie obligas et inferes.

10) Pisces assos: teres piper, ligusticum, satureiam, cepam siccam, suffundes acetum, adicies caryotam, anethum, ovorum vitella, mel, acetum, liquamen, oleum, defritum. Haec omnia in uno mixta perfundes.

11) Pisces inotogonon: friges pisces, teres piper, ligusticum, rutam, condimenta viridia, cepam siccam. Adices oleo, ⟨vinum?⟩, liquamen et inferes.

7) Große Drachenköpfe mit Rüben: Koche sie in Liquamen und Öl, und nimm sie heraus, wenn sie halb gar sind. Presse gekochte, noch feuchte und sehr klein gehackte Rüben mit den Händen aus, sodass sie keine Feuchtigkeit mehr enthalten, verbinde sie mit dem Fisch und lass alles mit reichlich Öl sieden. Zerstoße dann, wenn es schon gekocht hat, Cumin und eine halbe Lorbeerfrucht und gib für die Farbe Safran dazu. Dicke es mit Reis(-mehl?)[208] zum Versteifen ein. Gieße sie darüber (über die Fische) und serviere es dann. Gib ein wenig Essig dazu.

8) Gebratene Fische aller Art mache folgendermaßen: Zerstoße Pfeffer, Koriandersamen, Laserwurzel, Oregano, Weinraute, Datteln, gieße Essig, Öl und Liquamen und gib Defrutum dazu. Schmecke dies alles ab, gib es in einen kleinen Topf und lass es aufkochen. Wenn du es heiß gemacht hast, übergieße selbige Fische. Serviere sie mit Pfeffer bestreut.

9) Ebenso: Gebratene Fische mache folgendermaßen: Zerstoße Pfeffer, Liebstöckel, Lorbeerfrüchte, Koriander, Honig, Liquamen, Wein, Passum oder Caroenum, schmecke ab. Koche auf kleiner Flamme, binde mit Reisstärke und serviere.

10) Gegrillte Fische: Zerstoße Pfeffer, Liebstöckel, Bohnenkraut, getrocknete Zwiebel, gieße Essig dazu, gib Datteln, Dill, Eidotter, Honig, Essig, Liquamen, Öl und Defrutum hinein. Gieße das alles zusammengemischt darüber.

11) Fische mit Weinbratensauce (?)[209]: Brate die Fische, zerstoße Pfeffer, Liebstöckel, Weinraute, frische Gewürzkräuter und trockene Zwiebel. Gib Öl⟨, Wein⟩ und Liquamen dazu und serviere.

12) Sardas sic facies: teres piper, ligustici semen, origanum, cepam siccam, ovorum cottorum vitella, acetum, oleum. Haec in unum temperas et perfundes.

13) Pisces inotogonon: a crudo pisces, quos volueris, lavas, conponis in patinam, mittis oleum, liquamen, vinum, fasciculos porri et coriandri, coquitur. Teres piper, origanum, ligusticum et fasciculos, quos elixasti, teres et suffundes inpe⟨n⟩sa⟨m⟩ de patina. Facis ut obliget. Cum bene tenuerit, piper⟨e⟩ asparso inferebis.

14) Mullos anethatos sic facies: rades pisces, lavabis, in patinam compones, adicies oleum, liquamen, vinum, fasciculos porri et coriandri, mittes ut coquatur. Adicies piper in mortario, fricabis, adicies oleum et partem aceti, vino passo temperabis. Traicies in ca⟨cca⟩bo, ponis ut ferveat. Amolo obligabis et patinam piscium perfundis. Insuper piper aspargis.

15) Aliter mullos: rades, lavas, conponis in patinam. Adices oleo, liquamen, vinum, in coctura fasc⟨ic⟩ulum porri et coriandri, inponis ut coquatur. Teres piper, ligusticum, origanum, adicies de iure suo [hoc de patella], vino passo temperas, mittis in caccabo, ponis ut ferveat, amulo obligabis et patellam postea perfundes, piper aspargis et inferis.

16) Murenam aut anguillas vel mullos sic facies: purgabis, conponis in patinam diligenter. Adicies in mortario piper,

12) Bonito mache folgendermaßen: Zerstoße Pfeffer, Liebstöckelsamen, Oregano, trockene Zwiebel, gekochte Eidotter, Essig und Öl. Schmecke es zusammen ab und gieße es über den Fisch.

13) Fische mit Weinbratensauce (?)[210]: Wasche die Fische, die du willst, im Rohzustand und lege sie in eine Pfanne, gib Öl, Liquamen, Wein, Bündelchen von Lauch und Koriander dazu und lass es kochen. Zerstoße Pfeffer, Oregano, Liebstöckel und die Bündelchen, die du gekocht hast, und gieße die Masse in die Pfanne. Binde es. Wenn es ausreichend dick geworden ist, serviere es mit Pfeffer bestreut.

14) Meerbarben mit Dillsauce mache folgendermaßen: Putze die Fische, wasche und lege sie in eine Pfanne, gib Öl, Liquamen, Wein, Bündelchen von Lauch und Koriander dazu und setze es zum Kochen auf. Gib Pfeffer in einen Mörser, zermahle ihn, gieße Öl und einen Teil Essig dazu und schmecke mit Dessertwein ab. Gib es in einen Topf herüber und setze es auf, damit es aufkocht. Binde mit Speisestärke und gieße es über die Pfanne mit den Fischen. Darüber streue noch Pfeffer.

15) Meerbarben auf andere Art: Putze, wasche und lege sie in eine Pfanne. Gib Öl, Liquamen, Wein und für die Brühe ein Bündelchen Lauch und Koriander dazu und setze es zum Kochen auf. Zerstoße Pfeffer, Liebstöckel, Oregano und gib vom eigenen Saft dazu, schmecke mit Dessertwein ab, gib es in einen Topf, setze es auf, damit es aufkocht, binde mit Speisestärke und gieße es nachher in die Pfanne, streue Pfeffer darauf und serviere.

16) Muräne, Aale oder Meerbarben mache folgendermaßen: Säubere sie und lege sie sorgfältig in eine Pfanne, gib in einen

ligusticum, origanum, mentam, cepam aridam, effundes vini acetabulum, liquaminis dimidium, mellis tertiam partem, modice defritum ad cocleare. Debent autem hoc iure cooperiri, ut super cotturam supersit aliquid iuris.

17) Locustam ⟨et scillas⟩: teres piper, ligusticum, api semen, effundes acetum, liquamen, ovorum vitella et mixta in unum perfundis et inferes.

18) In piscibus elixis: teres piper, ligusticum, api semen, origanum, suffundes acetum, adicies nucleos pineos, cariota quod satis sit, mel, acetum, liquamen, sinapem. Temperabis et uteris.

19) Patinam soliarum ex ovis: rades, purgas, conponis in patinam, adicies liquamen, oleum, vinum, fasciculum porri et coriandri semen, mittis ut coquatur. Teres piper modicum, origanum, suffundis ius ⟨de⟩ suo sibi, adicies iuri decem cruda ova, dissolvis et in unum corpus facias. Traicies in patinam super solias. Ad ignem lentum pones, ut decoquat, et cum duxerit, piper adspargis.

20) Porcellum coriandratum: assas porcellum diligenter, facies mortarium sic, in quo teres piper, anetum, origanum, coriandrum viride, admisces mel, vinum, liquamen, oleum, acetum, defritum. Haec omnia calefacta perfundes et aspargis uvam passam, nucleos pineos et cepam concisam et sic inferes.

Mörser Pfeffer, Liebstöckel, Oregano, Minze, getrocknete Zwiebel, gieße eine Sauciere (ca. 0,07 l) Wein dazu, eine halbe Sauciere (ca. 0,035 l) Liquamen, eine drittel Sauciere (ca. 0,023 l) Honig, ein wenig Defrutum, ungefähr einen Esslöffel. Sie müssen aber mit dieser Sauce bedeckt sein, damit etwas Sauce beim Kochen übrigbleibt.

17) Languste ⟨und Riesengarnelen⟩[211]: Zerstoße Pfeffer, Liebstöckel und Selleriesamen, gieße Essig, Liquamen und Eidotter hinein, mische es, gieße es darüber und serviere.

18) Für gesottene Fische: Zerstoße Pfeffer, Liebstöckel, Selleriesamen, Oregano, gieße Essig dazu, gib Pinienkerne, genügend Datteln, Honig, Essig, Liquamen und Senf dazu. Schmecke ab und verwende es.

19) Auflauf von Schollen mit Eiern: Putze, säubere und lege sie (die Schollen) in eine Pfanne. Gib Liquamen, Öl, Wein, ein Bündelchen Lauch und Koriandersamen dazu und setze es zum Kochen auf. Zerstoße ein wenig Pfeffer, Oregano und gieße vom eigenen Saft dazu, gib zehn rohe Eier in die Sauce und verrühre sie zu einer glatten Masse. Gib es hinüber in die Pfanne über die Schollen. Setze es auf kleiner Flamme auf, damit es garkocht, und, wenn es steif geworden ist, streue Pfeffer darauf.

20) Spanferkel mit Koriandersauce: Grille das Spanferkel sorgfältig und bereite folgendermaßen ein Mörsergewürz zu, zu dem du Pfeffer, Dill, Oregano und frischen Koriander zerstößt, mische Honig, Wein, Liquamen, Öl, Essig und Defrutum dazu. Nachdem das alles erhitzt ist, gieße es über das Spanferkel, bestreue es mit Rosinen, Pinienkernen und gehackten Zwiebeln und serviere es so.

21) Porcellum inococtum: porcellum accipies, ornabis, quoque (= coque) in oleo et liquamine. Cum coquitur, adicies in mortario piper, rutam, bacam lauri, liquamen, passum sive caroenum, vinum vetus, simul omnia teres, temperas et traicies in patinam ⟨a⟩heneam. Mittis eum. [22)] Porcellum eo iure percoque, cum autem levas, amulo obligabis et sic in vas transferes et inferes.

23) Porcellum timo ⟨sparsum?⟩: porcellum lactentem pridie occisum elixas sale et aneto et in aqua frigida adsidue intingis, ut candorem habeat. Deinde condimenta viridia, timum, puleium modicum, ova dura, cepa concisa minuta, ea omnia superspargis et condis liquamen emina una, olei pondo uno, passo pondo uno, et sic ministras.

24) Porcellum ⟨oxyz⟩omum: porcellum accuratum ornabis et mittis in iuscellum sic conditum: adicies in mortario piper grana L, mellis quan⟨tum⟩ conpetat, cepas siccas III, coriandri viridis sive sicci modicum, liquamen emina, olei sextarium I, aquae emina I, simul temperas in caccabulo. Mittis in eo porcellum. Dum bullire coeperit, saepius agitabis, ut spissum fiat. Si aliquid minus iuris facere coeperit, tunc adicies heminam unam aquae. Sic percoque et sic porcellum inferes.

25) Porcellum lasaratum: teres in mortario piper, ligusticum, careum, misces cuminum paululum, lasar vivum, lasaris ra-

21) Spanferkel in Weinsauce: Nimm ein Spanferkel, dressiere es und koche es in Öl und Liquamen. Wenn es kocht, gib in einen Mörser Pfeffer, Weinraute, Lorbeerfrüchte, Liquamen, Passum oder Caroenum und alten Wein, zerstoße alles zusammen, schmecke ab und gib es auf eine bronzene Platte hinüber. Setze es auf. [22)] Koche das Spanferkel mit dieser Sauce gar, wenn du es aber vom Feuer nimmst, binde mit Speisestärke, gib es so in ein Gefäß hinüber und serviere.

23) Spanferkel mit Thymian bestreut: Koche ein noch saugendes, am Vortag geschlachtetes Spanferkel mit Salz und Dill und tauche es dabei oft in kaltes Wasser, damit es die weiße Farbe behält. Dann streue frische Gewürzkräuter, Thymian, ein wenig Poleiminze, hartgekochte Eier und kleingehackte Zwiebel darüber und würze mit einem halben Sextar (ca. 0.27 l) Liquamen, einem Pfund (ca. 328 g) Öl und einem Pfund Passum und tische es auf.

24) Spanferkel mit scharfer Gewürzsauce: Dressiere ein vorbereitetes Spanferkel und gib es in eine folgendermaßen gewürzte Sauce: Gib in einen Mörser 50 Pfefferkörner, Honig so viel, wie erforderlich, 3 getrocknete Zwiebeln, ein wenig frischen oder getrockneten Koriander, einen halben Sextar (ca. 0,27 l) Liquamen, einen Sextar (ca. 0,55 l) Öl, einen halben Sextar (ca. 0,27 l) Wasser und schmecke es zusammen in einem kleinen Topf ab. Gib dahinein das Spanferkel. Wenn es zu kochen angefangen hat, rühre öfters um, damit es dick wird. Wenn die Sauce zu sehr einkochen sollte, dann gib einen halben Sextar (ca. 0,27 l) Wasser dazu. So koche es gar und serviere das Spanferkel.

25) Spanferkel mit Lasersauce: Zerstoße im Mörser Pfeffer, Liebstöckel, Wiesenkümmel, mische ein wenig Cumin, ganz

dicem, suffundis acetum, addis nucleos pineos, caryotam, mel, acetum, liquamen, sinape factum. Oleo omnia temperas et perfundis.

26) Porcellum iuscellatum: mittis in mortario piper, ligusticum aut anesum, coriandrum, rutam, bacam lauri, fricabis, suffundis liquamen, porro, passi sive mellis modicum, vinum modicum, olei aliquantum. Cum coxeris, amulo obligabis.

27) Agnum simplicem: de agno decoriato facies copadiola, lavabis diligenter, mittes in caccabo. Adicies oleum, liquamen, vinum, porrum, coriandrum cultro concisum. Cum bullire coeperit, saepius agitabis et inferes.

28) Haedum lasaratum: haedi intestinas bene purgatas imples piper, liquamen, lasar, oleum et intra haedum mittes et bene consues et cum haedo simul coquuntur. Et cum decoxerit, adicies in mortario rutam, bacam lauri et levatum haedum atque exsucatum ipso iure perfundis et sic ponis.

29) Turdos apantomenos: teres piper, lasar, bacam lauri, admisces cumino garum et sic turdo per guttur imples et filo ligabis. Et facies ei impe⟨n⟩sa⟨m⟩, in qua decoca[n]tur, quae habeat oleum, sales, aquam, anethum et capita porrorum.

frisches Laser und Laserwurzel dazu, gieße Essig hinein und gib Pinienkerne, Dattel(-sirup?), Honig, Essig, Liquamen und fertigen Senf dazu. Stimme alles mit Öl ab und gieße es darüber.

26) Spanferkel mit Brühe: Gib in einen Mörser Pfeffer, Liebstöckel oder Anis[212], Koriander, Weinraute, Lorbeerfrucht, zermahle es, gieße Liquamen dazu und füge Lauch, ein wenig Passum oder Honig, ein wenig Wein und nicht zu wenig Öl hinzu. Wenn du es gekocht hast, binde mit Speisestärke.

27) Einfaches Lamm: Von enthäutetem Lamm mache Koteletts, wasche sie gründlich und gib sie in einen Topf. Gib Öl, Liquamen, Wein, Lauch und mit dem Messer geschnittenen Koriander dazu. Wenn es zu kochen angefangen hat, rühre öfters um und serviere.

28) Zicklein mit Lasersauce: Fülle die gut gesäuberten Därme des Zickleins mit Pfeffer, Liquamen, Laser und Öl, gib sie in das Zicklein hinein, nähe das Zicklein gut zu, und lass sie zusammen mit dem Zicklein kochen. Wenn es gargekocht ist, gib in einen Mörser Weinraute und Lorbeerfrucht und übergieße das Zicklein, nachdem es vom Feuer genommen und abgetropft ist, mit dieser Sauce und tische es so auf.

29) Drosseln, leicht verdaulich (?): Zerstoße Pfeffer, Laser, Lorbeerfrucht, mische Cumin und Garum (= Liquamen) dazu, fülle die Drossel so durch die Gurgel und binde sie mit einem Faden zu. Dann mache für sie eine Mischung, in der es gargekocht wird, die Öl, Salz, Wasser, Dill und die Zwiebeln von Lauch enthält.

30) Turtures: aperies, ornabis diligenter, teres piper, lasar, liquamen modicum, infundis ipsas turtures ut conbibant sibi, et sic assas.

31) Ius in perdices: teres in mortario piper, apio, mentam et rutam, suffundis acetum, addis caryotam, mel, acetum, liquamen, oleum. Simul coques et inferes.

Explic⟨it⟩ brevis ciborum

30) Turteltauben: Schneide sie auf, dressiere sie sorgfältig, zerstoße Pfeffer, Laser und ein wenig Liquamen, lege die Turteltauben darin ein, damit sie sich vollsaugen und grille sie so.

31) Sauce für Rebhühner: Zerstoße im Mörser Pfeffer, Sellerie, Minze und Weinraute, gieße Essig dazu und gib Dattel(-sirup?)[213], Honig, Essig, Liquamen und Öl dazu. Koche es zusammen und serviere.

Die kurze Liste von Speisen ist zu Ende.

Anhang

Zu dieser Ausgabe

Die Nummerierung der Kapitel und Rezepte wurde weitgehend so belassen, wie sie seit der Edition von Giarratano und Vollmer (Teubner, Leipzig 1922) üblich ist. Die Aufzählungen der Kapitel zu Beginn eines jeden Buches stammen aus den Originalhandschriften und weichen teilweise deutlich (besonders in Buch VI) von den Überschriften und dem Inhalt der Kapitel ab. Stellen, an denen der Text durch Unterschiede oder Fehler in der Überlieferung nicht eindeutig ist, sind entsprechend gekennzeichnet.

Verwendete Zeichen und Klammern:

†	An den mit † gekennzeichneten Stellen ist der Originaltext nicht gut oder gar nicht lesbar.
⟨…⟩	Konjektur bzw. Ergänzung, wo im Originaltext etwas zu fehlen scheint und die eingefügte Information für den Sinnzusammenhang notwendig schien.
[...]	Zeichen oder Wörter, die wahrscheinlich nicht zum Originaltext gehören, sondern von späteren Bearbeitern hinzugefügt wurden.
(?)	Mit Fragezeichen sind Stellen gekennzeichnet, deren Bedeutung bzw. genauer Wortlaut durch den Übersetzer nicht geklärt werden konnte.

Anmerkungen

Es beginnt ⟨das Mahl?⟩ des Apicius (?)

1 Vom ursprünglichen Titel ist nur in der Handschrift V etwas erhalten. Dort findet sich auf der ersten Seite:

EPIMELES LIBER I

INCIP

API

CAE

Der Vorschlag, API⟨CI⟩ CAE⟨NA⟩ (»das Abendessen des Apicius«) zu lesen, stammt von M. E. Milham und scheint mir die bisher plausibelste Interpretation zu sein. In den Humanistenhandschriften ist »CAE« oft fälschlich als Caelius gedeutet worden. Das Verzeichnis der einzelnen Bücher findet sich nur in der Handschrift E, allerdings erst ab dem VII. Buch.

I. Buch: Der sparsame Wirtschafter

2 Welche Frucht »citrium« bezeichnet, ist nicht ganz klar, wahrscheinlich handelt es sich um die Zitronatzitrone (Frucht von *Citrus medica*), deren weißes, direkt unter der Schale befindliches Fruchtfleisch vom Geschmack und der Konsistenz her Ähnlichkeit mit Gurken hat, aber etwas bitter ist (vgl. ital. »cetrioli« und »cedri«). Vgl. auch 3,5 und 4,3,5. Vgl. auch die Bemerkung von Plinius (Plin. nat. hist. 13,103) über die Frucht von »citrus«.

3 Hier könnten auch Brombeeren gemeint sein, die den Maulbeeren sehr ähnlich sehen und im Lateinischen oft gleich benannt werden.

4 Hier liegt wahrscheinlich eine falsche Übersetzung des lateinischen Textes aus dem Griechischen vor. Zu ergänzen wäre dann etwa: »glühende Holzkohlen werden gegen die Bitterkeit helfen«, vgl. 1,2. Vgl. Brandt, S. 24 unten.

5 Vgl. dazu Plin. nat. hist. 14,109 und Columella 12,35: Plinius schreibt 40 Sextarien Most (ca. 22 l) und 1 Pfund (ca. 327 g) ponti-

schen Wermut vor und lässt die Mischung auf 1/3 einkochen, während bei Columella nur vier Sextarien Most auf die gleiche Menge Wermut kommen und das Ganze auf 1/4 eingekocht werden soll.

6 Diese Stelle ist unsicher überliefert. Es ist nicht klar, worauf sich »folii« (»Blätter«) bezieht. Wahrscheinlich ist aber »Mastix und Gewürzblätter« gemeint.

7 In den Handschriften E und V ist hier »eiusmodi« (»derartig«) überliefert. Vielleicht bezieht sich das auf den angesprochenen, aber in unserem Kochbuch nicht überlieferten Camerinischen Gewürzwein. Vollmer hat vorgeschlagen, »vetusti« – also alten Wein – zu verstehen.

8 Dieses Rezept stimmt fast wörtlich mit Palladius 11,15 überein. Vgl. auch Plin. nat. hist. 14,106: die Rosenblätter werden zerstoßen, in ein Leinentuch gewickelt und drei Monate im Most gelassen.

9 Im Original steht hier »move spicas«. Das hieße, dass man das »liquamen« mit einem dünnen Stab umrühren soll. In unserem Kochbuch findet sich »spica« aber sonst nicht in dieser Bedeutung. Der Verbesserungsvorschlag von Brandt »moves, picas« ist zweifellos der zutreffende.

10 Dieses Rezept scheint direkt aus einem Landwirtschaftsbuch übernommen zu sein.

11 An dieser Stelle gehen die Überlieferungen auseinander. Es ist nicht klar, ob »helenium« (Gamander) oder »inulam« (Alant) gemeint ist.

12 Vgl. Anm. 2.

13 Vgl. Anm. 3.

14 »sales ammonicos« bezeichnet wahrscheinlich Salmiaksalz (Ammoniumchlorid).

15 Der bei Apicius häufig vorkommende Ausdruck »folium« bedeutet wahrscheinlich Lorbeer- oder Nardenblätter.

16 Gemeint ist wahrscheinlich das Olivenöl. Salzlake, wie Humelberg annahm, erscheint unwahrscheinlich, da aus den Oliven ja noch Öl gepresst werden soll. Solche Oliven wurden als »olivae columbades« (»eingelegte Oliven«) bezeichnet. Vgl. Plin. nat. hist. 15,16.

17 Der Unterschied zwischen den verschiedenen Arten des Lasers ist unklar. Es ist verschiedentlich angenommen worden, dass es sich bei dem cyrenäischen Laser um *Ferula tingitana* (eine Riesenfenchelart) und beim syrischen Laser um *Ferula asa foetida* (Asant) handeln könnte; vgl. Plin. nat. hist. 19,38.

18 Dieses Rezept findet sich in 3,18,3 wieder.

19 Ich neige zu dieser Übersetzung, da sich aus der Überlieferung »cariotam« (wohl eine Art Dattelsirup), nicht »caroenum« (eingekochter Traubensaft), ergibt und es sich der Zuordnung nach um eine sehr süße Flüssigkeit handeln muss. Vgl. Anm. 178 und 193.

20 Gallisches Silphium ist nicht identifiziert; hier ist wahrscheinlich Sesel gemeint.

II. Buch: Gehacktes

21 »scilla« ist wahrscheinlich die Riesengarnele {*Penaeus kerathurus*} (eine etwa 15 cm große Garnelenart; ital. gambero, frz. crevette), das ergibt sich aus der Zusammenstellung mit Hummer und daraus, dass man ihre harte Schale (»testa«) entfernen soll.

22 Hier scheint etwas zu fehlen. Brandt hat folgende Ergänzung vorgeschlagen: »... misces. ⟨esicia plassantur et omento teguntur⟩ sicut pulpa omentata.« – »... mische es. ⟨Es werden Frikadellen geformt und mit Fettnetz bedeckt⟩ wie Fleisch in Backfolie.«

23 Der lateinische Text ist etwas unklar, da aber »sicut pulpa omentata« überliefert ist, glaube ich, diese Stelle ist so zu verstehen, dass das Fleisch zusammen mit Lorbeerblättern in Fettnetz eingewickelt und dann geräuchert werden soll. »omentum« wurde bei den Römern wie Backfolie benutzt. Schlauchartige Wursthaut heißt »intestinum«.

24 »medulla siligine⟨i⟩« wird nur hier verwendet und bezeichnet nach Brandts Verbesserung wahrscheinlich Weißbrot ohne Kruste; eine andere Möglichkeit wäre, darunter eine Art Weizengrütze zu verstehen.

25 Die Mengenangaben in diesem Rezept sind etwas seltsam, wahrscheinlich wurden die Zahlen nicht richtig abgeschrieben.

26 Der lateinische Text ist nicht leicht zu verstehen, ich kann mir nur denken, dass der Bodensatz von altem Würzwein gemeint ist, vgl. dazu das Rezept für paradoxen Würzwein (1,1); das dürfte einen ähnlichen Effekt erzielen wie Gewürzöl.

27 Brandt hat eine andere Interpunktion vorgeschlagen: »... liquamen. admiscentur pulpae bene tunsae et fricatae denuo [denuo], ipso subtrito ita ut commisceri possi⟨n⟩t mittas.« (»... Liquamen. Fein geschnittenes und mehrmals gemahlenes Fleisch wird dazugemischt. Nachdem dieses so fein gemahlen worden ist, dass es sich vermischen lässt, gib es dazu.«)

28 »materia« ist ungewöhnlich und nur hier zu finden, zur Übersetzung vgl. Brandt, S. 60 f.; die von Humelberg vorgeschlagene Lösung »mortario« ist insofern nicht sinnvoll, als an dieser Stelle des Rezeptes zu erwarten ist, dass man mit der Masse die Wursthaut stopfen soll.

29 Das von Humelberg vermutete »ius« (»Sauce«) gibt keinen rechten Sinn, da die Masse, wenn Wurst daraus gemacht werden soll, nicht zu flüssig sein darf; allerdings ist Weihrauchharz für Wurst ein sehr außergewöhnliches Gewürz.

30 Eine Wurstsorte dieses Namens gibt es in Italien immer noch. Sie heißt im Trentino bzw. Veneto »Luganega« oder »Lucanica« und ist der Salami ähnlich.

31 Mit »liquamen intestini« ist wahrscheinlich »liquamen« gemeint, das aus Fischeingeweiden hergestellt wurde, vgl. Plin. nat. hist. 31,93: »Aliud etiamnum liquoris exquisiti genus, quod garum [= liquamen] vocavere, intestinis piscium ceterisque, quae abicienda essent, sale maceratis, ut sit illa putrescentium sanies.« (»Eine weitere exquisite Würzsauce, die man Garum genannt hat, wird aus Fischeingeweiden und allem Übrigen, was man sonst wegwerfen würde, hergestellt, indem man es mit Salz bestreut, um es zu jener Brühe aus sich zersetzenden Dingen werden zu lassen.«)

32 »oenogarum fasiani« ist mir nicht ganz klar; möglicherweise ist hier ein »oenogarum« gemeint, das für Fasan verwendet wurde. Ein solches Rezept ist hier jedoch nicht vorhanden.

33 »polypodium« ist Tüpfelfarn bzw. Engelsüß. Gegessen wurden davon wohl die Wurzeln, die süß schmecken. Engelsüß enthält einen Stoff, der den Muskelaufbau fördert, und wird daher heute auch im Sport eingesetzt.

34 Marcus Terentius Varro, 116–27 v. Chr., einer der größten römischen Gelehrten. Neben seinen Werken über die Kulturgeschichte des römischen Volkes, die fast gänzlich verloren sind, schrieb er auch ein gut erhaltenes Werk über die Landwirtschaft (*Res rusticae*).

35 »capita porri« sind die etwas dickeren Wurzeln bzw. Zwiebeln des Lauchs. Lauch ähnelte damals wohl noch mehr unseren Lauchzwiebeln.

36 »colocasium« bezeichnet wahrscheinlich die Wurzel einer Seerosenart (*Nymphaea Nelumbo*).

37 Zu »citrium« vgl. Anm. 2.

38 »bis« ist in E und V wahrscheinlich aus »obis« (= »ovis« – »Eier«) verstümmelt, besonders wegen des vorausgehenden »oleo« (»Öl«).

39 Die Überlieferung ist hier fehlerhaft. E und V geben »oleo modico medere« an, das von Brandt zu »oleo modico mero« (»ein wenig Öl und unvermischter Wein«) korrigiert wurde. »modico« bezieht sich dann wahrscheinlich auf das Öl.

40 Sollte es sich bei den hier erwähnten »sphondili« tatsächlich um Muscheln handeln, so sind diese Rezepte von einem sachunkundigen Bearbeiter falsch eingeordnet worden; daher die Annahme Andrés, es könnten Artischockenböden gemeint sein.

41 Sie sollen darin wohl gekocht werden.

42 Was »augmentum« bedeutet, ist nicht ganz klar. Möglicherweise handelt es sich hier um den Mastdarm oder aber, wie Brandt angenommen hat, um das Fettnetz (»omentum«), das bei Apicius sonst immer verwendet wird.

43 In E und V findet sich hier »coliorum«. Vollmer hat »colorium« als richtig angenommen. Nach Brandts Konjektur »coli⟨cul⟩orum« könnte auch eine Kümmelsauce wie für Kohlsprossen gemeint sein, vgl. 3,9,1.3.

44 »posca« bezeichnet eine Mischung aus Wasser und Weinessig (als Getränk ähnlich unserer Limonade).

45 »pizentinisches Brot« ist eine spezielle, ursprünglich aus Picenum bei Ancona stammende Brotsorte aus eingeweichten und mit Traubensaft verkneteten Dinkelgraupen, die man nach Plinius dem Älteren nur eingeweicht essen konnte (Plin. nat. hist. 18,106).

46 Der »vestinische Käse« stammte aus der Gegend von L'Aquila und wurde auch von Plinius dem Älteren und Martial lobend erwähnt (vgl. Plin. nat. hist. 11,241 und Mart. epigr. 13,33).

47 Dieses Rezept ist fast identisch mit 4,2,16.

48 »fusilis« wird für Füllungen verwendet, die wegen der Zugabe von Eiern erst beim Kochen steif werden, vgl. 6,9,15 und Exc. 2.

49 Mit »ita« ist wahrscheinlich »auf dieselbe Weise wie im vorhergehenden Rezept« gemeint.

50 Der Originaltext deutet auf »decoris« (»Schmuck-«) hin; Schaugerichte waren besonders im Mittelalter beliebt.

51 Warum die Sardelle im Original in der Einzahl steht, ist nicht ganz klar. Wahrscheinlich meinte der Autor damit eine entsprechende Menge an Sardellenfilets (so wie man Mehl auch nicht in der Mehrzahl verwendet). Auch in 4,11,20 steht die Sardelle in der Einzahl.

52 E und V haben hier »eos recentes« (»diese frischen«). Wahrscheinlich sind aber die nachher nochmals aufgezählten frischen Seeigel oder vielleicht sogar der frische Käse (»⟨cas⟩eos recentes«) gemeint.

53 Bei dem in diesem Kochbuch an fünf Stellen erwähnten Terenz scheint es sich um einen Landwirtschaftsschriftsteller zu handeln. Vielleicht ist dieser mit dem in den *Geoponika* öfters erwähnten Tarantinos gleichzusetzen.

54 In E und V steht hier »ascelli«. Humelberg hat vermutet, dass es sich hier um einen Fisch mit Namen »piscis asellus« handelt. Wahrscheinlich ist damit Dorsch gemeint (vgl. Plin. nat. hist. 9,58), vielleicht aber auch Hühnerflügel (»ascelli«).

55 Das Rezept klingt im Original etwas verwirrend und ist wahrscheinlich nicht in allen Teilen vollständig erhalten. Als Zutaten der Sauce werden nur Gewürze genannt, die aber ohne Flüssigkeit nicht gekocht werden können. Ich nehme daher an, dass sie zunächst mit der im Titel genannten Milch gekocht werden sollen. Diese wird dann durchgeseiht, um schließlich mit Eiern zu einer Art Creme angerührt und über die übrigen Zutaten gegeben zu werden.

56 Die genaue Bedeutung von »diplois« ist nicht klar, es muss sich um eine Art Mürbeteigboden handeln; das Rezept ist so zu verstehen, dass man zuunterst einen Teigboden (»diplois«) legt und dann abwechselnd die Füllung und einzelne Teigblätter wie bei einer Lasagne aufeinanderschichtet. Ähnliche Rezepte findet man auch in dem *buch von guter spise*, das um 1350 in Würzburg entstanden ist.

57 Es handelt sich um eine Art Omelett. Auch hier steht wie in 4,2,11 die Sardelle in der Einzahl. Wahrscheinlich meinte der Autor damit eine entsprechende Menge an Sardellenfilets, die, mit Eiern gemischt, den Teig für das Omelett ergeben.

58 Im Original findet sich »lagitis« = ?. Marsili hat vermutet, dass »lacertis« (»Stöcker«) gemeint ist.

59 Hier ist eine Lücke. Schuch hat »olei – facies« (»… genügend Öl und lege den Salzfisch dazwischen. Lass es …«) aus 4,2,23 übernommen.

60 Es ist unklar, nach welcher Person dieses Gericht benannt wurde. Ein Schlemmer oder Landwirtschaftsschriftsteller mit Namen Lukrez ist nicht bekannt.

61 Brandt hat vermutet, dass »coctum« ursprünglich an einer anderen Stelle, etwa hinter »fasciculum« (»Büschelchen«), gestanden haben muss.

62 In Exc. 19, einem fast identischen Rezept, findet sich nach »vinum« noch »fasciculum porri et coriandri semen« (»ein Bündelchen Lauch und Koriandersamen«).

63 Das Rezept ist natürlich so gemeint, dass man das Fischfilet und die Austernsauce mit dem vorher zubereiteten Oenogarum übergießen, aufkochen lassen, in die Auflaufform geben und dann die verquirlten Eier darübergießen soll.

64 Der lateinische Text ist nicht ganz klar, wahrscheinlich soll man die zugedeckte Auflaufform direkt in die Glut stellen und auch mit heißer Asche bedecken.

65 Vgl. Anm. 64.

66 »Coctam piper minutum asparges et inferes.«: Dies ist eine für Apicius außergewöhnliche Konstruktion. Wörtl.: »Bestreue den gebackenen Auflauf mit zerkleinertem [oder grob gemahlenem] Pfeffer«. Etwas Ähnliches findet sich auch weiter oben: »coctum tolles ut refrigescat« (»Wenn es gekocht hat und gar ist, nimm es vom Feuer, sodass es abkühlt«).

67 Orig.: »defricatum«, es ist wohl »defritum« gemeint.

68 Der Begriff »porri capitati« ist nicht ganz klar, da aber an einer Stelle etwa »albamen et capita porrorum« (»das Weiße und die Zwiebeln von Lauchstangen«) steht (3,2,5), glaube ich, dass Lauch mit der Knolle gemeint ist; vgl. auch 4,3,3; 4,3,5 und 5,3,2.

69 Vgl. Anm. 53.

70 Vgl. etwa 2,1,4 oder 2,1,7.

71 Mit »glandulae« sind wahrscheinlich die Halsdrüsen gemeint.

72 Gaius Matius, ein Freund Caesars, der ein Buch über die Hauswirtschaft geschrieben hat. Von ihm wurde auch eine Apfelsorte gezüchtet, die den Namen »malum Matianum« trägt.

73 Vgl. Anm. 2.

74 Vgl. Anm. 2; für dieses Gericht sollte nur das weiße Fruchtfleisch verwendet werden, das man auch kandiert als Zitronat erhält. Roh hat dieses einen etwas bitteren Geschmack, der sonst dem von Salatgurken ähnlich ist.

75 Hier ist das Rezept 8,8,5 gemeint.

76 Dieses Rezept ist fast identisch mit 5,5,1.

77 »propter sucum« (»wegen des Saftes«) ist nicht ganz klar, vielleicht wie Suppenfleisch.

78 »acro coloefius«: der oberste Teil des Schweinefußes, Schweinehüftknochen.

79 Dieses Rezept ist fast identisch mit 5,5,2.

80 Vgl. die Rezepte für »olus molle« (»weiches Gemüse«) 3,15,1–3, und zwar wird dort Schwarzkohl, Sellerie und Lattich mit Natron gekocht und dann kleingeschnitten.

81 »aucella«: kleiner Vogel, Wachtel?, es ist auch möglich, »ascellas« (Hühnerflügel) zu verstehen, vgl. 4,2,13 und 4,5,2.

82 Das Rezept für lukanische Würstchen findet sich in 2,4.

83 Das Original hat hier »scellas« = Riesengarnele, wahrscheinlich sind aber Wachteln, vielleicht auch Hühnerflügel gemeint, vgl. 4,2,13 und 4,5,1.

V. Buch: Hülsenfrüchte

84 Iulianus: hier könnte Didius Iulianus (röm. Kaiser im Jahr 193 n. Chr.) oder Iulianus Apostata (röm. Kaiser 361–363 n. Chr.) gemeint sein.

85 Der Originaltext lässt einige Fragen offen und wurde wahrscheinlich nicht vollständig überliefert. So soll der Milchteigbrei, nachdem er gekocht wurde, noch über dem Feuer bleiben. In der Alternative mit Mostbrötchen und Honig werden Salz und Öl erwähnt, die aber im ersten Teil gar nicht genannt wurden. Eventuell soll der Milchteigbrei gesalzen und am Ende in Öl frittiert oder gebraten werden.

86 Dieses Rezept entspricht fast wörtlich dem ersten Rezept dieses Kapitels.

87 Vitellius, röm. Kaiser um 69 n. Chr., soll nicht nur sehr üppig gespeist, sondern auch selbst Speisen erfunden haben (vgl. Tac. hist. 2,62 und Suet. Vit. 13).

88 Vgl. Anm. 87.

89 Mit »simplex« ist wahrscheinlich »ohne weitere Zutaten« gemeint.

90 Commodus, röm. Kaiser 180–192 n. Chr., war als Prasser bekannt (vgl. Lampr. Comm. 2,7 und 10,1).

91 Dieses Rezept ist fast identisch mit 4,4,1.

92 Vgl. Anm. 77 zu 4,4,1.

93 Möglicherweise nicht Bergfenchel, sondern »silphium«, vgl. 4,4,1.

94 Dieses Rezept ist fast gleich 4,4,2.

95 »betam, malvam, coliculum molle« (»rote Bete, Malve, weichgekochten Kohl«) haben E und V in 4,4,2. Hier fehlen diese Zutaten.

96 Vgl. Anm. 80.

97 Evtl. sind jeweils die Schoten gemeint. Für dieses Rezept sollte man die Hülsenfrüchte vorher kochen, Kichererbsen enthalten in rohem Zustand ein Gift, weshalb man sie nur gekocht essen sollte.

98 »salsus« steht meist für Salzfisch. Das ist allerdings eine sehr ungewöhnliche Verwendungsart für grüne Bohnen.

VI. Buch: Geflügel

99 E und V haben sowohl hier als auch am Ende des Buches »Tropetes«. Da es sich dem Inhalt nach aber um ein Buch über Geflügel handelt, ist das sicher ein Schreibfehler. Daher Humelbergs Vermutung, dass es in der Überschrift »Aeroptes« heißen muss.

100 Es handelt sich hier um eine besonders große Dattelart, die sich von den normalen Datteln unterschied, möglicherweise die Medjool-Dattel.

101 Brandt schlägt eine andere Interpunktion vor: ».. . et coques. gruem cum ...« (».. . und koche es. Wenn du einen Kranich ...«).

102 Vgl. Anm. 36.

103 Der Titel ist im Original nicht erhalten.

104 Vollmer schlägt vor, hier ».. . elixas et madefactum ...« (»koche es ... und rupfe es noch feucht«) zu lesen.

105 »cneci flos« wird im ganzen Kochbuch nicht dekliniert, es ist daher anzunehmen, dass es entweder als indeklinabel oder als Neutrum angesehen wurde.

106 Zwischen »spica Indica« und »spica nardi« besteht offensichtlich ein Unterschied, da in dem »brevis pimentorum« der Exzerpte beides angegeben wird. Die Identifikation von »spica Indica« mit Citronella bzw. Zitronengras ist allerdings nicht ganz sicher.

107 E und V haben hier »omni gere«. Es ist nicht klar, was damit gemeint ist. Schuch hat »omni ge⟨ne⟩re« (»jeder Art«) vorgeschlagen, ich halte aber »oenogarum« (Liquamen mit Wein) für wahrscheinlicher, da es den übrigen Rezepten für »oenogarum« sehr ähnlich ist (vgl. 1,31,1.2; 4,5,1; 7,3,1; 10,3,11).

108 Es ist am besten, wenn man die Oliven dazu entkernt und halbiert.

109 Zu »e navi assublatae« (»nachdem der Bürzel entfernt worden ist«) vgl. Brandt S. 75 (Fußn. 117).

110 Dieses Rezept ist sehr ähnlich zu 7,6,13. Vollmer hat daher angenommen, dass hier Pfeffer und Honig vergessen wurden, da diese Zutaten in 7,6,13 vorhanden sind.

111 In E und V beginnt hier ein neues Rezept. Es ist aber wahrscheinlich, dass die Dillsauce aus dem vorhergehenden Abschnitt dafür verwendet werden soll.

112 Ein normales »acetabulum« fasst etwa 0,07 l.

113 E und V geben hier den Beginn eines neuen Rezeptes an.

114 Dieses Rezept ist unvollständig überliefert. Vgl. dazu 6,5,7. Nach »columbadibus« (»eingemachte Oliven«) hat Vollmer eine Lücke vermutet. Zu »ut laxamentum habeat« (»sodass noch Platz bleibt«) vgl. 6,9,15 und 7,7,1.

115 Varius: wahrscheinlich ist dieses Gericht nach Varius Heliogabalus, röm. Kaiser 218–222 n. Chr., benannt.

116 Fronto/Frontinus: um wen es sich bei dem Namensgeber für dieses Gericht handelt, ist nicht eindeutig klar. Es ist sowohl in den *Geoponika* der Name Fronto für einen Landwirtschaftsschriftsteller überliefert, als auch ein gewisser Frontinus bei Gargilius Martialis. Möglicherweise handelt es sich jedoch um dieselbe Person. Darauf weist auch die starke Ähnlichkeit der Rezepte 6,9,13 (»Pullum Front[on]ianum«) und 8,7,10 (»Frontinianum porcellum«) hin.

117 Dieses Rezept ist hier nicht aufgeführt. Es ist jedoch ein »porcellus liquaminatus« vorhanden, vgl. 8,7,3. Dort ist erwähnt, dass das Ferkel so ausgenommen werden soll, dass zwar die Eingeweide (»utriculus«) entfernt werden, aber das genießbare Fleisch – wahrscheinlich der Magen, die Nieren etc. – zurückbleibt.

118 E und V haben hier »capso« (»[Schweins-]Blase«), während in anderen Handschriften auch »capo« (»Kapaun«) zu finden ist. Es ist nicht ganz klar. Beides ist zu empfehlen.

119 Der Text ist hier unklar, Brandt schlägt vor, diese Stelle so zu verstehen, dass der Saft herausfließen und der herausgelaufene Fleischsaft einkochen soll.

120 Dieses Rezept scheint, da die sonst üblichen Gewürze fehlen, nicht ganz vollständig überliefert zu sein.

VII. Buch: Der Gourmet

121 »libellus« ist mir nicht ganz klar, es könnte sich jedoch um einen von der Form her einer Buchrolle vergleichbaren Braten, also etwa einen Rollbraten handeln.

122 »gefüllt« steht nicht ausdrücklich im Text, es handelt sich aber um solche Rezepte.

123 Welche Pilze »fungi farnei« bezeichnet, ist nicht bekannt; möglicherweise handelt es sich um Röhrenpilze, wie Maronen, Steinpilze etc., im Gegensatz zu den »boleti« (»Champignons«).

124 Vgl. Anm. 121.

125 Der Text ist nicht ganz klar; »sterile« bezeichnet wahrscheinlich die Gebärmutter von einer Sau, die noch nicht geworfen hat.

126 Vgl. Anm. 121.

127 Vollmer und Giarratano haben an dieser Stelle: »… infundis in liquamine, ⟨teres⟩ piper …« (»… weiche sie in Liquamen ein, zerstoße Pfeffer…«). Die Feigenleber soll demnach in »liquamen« eingelegt werden. Zur im Folgenden erwähnten Wursthaut, »augmentum«, vgl. Anm. 42.

128 Ob es sich um ein Bratenstück oder Schaffleisch handelt, ist nicht ganz klar, da die Schreibungen in diesem Teil sehr voneinander abweichen. Es ist aber anzunehmen, dass es sich um einen gewöhlichen Schweine- oder Kalbsbraten handelt.

129 »cutis« (»Haut«, »Schwarte«) ist nicht ganz klar, die Schwarte des Bratens soll wohl ganz bleiben, da man die einzelnen Stücke erst zum Schluss auseinandertrennen soll.

130 Wie das genau gemeint ist, ist nicht klar. Vielleicht ist hier an ein viereckiges Stück gedacht, dessen Ecken kreuzweise zusammengesteckt werden sollen, sodass der Braten im Ofen nicht austrocknet.

131 Er soll dort vielleicht etwas getrocknet werden.

132 In der Vorlage fehlt das Verb. Wahrscheinlich soll man die Sauce mit Thymian und Oregano umrühren, wie Humelberg vermutet hat. Vgl. die folgenden Rezepte.

133 Vollmer hat vermutet, dass hier etwas wie »(bene uteris) et hoc« (»nutze auch dieses ... gut«) zu setzen sei, vgl. 8,1,3 und 8,2,2.

134 Für die Mostbrötchen ist von Cato ein sehr empfehlenswertes Rezept überliefert (Cato, *De agricultura* 121), dieses Rezept ist auf S. 140 f. angegeben.

135 Vgl. Anm. 134.

136 Im Original »obligas« (»du bindest«), wahrscheinlich ist aber »oblinas« (»du bestreichst«) gemeint.

137 Das einzige Rezept, das »melca« (dicke Milch) enthalten könnte, ist 7,13,9. Leider ist dort der Titel nicht gut überliefert.

138 Unklar, da der Pfeffer nur im Titel erscheint.

139 Die Zubereitung dieser Plätzchen entspricht der der sog. »Crescentine« aus der Gegend um Bologna. Diese werden allerdings selten süß, sondern meist mit Schinken, Mortadella oder Käse gegessen. Der Teig sollte die Konsistenz von Nudelteig haben. Beim Frittieren blähen sich die Plätzchen auf.

140 Eigtl. deutet der Name »Tiropatina« auf ein Gericht mit Käse hin, Käse enthält dieses Gericht jedoch offensichtlich nicht, daher vermute ich, dass der Titel in der Antike etwas Ähnliches bezeichnete wie unser Pudding oder Creme.

141 Das Original hat hier »cuminata« (»Kümmelsauce«), was aber für eine Süßspeise sicher abzulehnen ist.

142 Das Original hat hier »mel castum« (»klarer Honig«), es handelt sich jedoch von den Gewürzen her sicher nicht um eine Süßspeise.

143 Zu Varro vgl. Anm. 34.

144 Um welche Pilzart es sich bei den »fungi farnei« handeln könnte, ist unklar. Lediglich aus Nordamerika ist mit dem »Ash-tree Bolete« eine Röhrlingsart bekannt, die bevorzugt unter Eschen wächst. Es wäre jedoch durchaus möglich, dass das verwendete Adjektiv »farneus« nichts mit Eschen zu tun hat.

145 Mit »membrana« ist wahrscheinlich der Verschlussdeckel des Schneckenhauses gemeint.

146 Im Original »Fleischstückchen«, möglicherweise aber eine Art Brei »pulte«, Fleisch wäre zur Mast von Schnecken ein sehr außergewöhnliches Futter, vgl. dazu auch Plin. nat. hist. 9,174.

147 Ob »ovum apalum« in unserem Sinne »weichgekochtes Ei« bedeutet, ist nicht ganz klar, das Rezept eignet sich aber hervorragend dafür.

VIII. Buch: Der Vierfüßer

148 Bei »caprea« handelt es sich um eine Art wilder Ziegen, wahrscheinlich um Rehe.

149 Vgl. 8,8,4.

150 Der Ausdruck »intro foras« kommt bei Apicius öfter vor, auch in der Wendung »intro foras tanges« (»benetze von innen und außen«; vgl. 8,2,1), hier ist wahrscheinlich dasselbe gemeint.

151 Zu Terenz vgl. Anm. 53.

152 Im Original steht hier »gustas« (»du schmeckst ab«) statt »guttas« (»Tropfen«). Dass mit grünem Öl abgeschmeckt werden soll, ist jedoch höchst unwahrscheinlich.

153 »suffundes« (»gib ... hinzu«) vor »nucleos« (»Pinienkerne«) im Original erscheint etwas seltsam. Humelberg hat vermutet, dass »suffundes« vor »mel« (»Honig«) zu setzen ist.

154 Diese Bemerkung ist nicht klar. Der Text ist an dieser Stelle nicht sicher. E und V haben hier als Zusatz »faratariis«, während nach Humelbergs Vermutung »paratariis« (»... die leicht zu beschaffen sind ...«) zu schreiben ist.

155 Der Zusatz »id est mammotestus« scheint aus späterer Hand zu stammen. »mammotestus« ist nicht sicher.

156 Die Gedärme sollen hier so ausgeleert werden, dass sie ganz bleiben, nachher werden sie dann wohl mehrmals mit Wasser gespült; die Füllung ist hier leider nicht beschrieben, aber man kann annehmen, dass sie der Füllung für gefülltes Hähnchen (»pullus fusilis«, vgl. 6,9,15) ähnelt; dass das Zicklein an den Schultern zusammengenäht oder -gebunden werden soll, bezieht sich auf die Art der Ausbeinung.

157 Vgl. 8,6,6.

158 Es ist wahrscheinlich gemeint, dass das Lamm noch roh sein soll, wenn es gewürzt wird, da es nachher in den Ofen gegeben wird.

159 Tarpeius: um wen es sich handelt, ist nicht bekannt.

160 »coagulum« oder hier »quagulum« ist die Haut, die die Eingeweide umschließt.

161 Wie das gemeint ist, ist nicht klar.

162 Die Handschriften haben hier »perdures« (»du brätst es durch«), es ist aber wahrscheinlich so, dass das Spanferkel nur angebraten werden soll, da es nachher im Ofen gebacken wird.

163 Zu Terenz vgl. Anm. 53.

164 Es scheint sich um ein Instrument ähnlich unseren Spritztüten zu handeln. Was mit »fistula aviarii« (hier wiedergegeben mit »Röhrchen mit Schnabel«) genau gemeint ist, ist jedoch nicht klar.

165 »cum cocta« fehlt im Original. Vgl. aber 8,1,1; 8,6,6; 8,8,5.

166 Es ist nicht klar, wie das gemacht werden soll. Vgl. 8,7,1 (Anfang) und 8,7,5. Wahrscheinlich soll man nur die Öffnung verschließen, damit die Füllung nicht herausläuft.

167 »utriculum« scheint hier »Eingeweide« zu heißen.

168 Der Text ist an dieser Stelle schlecht überliefert. Wahrscheinlich hieß der ursprüngliche Titel »Porcellum assum tractomelinum« (»gegrilltes Spanferkel mit Honigteig«). Da die Herstellung detailliert beschrieben ist, ist der Sinn klar.

169 Vgl. Anm. 166.

170 Vgl. Anm. 87.

171 Über diesen Flaccus ist nichts bekannt.

172 Dieses Rezept fehlt in unserem Kochbuch.

173 Diese Stelle ist wohl so zu verstehen, dass man das Spanferkel zum Backen vorher in Lorbeerzweige betten soll.

174 Diese Stelle ist nicht klar, vor allem, da es vorher ausgebeint werden soll.

175 Vgl. Anm. 116.

176 Ein Celsinus ist nur aus dem »Testamentum porcelli« bekannt (vgl. Hier. 1,17).

177 Dieses Gericht ähnelt einem Gericht, das im *Satyricon* von Petronius, in der sog. *cena Trimalchionis*, beschrieben wird (Petron. 50).

178 Von der Stellung im Rezept her sollte es sich um eine Flüssigkeit

handeln, vgl. 7,14,3; 9,14; 10,1,1 und Exc. 31; dass »careota« allerdings Dattelwein oder Dattelsirup bedeuten kann, ist außer bei Apicius meines Wissens nicht belegt; Dattelwein war im Altertum jedoch beliebt; vgl. Plin. nat. hist. 14,102. Apicius hat außerdem in 2,2,8 ein »defritum« aus Feigen verwendet.

179 Traianus, röm. Kaiser 98–117 n. Chr., ist mehr als Trinker bekannt (vgl. Ps. Aur. Vict. epit. 13,4).

180 Im Original: »accoquere«. Es taucht bei Apicius nur hier auf und ist nicht ganz sicher.

181 Ganze Pfefferkörner heißen bei Apicius normalerweise »piperis grana integra«. Es könnte daher sein, dass eine besondere Sorte, etwa getrockneter schwarzer Pfeffer, gemeint ist.

182 Über einen möglichen Namensgeber Passenius ist nichts bekannt. Möglicherweise war das Gericht eigentlich einem Passienus gewidmet, z. B. Passienus Crispus, dem Stiefvater Neros. Das Besondere an diesem Gericht ist, dass der Hase geräuchert werden soll.

183 Zu Tarpeius vgl. Anm. 159 zu 8,6,9.

184 »cepae rotundum« bezeichnet wahrscheinlich Zwiebelringe oder -scheiben.

IX. Buch: Das Meer

185 Der Text ist hier schlecht überliefert. Das Original hat »cappari«. Kapern sind hier aber sicher nicht sinnvoll.

186 Dieses Rezept ist an einigen Stellen nicht klar verständlich.

187 Diese Stelle ist unsicher. E und V haben »folium noci uuam prius …«. Vollmer hat vermutet, dass »follem nocivum«, also der ungenießbare Eingeweidesack, gemeint sein könnte.

188 »ab aeno«. Das Original hat hier »ab alieno«. Es handelt sich sicherlich um einen Schreibfehler.

189 E und V geben hier Verschiedenes an.

190 Der Text ist hier nicht ganz klar. In den Handschriften findet sich »pulpeium«. Es könnte also auch »pulpa eius« (»sein Fleisch«) gemeint sein.

191 Wahrscheinlich sollen die Seeigel vorher gekocht werden.

192 Der Begriff »salsare« kommt in unserem Kochbuch nur hier vor.

Es ist wahrscheinlich an eine Schüssel oder einen tiefen Teller gedacht worden, der vielleicht die Form eines Fisches hatte; vgl. 9,13,1: »in formella piscem formabis« (»forme in einer Backform einen Fisch«).

X. Buch: Die Fischerei

193 Von der Stellung im Rezept her müsste es sich hier wie auch an anderen Stellen um eine Flüssigkeit handeln, vgl. 7,14,3; 8,7,15; 9,14 und Exc. 31; vgl. Anm. 178.

194 Das Original hat hier nur »semen«, wahrscheinlich ist Koriandersamen gemeint; vgl. 10,1,4.

195 V hat hier »mus«, während sich in E »mittis« findet. Es könnte »mulsum« oder »mustum« (»Most«) gemeint sein.

196 »enucleatam«: In E und V findet sich hier und auch an zwei anderen Stellen im X. Buch »et nucleatam«, das mit Sicherheit als Schreibfehler anzusehen ist; vgl. 4,1,2; 6,5,1 und 10,1,7.

197 Diese Art ist nicht eindeutig identifiziert; wahrscheinlich handelt es sich um Barsch (*Perca*).

198 Der Titel »in murenam« ist in E und V nur im Inhaltsverzeichnis am Anfang des Buches erhalten.

199 In der Handschrift E war das Rezept 10,3,3 ursprünglich hinter 10,3,4.

200 Wahrscheinlich handelt es sich um eine Gewürzmischung ähnlich der in 1,35 beschriebenen.

Auszüge aus Apicius vom Edelmann Vinidarius

201 »addena« ist ein unbekanntes Gewürz.

202 Möglicherweise ist mit »cepa gentima« die Enzianwurzel gemeint, die auch als Heilkraut verwendet wird.

203 Mit »citri« sind vielleicht getrocknete Zitronatzitronenblätter gemeint. Vgl. »folia citri viridia« (1,4,2).

204 Welche Hülsenfrüchte mit »ospera« gemeint sind, ist nicht ganz klar. Wahrscheinlich handelt es sich wie im V. Buch um Linsen, Erbsen, Bohnen, grüne Bohnen und Kichererbsen.

205 Der Begriff »apiperium« taucht sonst bei Apicius nicht auf. Vielleicht ist etwas Ähnliches gemeint wie »piperatum« (»Pfeffersauce«); vgl. 2,2,8.

206 Vgl. Anm. 21.

207 Dieses Rezept wurde fälschlicherweise mit einem eigenen Titel aufgeführt, obwohl es noch zu dem vorhergehenden gehört.

208 Zum Eindicken soll hier statt »amulum« (aus Weizen hergestellte Speisestärke) wahrscheinlich Reismehl verwendet werden. Diese Methode findet sich in mittelalterlichen Kochbüchern häufig.

209 »inotogonon« bzw. »oenoteganon« bedeutet wahrscheinlich »mit Weinbratensauce«. In diesem Rezept fehlt der Wein allerdings; vgl. dazu 8,7,11 und Exc. 13.

210 Vgl. Anm. 209. Hier ist der Wein vorhanden.

211 Im *Brevis cyborum*, der kurzen Liste der Speisen sind Langusten und Riesengarnelen angegeben. Im Rezepttitel fehlen die Riesengarnelen jedoch.

212 Das Original hat hier Anis, das als Alternative zu Liebstöckel auch bei Plinius (nat. hist. 20,187) belegt ist: »hoc ligustici vicem praestat in condimentis« (»das kann Liebstöckel bei den Gewürzen ersetzen«). Trotzdem erscheint dies wegen des sehr verschiedenen Aromas etwas merkwürdig. Daher hat Schuch vermutet, dass es »anetum« (»Dill«) heißen muss.

213 Wegen der Stellung scheint es sich hier um Dattelwein oder Dattelsirup zu handeln; vgl. Anm. 19, 178 und 193.

Römische Hohlmaße und Gewichte

[**modius** – Scheffel = 8,75 l]
sextarius – Sextar = 0,547 l
hemina – Hemina = 0,274 l (= 1/2 sextarius)
quartarius – Quartar = 0,137 l (= 1/4 sextarius)
acetabulum – Saucière = 0,07 l (= 1/8 sextarius)
cyathus – Gläschen = 0,046 l (= 1/12 sextarius)
bilibris – Doppelpfund = 654,9 g
libra/pondo – Pfund = 327,45 g
selibra – halbes Pfund = 163,7 g
uncia – Unze = 27,28 g (= 1/12 libra)
semuncia – halbe Unze = 13,64 g (= 1/24 libra)
dragma – Drachme = 3,41 g (= 1/8 uncia = 1/96 libra)
scripulus – Skrupel = 1,14 g (= 1/3 dragma = 1/288 libra)

(Angaben nach: *Diokletians Preisedikt*, hrsg. von Siegfried Lauffer, Berlin 1971)

Herstellung bzw. Ersatz einiger typischer römischer Zutaten

caroenum – auf die Hälfte eingekochter Traubensaft
cuminum – Kumin (Kreuzkümmel)
defrutum – auf ein Sechstel eingekochter Traubensaft
garum = liquamen
laser = ursprünglich eingedickter Saft von *silphium*, *Ferula Asafoetida* (Asant)
liquamen – »Colatura di Alici di Cetara« oder vietnamesisches »Nuoc-Mam« oder aber Salz mit ein wenig Wein
mulsum – 200 g Honig mit 800 ml Weißwein
passum – »Vinsanto Toscano« oder »Passito di Pantelleria«
sapa – auf ein Drittel eingekochter Traubensaft
silphium – *Ferula Asafoetida* (Asant)

Mengenangaben zu einigen Rezepten des Apicius

Die von mir in diesem Teil angegebenen Mengen für einige einfachere Gerichte aus dem apicianischen Kochbuch sollen eine kleine Anregung sein, diese Rezepte am eigenen Herd auszuprobieren und sich so ein eigenes Urteil über die Kochkünste im alten Rom zu bilden.

Die Mengenangaben wurden folgendem Buch entnommen:
R. Maier, *Rezepte aus dem alten Rom. Zum Nachkochen!* Stuttgart 2023.

Leberknödel in Wursthaut (»Isicia omentata«: Apic. 2,1,7)

Zutaten für 4 Portionen:
750 g gemischtes Hackfleisch
100 ml Weißwein (z. B. Vin Santo)
1 Weizenbrötchen oder 3 Scheiben Weißbrot, jeweils ohne Kruste
½ TL gemahlener Pfeffer
2 EL Colatura di Alici oder 1 TL Salz
2–3 entkernte Myrtenbeeren
100 g Pinienkerne
1 EL grüner Pfeffer (ganze Körner)
Wursthaut (Fettnetz vom Schwein oder Schweinedarm)
Zum Schmoren:
200 ml Caroenum

Zubereitung:
Die Kruste des Brötchens bzw. der Weißbrotscheiben entfernen und die Krume in Weißwein einweichen. Hackfleisch,

eingeweichtes Brot und die Gewürze mischen, Pfefferkörner und Pinienkerne hineingeben. Die Mischung mit Fettnetz umwickeln bzw. in die Wursthaut stopfen und kleine Wurstkugeln von etwa der Größe einer Walnuss formen und mit Caroenum in einer Pfanne so lange schmoren (ca. 10 Min. auf mittlerer Flamme), bis die Flüssigkeit zäh wird.

Melonensalat (»Pepones et melones«: Apic. 3,7)

Zutaten für 4 Portionen:

½ Wassermelone und ½ Honigmelone, beide geschält, entkernt und gewürfelt
250 ml Passum
2 EL Balsamico-Essig
½ TL gemahlener Pfeffer
10 Blätter frische Minze, feingehackt (im Original Poleiminze)
1 TL Colatura di Alici (oder eine Prise Salz)
oder
1 kleine Wassermelone
2 EL Balsamico-Essig
2 EL Honig (oder Defrutum)
1 TL Colatura di Alici oder eine Prise Salz
10 Blätter frische Minze, gehackt (im Original Poleiminze)
½ TL gemahlener Pfeffer

Zubereitung:

Das Fruchtfleisch der Melone(n) entkernen und würfeln, mit den übrigen Zutaten mischen und mindestens 2 Stunden im Kühlschrank ziehen lassen.

Fischpfanne (»Patina de pisciculis«: Apic. 4,2,30)

Zutaten fur 4 Portionen:
750 g Filet von kleinen Fischen oder ganze Fischchen (z. B. Sardellen)
150 g Rosinen
½ TL gemahlenen Pfeffer
1 EL Liebstöckel
1 EL Oregano
2 kleine gewürfelte Zwiebeln
200 ml Weißwein
5 EL Colatura di Alici oder ½ TL Salz
2 EL Olivenöl
1 EL Speisestärke

Zubereitung:
Die Fische in Salzwasser garkochen. In der Zwischenzeit alle Zutaten außer den Fischen und der Speisestärke in eine Pfanne geben, kurz aufkochen und 10 Min. auf kleiner Flamme ziehen lassen. Die Fische, sobald sie gar sind, zu der Sauce in die Pfanne geben, noch etwa 5 Min. ziehen lassen, die Sauce mit Speisestärke binden und servieren.

Birnensoufflé (»Patina de piris«: Apic. 4,2,35)

Zutaten für 4 Portionen:
2–3 Birnen (ca. 500–600 g)
4 Eier
2 EL Honig
5 EL Vino passito
1 EL Olivenöl
2 TL Colatura di Alici (oder ¼ TL Salz)
¼ TL gemahlener Pfeffer

¼ TL gemahlener Kumin (Kreuzkümmel)
etwas Pfeffer zum Bestreuen

Zubereitung:
Die ganzen Birnen ca. 15 Min. in Wasser kochen, dann schälen, das Kerngehäuse entfernen, das Fruchtfleisch zerstampfen und mit den Eiern sowie den übrigen Zutaten verquirlen. Die Masse in eine ofenfeste Glasschüssel oder Kasserolle geben und bei 180°C im Backofen ca. 30 Min. lang backen. Nach dem Herausnehmen mit Pfeffer bestreuen und servieren.

Alternativ kann dieses Gericht auch in der Pfanne auf sehr kleiner Flamme als eine Art Birnencreme zubereitet werden, wie man es im mittelalterlichen *Liber de Coquina* (4,6) findet. Dabei muss man unbedingt darauf achten, dass es nicht anbrennt.

Fischfrikassee (»Minutal marinum«: Apic. 4,3,1)

Zutaten für 4 Portionen:
800 g kleine Fische wie Sardinen, Sardellen oder Sprotten oder festes Fischfilet (z. B. Goldbrasse oder Seelachs)
250 ml Weißwein (lieblich, z. B. eine Spätlese)
100 ml Olivenöl
2 EL Colatura di Alici oder 1 TL Salz
250 ml Fischfond
3–4 Lauchzwiebeln (Frühlingszwiebeln)
einige Blätter frischer Koriander
1 TL Pfeffer
1 EL Liebstöckel
1 EL Oregano
etwas mit Wasser angerührtes Mehl zum Eindicken

Zubereitung:

Die Fische vorbereiten (entgräten und schuppen), dann mit Wein, Öl, Colatura di Alici und Fischfond in einen Topf geben und kurz aufkochen lassen. Danach bei schwacher Hitze ca. 15 Min. weiterkochen. Die Fische bzw. Filets herausnehmen, in mundgerechte Stücke zerteilen, die Lauchzwiebeln putzen und kleinschneiden, den Koriander hacken, die übrigen Gewürze hinzufügen und alles zusammen weitere ca. 10–15 Min. lang auf kleiner Flamme weiterkochen lassen. Zum Abschluss den Fond mit Mehl binden.

Vorspeise aus Aprikosen (»Gustum de praecoquis«: Apic. 4,5,4)

Zutaten für 4 Portionen:

1 kg Aprikosen oder Nektarinen
200 ml Weißwein
250 ml Passum
1 EL getrocknete Minze
½ TL gemahlener Pfeffer
1 TL Colatura di Alici oder eine Prise Salz
1 EL Essig
1 EL Honig (oder Defrutum)
1 EL Olivenöl
1 EL Speisestärke

Zubereitung:

Die Aprikosen halbieren, entsteinen und in kaltes Wasser geben. Wein, Passum, Minze, Pfeffer, Colatura di Alici, Essig und Honig zu einer Sauce anrühren. Die Aprikosenhälften mit der glatten Seite nach unten in eine ausreichend große Pfanne legen, mit der Sauce übergießen, das Olivenöl darüberträufeln, kurz aufkochen und auf kleiner Flamme köcheln lassen. Etwas

Sauce mit der Speisestärke anrühren und damit die Sauce binden, vom Feuer nehmen, mit etwas gemahlenem Pfeffer bestreuen und servieren.

Grüne Dicke Bohnen (Puffbohnen) bzw. Bajanische Bohnen (»Fabaciae virides et Baianae«: Apic. 5,6,1)

Zutaten für 4 Portionen (als Beilage):
500 g frische Dicke Bohnen
1 kleine Lauchstange
einige frische Korianderblätter
1 TL Kumin (Kreuzkümmel)
1 EL Colatura di Alici (oder ½ TL Salz)
2 EL Olivenöl

Zubereitung:
Den Lauch putzen und kleinschneiden, die Korianderblätter hacken. Die Bohnen mit Lauch, Koriander und den übrigen Zutaten in einen Topf geben, mit Wasser auffüllen, sodass die Bohnen knapp bedeckt sind. Kurz aufkochen lassen, dann bei geschlossenem Deckel ca. 20 Min. auf kleiner Flamme weiterköcheln lassen. Das Wasser abgießen und servieren.

Hähnchen à la Fronto (»Pullum Frontonianum«: Apic. 6,9,13)

Zutaten für 4 Portionen:
1 großes frisches Hähnchen (ca. 1,2–1,5 kg)
100 ml Olivenöl
5 EL Colatura di Alici
1 Lauchstange
frischer Dill, Bohnenkraut und Koriander nach Belieben
ca. 100 ml Defrutum
ca. ½ TL gemahlener Pfeffer zum Bestreuen

Zubereitung:
Das Hähnchen von allen Seiten anbraten, in eine Ton- oder Glaskasserolle geben, mit Öl und Colatura di Alici übergießen, den Lauch und die Gewürzkräuter hineingeben. Mit geschlossenem Deckel bei 220°C ca. 60 Min. lang backen. Herausnehmen, auf eine Platte legen, mit Defrutum bepinseln, mit Pfeffer bestreuen und servieren.

Hähnchen mit flüssiger Füllung (»Pullus fusilis«: Apic. 6,9,15)

Zutaten für 4 Portionen:
1 großes Hähnchen (ca. 1,2–1,5 kg)
300 g Hackfleisch (gemischt)
1 Lammhirn (alternativ 100 g Kalbs- oder Lammbries oder auch eine Weißwurst)
100 g Dinkel- oder Weizengrieß
2 Eier
200 ml Weißwein
1 EL Olivenöl
1 EL Liebstöckel
1/4 TL gemahlener Ingwer
1/4 TL gemahlener Pfeffer
1 TL grüne Pfefferkörner
50 g Pinienkerne
1 EL Colatura di Alici oder 1/2 TL Salz

Zubereitung:
Das Hähnchen vom Hals her entbeinen (Anleitungen gibt es im Internet, man kann es aber auch den Metzger machen lassen). Das Lammhirn (oder die entsprechende Alternative) in Brühe kochen. Die Füllung in einer Schüssel vorbereiten, indem man Hackfleisch mit dem Grieß und den restlichen Zuta-

ten mischt und gut verrührt, sodass eine glatte Masse entsteht. Das entbeinte Hähnchen damit füllen und die Öffnungen zunähen. Beim Füllen etwas Platz lassen, damit das Hähnchen beim Backen nicht platzt. Im Backofen bei 220°C ca. 75 Min. lang in einer geschlossenen Tonkasserolle (z. B. in einem Römertopf) backen, herausnehmen und servieren.

Gefüllte Datteln (»Dulcia domestica«: Apic. 7,13,1)

Zutaten für 4 Portionen:
8 Datteln (frisch oder getrocknet, aber sonst unbehandelt)
4 Walnüsse oder 20 g Pinienkerne
1–2 EL Honig (oder Defrutum)

Zubereitung:
Die Datteln der Länge nach aufschneiden, sodass die beiden Hälften zusammenbleiben, entkernen und mit Walnüssen, Pinienkernen oder Mandeln füllen. Den Honig in einer kleinen Pfanne auf mittlerer Flamme erhitzen, bis er beginnt, Blasen zu bilden. Die gefüllten Datteln in die Pfanne geben, häufig wenden und dabei aufpassen, dass die Füllung in den Datteln bleibt. Sobald der Honig beginnt, zu karamellisieren und sich bräunlich zu verfärben, die Pfanne vom Herd entfernen. Die Datteln herausnehmen, solange sie noch heiß sind, auf einem Tellerchen anordnen und servieren, sobald sie abgekühlt sind.

Süßes auf andere Art (»Aliter dulcia«: Apic. 7,13,6)

Zutaten für 4 Portionen:
200 g Weizenmehl (Typ 405)
200 ml Milch
200–400 ml Öl zum Frittieren
2–3 EL Honig
ein wenig gemahlener Pfeffer

Zubereitung:
Die Milch kurz aufkochen lassen, das Mehl langsam hineinrühren, bis die Masse fest wird und sich vom Topf löst. Vom Feuer nehmen, das übriggebliebene Mehl hineinkneten und einen Teig herstellen, der so fest wie Nudelteig und nicht mehr klebrig sein sollte. Den Teig möglichst dünn ausrollen, in quadratische oder rechteckige Stücke schneiden (ca. 5 × 5 cm). Das Öl in einer tiefen Pfanne erhitzen. Wenn das Öl heiß genug ist (ein kleines Stückchen Teig sollte darin innerhalb von einigen Sekunden goldgelb backen), die Teigstücke hineingeben und mehrmals wenden, bis sie auf beiden Seiten goldgelb sind. Beim Frittieren sollten sich die Teigstücke aufblähen. Sobald sie fertig gebacken sind, herausnehmen, das Öl gut abtropfen lassen und auf eine Platte legen. Vor dem Servieren mit Honig beträufeln und ein wenig gemahlenen Pfeffer darüberstreuen.

Eierpudding (»Tiropatinam«: Apic. 7,13,7)

Zutaten für 4 Portionen:
350 ml Milch
4 Eier
4 EL Honig
eine Prise gemahlener Pfeffer

Zubereitung:
Milch mit Eiern und Honig verquirlen, die Mischung in eine feuerfeste Glasschüssel geben (im originalen Rezept in eine Tonkasserolle) und im vorgeheizten Backofen bei 180°C ca. 30 Min. lang backen. Wenn es fertig ist, auf Tellerchen verteilen, ein wenig gemahlenen Pfeffer darüberstreuen und servieren.

Omelett (»Ova sfongia ex lacte«: Apic. 7,13,8)

Zutaten für 4 Portionen:
275 ml Milch
4 Eier
4 EL Olivenöl
1 EL Honig (moderne Version: 1 EL Zucker)
etwas Olivenöl zum Einfetten der Pfanne
eine Prise gemahlener Pfeffer

Zubereitung:
Milch mit Eiern und Öl verquirlen. Etwas Öl in einer ausreichend großen Pfanne erhitzen, die Mischung in die Pfanne geben und auf kleiner Flamme backen. Sobald das Omelett auf einer Unterseite fertig gebacken und goldbraun ist, auf eine Platte stürzen, den Honig darüberträufeln, ein wenig gemahlenen Pfeffer darüberstreuen und servieren.

Weichgekochte Eier (»In ovis apalis«: Apic. 7,19,3)

Zutaten für 4 Portionen:
6 nicht zu hart gekochte Eier (ca. 4 Min.)
50 g Pinienkerne
2 EL Weißwein (z. B. trockener Marsala)
1 EL Honig
1 EL Essig
½ TL gemahlener Pfeffer
1 TL Liebstöckel
1 EL Colatura di Alici (oder ½ TL Salz)

Zubereitung:
Die Pinienkerne ca. 1 Std. in Weißwein einweichen. Die Eier so kochen, dass sie nicht zu hart werden (à la coque, also ca. 4 Min.). Die übrigen Zutaten mit den zuvor eingeweichten

und zerstampften Pinienkernen zusammenrühren und durch ein Sieb drücken. Die gekochten Eier schälen, halbieren, mit der Sauce übergießen und servieren.

Kalbsbraten (»Vitellina fricta«: Apic. 8,5,1)

Zutaten für 4 Portionen:
800 g – 1 kg Kalbsschnitzel, -steaks oder Kalbsbraten (z. B. Nuss)
2–3 EL Olivenöl
bei Kalbsbraten: ca. 100 ml Rotwein
Für die Sauce:
1 TL gemahlener Pfeffer
1 EL Liebstöckel (gerebelt)
1 TL gemahlener Selleriesamen
1 TL Kumin (Kreuzkümmel)
1 TL Oregano (gerebelt)
2 EL getrocknete Zwiebel
300 g Rosinen
1 EL Honig
2 EL Essig
200 ml Rotwein
2 EL Colatura di Alici oder 1 TL Salz
3 EL Olivenöl
100 ml Defrutum

Zubereitung:
Variante 1 mit Kalbsbraten: Den Kalbsbraten in einer Pfanne mit etwas Olivenöl von allen Seiten gut anbraten, sodass er saftig bleibt. Danach in einer geschlossenen Tonkasserolle in den vorgeheizten Ofen geben und bei 250 °C unter Zugabe von etwas Olivenöl und Rotwein je nach Menge 60 (1 kg) bis 180 Min. (3 kg) garen.

Variante 2 mit Kalbsschnitzeln oder -steaks: Die Kalbsschnitzel oder -steaks klopfen, dann mit etwas Olivenöl in der Pfanne von beiden Seiten gut anbraten und bei schwacher Hitze ca. 5–10 Min. auf dem Herd lassen und dabei gelegentlich wenden.

Beide Varianten: Die Sauce aus den übrigen Zutaten mischen und kurz aufkochen lassen, dann ca. 10 Min. bei mittlerer Hitze kochen. Dabei nehmen die Rosinen einen großen Teil der Flüssigkeit auf. Sobald das Fleisch fertig ist, aus dem Ofen bzw. vom Feuer nehmen, den Braten schneiden und in der Sauce noch etwa 10 Min. ziehen lassen, die Schnitzel oder Steaks mit der fertigen Sauce übergießen (die dafür etwas stärker eingekocht werden kann) und servieren.

Gekochtes Kalbfleisch (»In vitulinam elixam«: Apic. 8,5,3)

Zutaten für 4 Portionen:
800 g – 1 kg Kalbfleisch
Für die Sauce:
1 EL Liebstöckel
1 TL gemahlener Kümmel (Wiesenkümmel)
1 EL Selleriesamen
2 EL Honig
2 EL Essig
200 ml Olivenöl
2 EL Colatura di Alici (oder 1 TL Salz)
1 TL Speisestärke

Zubereitung:
Das Kalbfleisch ca. 90 Min. in ungesalzenem Wasser garkochen. Die Zutaten für die Sauce in einen Topf geben, gut verrühren und etwa 5 Min. lang vorsichtig erhitzen, dann mit etwas Speisestärke binden und zusammen mit dem Fleisch servieren.

Gedünstetes Zicklein oder Lamm auf andere Art (»Aliter haedinam sive agninam excaldatam«: Apic. 8,6,2)

Zutaten für 4 Portionen:

12 kleine Lammkoteletts oder Keule vom Zicklein (ca. 1,2 kg)

Für die Sauce:

1 große Zwiebel
einige Blätter frischer Koriander
1 TL Pfeffer
1 EL Liebstöckel
1 TL Kumin (Kreuzkümmel)
2 EL Colatura di Alici (oder 1 TL Salz)
3 EL Olivenöl
500 ml Weißwein (lieblich)
1 EL Speisestärke

Zubereitung:

Die Lammkoteletts bzw. das Fleisch vom Zicklein mit Wasser abspülen und in einen großen Topf legen. Die Zwiebel würfeln, den Koriander kleinhacken und mit Gewürzen, Öl und Wein zu den Koteletts geben und aufkochen lassen. Bei schwacher Flamme im zugedeckten Topf ca. 45 Min. kochen lassen. Den Fond mit der Speisestärke binden und servieren.

Miesmuscheln (»In mitulis«: Apic. 9,9)

Zutaten für 4 Portionen:

1 kg frische Miesmuscheln (die Miesmuscheln werden gewässert, geputzt und im fertigen Sud gekocht)

Für den Sud:

5 EL Colatura di Alici
1 kleingeschnittene Lauchstange
1 EL Kumin (Kreuzkümmel)

200 ml Passum
1 EL gehacktes Bohnenkraut
500 ml Weißwein
ca. 500 ml Wasser

Zubereitung:
Die Zutaten (außer den Miesmuscheln) in einem Topf mischen und aufkochen lassen. Den Sud ca. 10 Min. lang kochen lassen, die vorbereiteten Miesmuscheln dazugeben, weitere 10 Min. auf kleiner Flamme kochen lassen und servieren.

Bonito (»Sarda ita fit«: Apic. 9,10,2)

Zutaten für 4 Portionen:
500 g Thunfischfilet
½ TL gemahlener Pfeffer
je ½ EL Liebstöckel, Thymian, Oregano und Raute
150 g entkernte Datteln
1 EL Honig
4 geviertelte hartgekochte Eier
5 EL Weißwein
2 EL Weinessig
5 EL Defrutum
2–3 EL grünes Olivenöl

Zubereitung:
Das Thunfischfilet in Salzwasser garkochen. Die Datteln entkernen, kleinschneiden, mit den Gewürzen mischen, Honig, Weißwein, Essig, Defrutum hinzufügen und verrühren. Das Thunfischfilet kleinschneiden und in eine Schüssel geben, die Sauce darübergießen und mit den geviertelten Eiern garnieren. Zum Schluss mit dem Olivenöl beträufeln und servieren.

Langusten ⟨und Riesengarnelen⟩
(»Locustam ⟨et scillas⟩«: Apic. exc. 17)

Zutaten für 4 Portionen:

500 g kochfertig vorbereitete Langustenschwänze oder Riesengarnelen
1 EL grüner Pfeffer (ganze Körner)
1 EL gerebelten Liebstöckel
1 TL gemahlenen Selleriesamen
2–3 EL Essig
1 EL Colatura di Alici
4–5 hartgekochte Eidotter

Zubereitung:

Die Langustenschwänze oder Riesengarnelen in leicht gesalzenem Wasser garkochen. In der Zwischenzeit die übrigen Zutaten in einen Topf geben, gut verrühren, die Eidotter zerdrücken und das Ganze kurz aufkochen lassen, evtl. mit etwas Wasser verdünnen. Die Sauce einige Minuten ziehen lassen und die Langustenschwänze bzw. Riesengarnelen damit übergießen.

Mostbrötchen (»mustei« oder »mustacei«:
Cato, de agricultura 121)

»Mostbrötchen mache folgendermaßen: besprenge einen Scheffel (ca. 9 l) Weizenmehl mit Most; gib dazu Anis, Kümmel, 2 Pfund (ca. 655 g) Schmalz, 1 Pfund (ca 330 g) Käse, und reibe etwas von einem Lorbeerzweig ab, und, wenn du sie geformt hast, gib ein Lorbeerblatt darunter, wenn du sie backst.«

Zutaten für 4 Portionen:
250 g Weizenauszugsmehl (Typ 405)
10 g Hefe
150 ml Traubensaft
50 g milder Schafskäse (gewürfelt)
1 EL Aniskörner
1 TL gemahlener Kumin (Kreuzkümmel)
50 g weißes Schweineschmalz (oder Margarine)
10 ganze und möglichst frische Lorbeerblätter

Zubereitung:
Aus Mehl, Traubensaft und Hefe einen Hefeteig herstellen. Die übrigen Zutaten hinzugeben und verkneten. Den Teig mit allen Zutaten ca. 2 Std. gehen lassen. Ein Backblech mit Backpapier bedecken und ca. 10 Lorbeerblätter darauf anordnen. Aus dem Teig so viele Laibchen formen, wie man Lorbeerblätter auf dem Backblech angeordnet hat, die Laibchen auf die Lorbeerblätter legen und ca. 30 Min. bei 180°C im vorgeheizten Backofen backen.

Auch wenn Hefe in Catos Rezept nicht erwähnt wird, empfiehlt es sich, die Mostbrötchen mit Hefeteig zu machen, da sie sich auf diese Weise länger halten und nicht so hart werden. Den Hefeteig setzt man mit dem Mehl, dem Traubensaft und 1 Würfel (40 g) Hefe an und lässt ihn gehen, bevor man die restlichen Zutaten dazugibt.

Diese Mostbrötchen eignen sich hervorragend als Beilage für viele Gerichte aus unserem Kochbuch.

Glossar

Aballanum → »nux Avellana«.
abdomen – Bauchfleisch (**5**,3,2; **7**,4,2).
absinthium [apsinthium] – Absinth, Wermut {*Artemisia absinthium*} (**1**,3; **3**,15,3 »aqua absenti«).
accoquere [?] – angaren [?] (**8**,8,1).
accuratus – sorgfältig gereinigt, zubereitet (**1**,24,1; **Exc.** 24).
acetabulum – Saucière (**8**,7,12); als Maß = 0,07 l (**2**,2,5; **6**,9,3+6 [m.]; **7**,5,4; **8**,1,4; **8**,6,5+7; **Exc.** 6+16).
acetum – Essig, Weinessig (häufig).
acmidula → »amygdalum«.
[**acro**, -onis m.] **coloefius** – Schweinehüftknochen, die Speckschicht der Schweinehüfte [?], eine Art Suppenfleisch, vgl. Veget. mul. 6,1,2: »acrocolefium« (**4**,4,1; **5**,5,1 [3×]).
acus – Nadel (**7**,7,1).
addena – ? [ein nicht identifiziertes Gewürz] (**Exc.** brev. pim.).
adeps – Fett, Schmalz (**2**,2,1 [pl.]).
admiscere – dazumischen (häufig).
admittere – daraufgeben (**5**,3,2).
adordinare – anrichten (**4**,2,17).
adornare – garnieren (**5**,4,5).
adpendere – wägen (**8**,7,16).
adponere – servieren (**6**,2,3; **8**,8,10; **9**,8,4).
adulter – unecht (**5**,3,8).
aeneum vas – bronzenes Gefäß (**1**,1).
aestimare – abschätzen (**7**,13,7).
afer [musteus] – afrikanisch[es Mostbrötchen] (**7**,13,2).
agitare – rühren, schütteln, umrühren (häufig).
agnina – Lammfleisch (**8**,6,2).
agninus – Lamm- (**7**,12,1; **8**,6,1).
agnus – Lamm (**8**,6; **8**,6,4–10; **Exc.** 27).
ahenum – Kessel (**2**,2,7; **9**,4,3).
albamen porri – die weißen Enden vom Lauch (**2**,5,3; **3**,2,5; **4**,3,2 »albamen de porris«).
albamentum ovi – [gekochtes] Eiweiß (**5**,3,4; **6**,9,12).

albor ovi – Eiweiß (**1**,6).
album ovi liquidum – flüssiges Eiweiß (**8**,1,5).
Alexandrinus – alexandrinisch [wohl mit Pflaumen, Datteln oder ähnlichen süßen Früchten].
ius Alexandrinum – alexandrinische Sauce für Fisch mit Damaszenerpflaumen bzw. Rosinen (**10**,1,6–8).
more Alexandrino – nach alexandrinischer Art [Kürbisse mit Datteln] (**3**,4,3).
panis Alexandrinus – alexandrinisches Brot (**4**,1,3).
alica – Dinkel, Dinkelgrütze (**2**,5,3; **5**,1,1+4; **5**,5; **5**,5,1; **6**,1,1).
alica cocta – gekochte Dinkelgrütze (**2**,5,2; **5**,1,2; **8**,7,1).
alica elixa – gekochte Dinkelgrütze (**2**,2,10; **3**,9,6; **6**,9,15).
alica elixata – gekochte Dinkelgrütze (**2**,1,6; **3**,20,7; **7**,13,4).
aliquantum – nicht zu wenig, genügend (**1**,5; **3**,2,5; **Exc.** 2+3+26).
alium – Knoblauch {*Allium sativum*} (**4**,1,3; **9**,13,3 »aleum«; **Exc.** brev. pim.).
allec – eine Art Fischtunke [der ungefilterte Bodensatz von »garum«], vgl. Plin. nat. hist. 9,66 (**7**,2,2; **7**,6,14 »allex«; **9**,10,1).
allecatus – mit Allecsauce (**7**,6,14).
allex, -cis m. → »allec«.
alligare – zusammenbinden, anbinden (**3**,2,3; **4**,2,11; **5**,4,6; **6**,6,1; **8**,7,1).
alternis – abwechselnd, schichtweise (**4**,2,14; **5**,3,2; **5**,4,6).
alternis componere – abwechselnd/schichtweise anordnen (**1**,25; **4**,2,13; **5**,4,6).
altior – besser (**6**,5,6).
amaritudo – Bitterkeit (**1**,3).
amigdala → »amygdalum«.
amindalum → »amygdalum«.
ammeus – Bischofskraut, Ammei {*Ammi maius*} (**1**,27).
amputare – abschneiden (**3**,15,3).
amulare – eindicken (**7**,5,3; **7**,6,8; **8**,8,4; **Exc.** 7).
amulatum – dicke [eingedickte] Sauce (**2**,2,8+9; **3**,20,3).
amulatus – mit Speisestärke (**2**,2,7).
amulum [auch: **amolum**] – Speisestärke, zur Herstellung vgl. Cato de agricult. 87 (häufig).
amulum oryzae – Reisstärke (**Exc.** 9 »amulum orizie«).

amygdalum – Mandel {*Prunus amygdalus*} (**2**,2,10 »amindalum«; **6**,5,2; **6**,5,3 »amigdala«; **7**,6,10+11; **8**,1,4+8; **8**,2,6; **8**,8,3; **Exc.** brev. pim. »acmidula«).

amygdalum tostum – geröstete Mandel (**6**,5,2+3; **7**,6,10+11; **8**,1,4).

anas, -atis f. – Ente (**6**,2; **6**,2,1–6).

anesum – Anis {*Pimpinella anisum*} (**7**,7,1; **Exc.** brev. pim.; **Exc.** 26 erratum pro »anetum«).

anethatus – mit Dillsauce (**6**,9,1b »anetatus«; **7**,6,13 »anetatus«; **Exc.** 14).

anethum – Dill {*Anethum graveolens*} (häufig).

anguilla – Aal (**10**,4,1+2; **Exc.** 16).

angularis – viereckige, recht große Auflaufform (**5**,3,2; **7**,4,1).

anser – Gans (**6**,5,5; **6**,8).

apabaptizare – benetzen (**4**,2,11?).

apalus – weich, weichgekocht [von Eiern] (**7**,19,3).

apantomenos – leicht verdaulich (**Exc.** 29).

aper – Wildschwein (**8**,1; **8**,1,1–9; **8**,7,7+8).

aperire – aufschneiden, öffnen (**6**,9,2+5+16; **7**,7,1; **7**,8,1; **9**,1,2; **9**,4,1; **Exc.** 30).

a navi aperire – vom Bürzel her aufschneiden (**6**,9,2+5).

Apicianus – à la Apicius (**4**,1,2; **4**,2,14; **4**,3,3; **5**,4,2; **6**,8; **7**,4,2; **8**,7,6).

apii semen – Selleriesamen (häufig).

apiperium – Pfeffersauce [?] (**Exc.** brev. pim.).

apium – Sellerie, Sellerieknolle {*Apium graveolens*} (häufig; meist »apii semen«; m.: **4**,2,13; **4**,5,1).

apium viride – Sellerieblätter (**2**,2,5; **7**,6,14 [m.]).

apotermum – Apothermum, Rezept in **2**,2,10 (**2**,2; **2**,2,10).

apponere – servieren (**2**,1,5; **2**,5,3; **3**,2,5; **4**,1,1; **5**,1,2; **7**,1,1+3–5; **7**,7,1).

aprogeneo ⟨= aprogineo⟩ **more** – nach Art von Schwarzwild (**7**,4,3).

aprum intro foras – das Wildschwein von innen und außen (**8**,1,9 vgl. **8**,2,1).

aprunus – Wildschwein-, vom Wildschwein (**8**,1,1; **8**,1,10).

aptare – aufeinanderlegen, anfügen; zurechtmachen (**5**,3,2; **8**,7,16).

apua – Sardelle, Anchovis {*Salmo eperlanus*} (**4**,2,11+12+20).

aqua – Wasser (häufig).

aqua absenti – Wermutwasser = »aqua absinthi« (**3**,15,3).

aqua cisternina – Zisternen-, Regenwasser (**2**,2,2).
aqua marina – Meerwasser (**8**,1,2+10).
⟨aqua⟩ mulsa – Honigwasser, eine Art Met, vgl. Plin. nat. hist. 22,110 (**4**,2,23; **7**,6,8; **7**,12,1 »aqua mulsa«).
aqua nitrata – Sodawasser (**3**,15,1–3; **4**,2,19).
aqua pluvialis – Regenwasser (**1**,17).
aqua recens – frisches Wasser (**4**,1,1).
aqualiculus – Schweinsmagen (**7**,7,1).
aquatus – wässrig (**9**,9 »aquatius«).
arescere – austrocknen (**3**,15,3; **7**,13,2).
aridus – getrocknet, trocken (häufig).
articulus pernae – Hüftgelenk [?] (**8**,1,10).
arvilla [?] – Speckschicht [vgl. »arvina«] (**7**,10).
asari, -eos n. – Haselwurz {*Asarum Europaeum*} (**7**,5,4; **8**,6,5).
asparagus – Spargel {*Asparagus officinalis*} (**3**,3; **4**,2,5+6).
aspargere – bestreuen [mit], besprengen [mit], darüberstreuen, darüberträufeln (**2–8**; **Exc.** häufig; »aspergere« **1**, **4–9** häufig).
aspergere → »aspargere«.
assa – Grillbraten (**7**,5,1).
assare – grillen (**2**, **3**, **5–10**, **Exc.** häufig).
assatura – Grillbraten oder Grillgewürz (**7**,5; **7**,5,1–5).
assus – gegrillt (**3**, **4**, **6–10**, **Exc.** häufig), geröstet (**6**,1,1 »cuminum assum«).
astacus – eine Hummerart (**2**,1,1).
astula – Klümpchen (**2**,1,5).
atramentum – Tinte [vom Tintenfisch] (**5**,3,3).
attagena – Haselhuhn {*Tetrastes bonasia L.*} (**6**,3; **6**,3,3).
atterere – zerstampfen, zerreiben (**7**,5,5).
attorrere – anrösten (**4**,2,16).
aucella – kleiner Vogel, Wachtel [?] (**4**,5,1+2; **5**,3,2+8; **8**,7,1).
augmentum – Darm [Mastdarm?] (**3**,20,7; **7**,3,2).
aurata – Goldbrasse {*Sparus aurata L.*} (**4**,2,31; **10**,3,8+9 »piscis aurata«).
aviarii rustro [= rostro] – mit einem Trichter wie zum Gänsestopfen? (**8**,7,1).
avis f. – Vogel, Geflügel (**6**,5,3+6+7; **6**,6,2; **6**,7).

baca – Beere (**3**,10,3).

baca lauri – Lorbeerfrucht (**2**,4; 7,3,2; 7,4,1; 7,5,2; **8**,1,10; **8**,6,11; **8**,7,9; **Exc.** brev. pim.; **Exc.** 1,2; **Exc.** 7+9+21+26+28+29).

baca lentisci – Frucht von »Pistacia lentiscus« (**3**,16).

baca myrtae – Myrtenbeere (**1**,24,1; **2**,1,7 »baca mirtea«; **6**,3,1; 7,5,3; 7,6,7; 7,6,12 »bacam mirtae«; **8**,1,3; **10**,3,8; **Exc.** brev. pim. »baca murre«).

baca rutae – Weinrautenfrucht (**4**,2,17+18; **10**,3,8; **10**,4,2; **Exc.** brev. pim.).

Baiana – bajanische Saubohne {*Vicia faba*?} (**5**,6; **5**,6,4).

Baianus – bajanisch [aus der Gegend von Baiae bei Neapel] [»embractum«] (**9**,14).

battuere – klopfen [Schollen oder Seezungen] (**4**,2,28).

beta – rote Bete, Rübe {*Beta vulgaris*} (**3**,2,1; **3**,11,1+2; **4**,2,13; **4**,4,2; **5**,5,2 [corr. ex **4**,4,2]; **8**,7,14; **Exc.** 2).

beta alba – weiße Rübe {*Beta cicla*} (**4**,5,1).

betacii – rote Rüben {*Beta vulgaris*} (**3**,2,3+4).

bibere – sich vollsaugen, aufsaugen (7,13,2 [2x]); trinken (**1**,2; **1**,4,1).

bilibris f. – zwei Pfund = 654,9 g (7,10).

boletar(e) n. – Servierschüssel (**2**,1,5; **2**,2,10; **5**,2,1+2; **5**,3,4; **6**,2,5; **8**,7,13).

boleti fungi – Lamellenpilze [?] (7,15,4).

boletus – Champignon (7,15; 7,15,4–6).

botellus – Wurst, Würstchen (**2**,3; **2**,3,2).

bubula – Rindfleisch (**1**,9; **8**,5; **8**,5,2).

bubulus – vom Rind (**4**,1,1+3 »caseus bubulus«; **8**,7,1 »vesica bubula«).

buccella – Brocken, Brotkrümel (7,6,4; 7,9,2; 7,10; 7,13,3; **8**,6,1 »bocella«).

buccellae fractae – zerbröckelte Stückchen (7,10).

bulbi fabriles – gedörrte Gemüsezwiebeln [?], vgl. Plin. nat. hist. 14,46 (**8**,7,14).

bulbus – Zwiebel, eine Art Blumenzwiebel, große Gemüsezwiebel {*Muscari comosum*} (**4**,5,1+2; 7,14; 7,14,1–4; **8**,7,14).

bulbus inversus – unzerschnittene Zwiebel (**4**,5,1).

bulliens – kochend (7,7,1; **8**,6,6 [4x]; **9**,4,2).

bullire – aufkochen, aufwallen, brodeln (häufig).

caccabina – Eintopf (**Exc.** 1,1+2; **Exc.** 2).
caccabulus – kleiner Topf (**4**,1,1+2; **6**,9,14; **8**,8,4; **Exc.** 8+24).
caccabus – Topf, Kochtopf (häufig).
 caccabus novus – neuer [Ton-]Topf (**5**,1,3; **5**,2,2; **6**,9,14).
calcare – stampfen (**2**,3,1).
calefacere – erhitzen, heiß machen (häufig).
calere – garen (**2**,2,2).
caliculus – Hut [eines Pilzes] (**7**,15,5).
calida – heißes Wasser (**1**,18; **3**,3).
 calida fervens – kochend heißes Wasser (**1**,18).
calix – Weinglas, -kelch [als Maß = 0,15 l] (**2**,2,4).
callosus – fest [Gemüse] (**3**,3 »callossiores«).
callum – Schwarte, zähe Haut (**1**,9; **2**,2,6; **7**,1; **7**,1,5).
calva – die Bartnuss, eine Haselnussart, vielleicht *Corylus maxima* bzw. *Corylus tubulosa* [?] (**6**,5,6; **9**,10,6+7; **9**,11).
cammarus – Hummerart (**2**,1,1+3; **9**,1,1).
candens – weißglühend [Kohlenbecken] (**7**,10).
candor – weiße Farbe (**2**,2,10; **Exc.** 23).
canna – Rohrstäbchen (**7**,2,1), Rohrmesserchen (**7**,3,2).
cantabrum – Weizen- oder Gerstenkleie, Kleiebrei (**7**,1,6; **7**,7,2).
capita porrorum – die Knollen des Lauchs (**2**,1,3; **3**,2,5; **Exc.** 29).
capitatus – mit Kopf, mit Wurzel/Knolle [Lauch] (**4**,3,1; **4**,3,3+5; **5**,3,2+8).
capparis f. – Kaper {*Capparis spinosa*} (**4**,1,1).
caprea – Reh [?], eine Art wilder Ziegen (**8**,3; **8**,3,1–3).
caprina – Ziegenfleisch (**8**,6,3).
capsus? [oder »capus«?] – Schweinsblase [?] [oder Kapaun?] (**6**,9,15).
caput – Kopf, oberes Ende (**6**,2,2; **8**,6,6).
caraxare – (vielfach) einschneiden (**6**,9,1b).
carbo – Kohle (**1**,1+3).
cardamomum – Kardamom {*Amomum cardamomum*} (**1**,34,1; **Exc.** brev. pim. [2x]; **Exc.** 6).
carduus – wilde Artischocke {*Cynara cardunculus*} (**3**,19; **3**,19,1–3).
careota → »caryota«.
careum – Wiesen-, Feldkümmel {*Carum carvi*} (häufig).
Carica – karische Feige {*Ficus carica*} (**2**,28?; **7**,9,1+2; **7**,10).

cariofilum = caryophyllon – Gewürznelke {*Eugenia caryophyllata*} (**Exc.** brev. pim.).
cariota → »caryota«.
caro – Fleisch (**1**,8+10; **7**,5,3; **8**,1,3+10; **8**,2,3; **8**,5,3).
caro ferina – Wildbret (**8**,1,3).
car[o]enum – auf die Hälfte eingekochter Most (häufig).
caroeta = carota – Karotte {*Daucus carota*} (**3**,21; **3**,21,1–3).
caromenta – ? [eine Minzenart?] (**3**,4,8).
in pulpas carpere – entgräten und zerkleinern, zu Fleischstückchen zerpflücken (**4**,2,31).
carptus – zerlegt (**6**,9,14).
caryota – eine besonders große und saftige Dattelart, evtl. die Medjool-Dattel {*Phoenix dactylifera*}, wahrscheinlich auch Dattelwein oder Dattelsirup (häufig; »careota«: **8**,2,7; **8**,7,15; **9**,10,2+5–7; **9**,14; **10**,1,1+2; **10**,2,4+6; **10**,3,5+10; **10**,4,1; »cariota«: **1**,33; **3**,4,3; **7**,14,3; **Exc.** 18).
caseus – Käse (**1**,33; **4**,1,1–3; **4**,2,13+17).
caseus bubulus – Käse aus Kuhmilch (**4**,1,1+3).
caseus dulcis – milder Käse, Weichkäse [?] (**1**,33).
caseus mollis – Weichkäse (**4**,2,17).
caseus recens – Frischkäse (**4**,2,13 plur.).
castanea – Esskastanie {*Castanea vulgaris*} (**5**,2,2 [3×]).
cauda – Schwanz [einer Languste] (**9**,1,4).
cauliculi – Kohlsprösslinge, Kohlköpfchen, junger Kohl (**3**,9 »colicli«, »cul-« in ind.; **3**,9,1 »coliculi« ex corr.; **3**,9,2 »culiculi«; **3**,9,4 »coliculi«; **3**,9,3+5+6 »culiculi«; **3**,10,2 »coliculi«; **4**,2,7; **4**,4,2; **5**,5,2 »coliculi«; **8**,7,14, **Exc.** 2 »colicli«).
cauliculum n. – Kohl (**4**,4,2 »cauliculum molle«).
caulis – Kohlkopf, Strunk (**3**,15,3; **Exc.** 1,2).
cauneae – kaunische Feigen (**2**,2,8 »caunearum defritum«?, orig. »camcarum« = »caricarum«?).
Celsinianus – à la Celsinus (**8**,7,12).
cepa – Zwiebel {*Allium cepa*} (häufig).
cepa Ascalonia – Schalotte {*Allium ascalonicum*} (**4**,2,24 »Ascalona«; **4**,3,6; **Exc.** brev. pim.).
cepa gentima = cepa gentiana? – Enzianwurzel? {*Gentiana lutea*} (**Exc.** brev. pim.).

cepa pallachana – Schnittlauch {*Allium schoenoprassum*} (**4**,2,25; **9**,1,1 »pallacana«).
cepae rotundum – Zwiebelringe [?] (**8**,8,13).
cepula – kleine Zwiebel (**8**,1,7; **8**,2,4; **8**,8,4+11; **9**,2,1; **10**,1,2).
cepulla = cepula – vgl. ital. »cipolla« (**7**,6,2+5+10+11+14).
cerasium – Kirsche, die Süßkirsche {*Prunus avium*} (**1**,20).
cerebellum – Hirnchen (häufig).
cerifolium = caerefolium – Kerbel {*Anthriscus caerefolium*} (**Exc.** 1,2).
cervina – Hirschbraten (**8**,2,5+7).
cervix – Hals (**6**,9,15; **8**,7,1).
cervus – Hirsch (**8**,2; **8**,2+1+3+4+6+8).
charta – Papier [aus Papyrus] (**8**,6,11; **8**,7,1 [2x]; **8**,7,5; **8**,8,8; **8**,8,9 »carta«; **9**,10,1).
cicer n. – Kichererbse {*Cicer Arietinum*} (**4**,4,2; **5**,5,2; **5**,8; **5**,8,1+2).
Cidoneum → »malum Cydonium«.
cinis calidus/-a – heiße Asche (**4**,2,5 [m.]; **4**,2,9 [m.]; **4**,2,36 [f.]; **Exc.** 1,2 [m.]).
cinis, -eris m./f. – Asche (**1**,6; **4**,2,5 [m.]; **4**,2,9 [m.]; **4**,2,36 [f.]; **Exc.** 1,2 [m.]).
ciperis → »cyperum«.
circelli – Knackwürstchen (**2**,5,4: »circellos isiciatos« und »circellum rotundum«).
circumspargere – rundherum bestreuen (**8**,8,12).
citrium – Zitronatzitrone, Frucht von *Citrus medica* (**1**,21; **3**,5; **4**,3,5).
citrus – Zitronatzitronenbaum {*Citrus medica*} (**1**,4,2: »folia citri«; **Exc.** brev. pim. »citri«).
clibanus – Kohlebecken (**7**,5,5; **7**,8; **8**,6,6; **8**,9).
cneci flos [n. oder indecl.?] – Saflor- bzw. Färberdistelblüte (**6**,5,2; **7**,6,10; **8**,1,4).
cnecos – Saflor, Färberdistel {*Carthamus tinctorius*} (**1**,14; »cneci flos«: **6**,5,2; **7**,6,10; **8**,1,4).
coagitare – umrühren (**2**,1,5; **4**,3,3).
coagulum – Brei (**7**,13,5); Fettgewebe, das die Eingeweide zusammenhält (**8**,6,11 »quagulum«).
coclea = cochlea – Weinbergschnecke (**4**,5,1; **7**,18; **7**,18,1–4; **8**,7,14).
cocleae exemptae – Weinbergschnecken ohne Haus (**8**,7,14).

cocleare – Teelöffel (**2**,2,5; **3**,18,3 »coclearium« und »coclearis« m.; **4**,2,25; **Exc.** 16).
coctivus – zum Mitkochen [»condimenta«] (**9**,4,1).
coctonium – Feige [klein, getrocknet] (**2**,2,8 »coctomium«).
coctura [auch: **cottura**] – Brühe, das Kochen, Sauce, das »Garsein« (häufig).
cum ad mediam cocturam venerit – wenn es halb gar ist (**8**,6,11).
cum mediaverit coctura – wenn es halb gar ist (**Exc.** 7).
dimidia coctura – wenn es halb gar ist (**6**,2,3; **6**,6,1; **8**,8,7).
media coctura – wenn es halb gar ist (**4**,3,4; **8**,7,10+11).
modica coctura – wenn es einigermaßen gar ist (**6**,2,3).
prope cocturam – wenn es fast gar ist (**6**,2,1; **6**,6,1).
coire – steif werden (**9**,4,1, vgl. **4**,2,12).
colare – abtropfen lassen, durch ein Sieb drücken, durchseihen, passieren, sieben (häufig).
colare per colum – durchseihen, durch ein Sieb drücken, passieren, auch: abtropfen lassen [?] (**4**,2,5+9+33+36).
colic[u]li → »caulic[u]li«.
collare, -is n. – Halsstück (**7**,5,5; **7**,6,13).
colligere – zusammenballen (**8**,8,4+8).
melle colligere – mit Honig binden (**1**,34,1+2).
colluere – begießen, ordentlich begießen (**8**,6,9+10; **8**,8,12).
colocasium – Lotuswurzel, das Rhizom der »ägyptischen Bohne«, einer Seerosenart, die in Südasien beheimatet ist, früher aber auch am Nil vorkam, vgl. Diosc. de materia medica 2,128 {*Nymphaea Nelumbo*} (**3**,4,2; **6**,2,5; **6**,9,10 »cologasium«; **7**,17; **8**,5,2 »colocaseis«).
coloefius → »acro coloefius«.
colorare – Farbe bekommen, goldbraun werden, bräunen (**3**,20,5; **4**,2,20; **6**,2,1+3; **6**,6,1; **7**,6,10; **7**,7,1; **7**,10; **8**,1,8; **8**,7,11; **8**,8,7+12).
colorari – Farbe bekommen (**3**,4,1).
colorius – braun (**3**,21,3 ex corr., orig.: «coliorum«).
colum – Sieb, Durchschlag (**4**,2,5+8+9+33+36); eine Art Sieb, in dem die Seeigel gekocht werden (**9**,8,3).
columbas → »oliva columbas«.
columbus – Tauber, männliche Taube (**6**,2; **6**,4; **6**,4,4).

combibere – aufsaugen (**5**,4,2+4; **6**,9,1b; **7**,16,2; **Exc.** 30 »conbibere«).
combibere sibi – sich vollsaugen (**Exc.** 30 »con-«).
combullire – einkochen (**8**,8,3).
combustura – das Anbrennen [»propter combusturam« – damit es nicht anbrennt] (**4**,4,1; **5**,5,1).
commiscere – durchmischen, vermischen (häufig).
Commodianus – à la Commodus (**5**,4,4).
commovere – umrühren (**4**,5,1).
vini rore **compescere** – durch Besprengen mit Wein ablöschen (**1**,1).
in rotundum **complicare** – zu einer Rolle zusammenwickeln (**7**,4,2).
componere [auch: **conponere**] – anordnen, einmachen (häufig).
compositio – Zubereitung (**1**,1).
comprehendere – verbinden (**1**,32; **3**,18,3).
compungere – hineinstechen (in) (**7**,13,2; **7**,16,2).
conchylium – Schalentier (**1**,29; **9**,7 »concilium«).
concicla – Bohnentopf, ein Bohnen- oder Erbsengericht (**5**,4; **5**,4,2–6).
conciclaris – Topf für Bohnentopf (**5**,4,5).
conciclatus – mit Bohnentopf gefüllt (**5**,4,6).
concidere – kleinschneiden, hacken (häufig).
concilium → »conchylium«.
concisus – gehackt (häufig).
condimenta mortaria – Mörsergewürz [?], vgl. 1,21 (**6**,4,2; **10**,3,5).
condimenta viridia – frische Gewürzkräuter (**6**,5,4; **8**,1,8; **Exc.** 23).
condimentum aprunum – Wildschweingewürz (**8**,1,1 [del.]).
conditum – Würzwein (**1**,1–3; **2**,2,5; **4**,2,29; **7**,1,4; **7**,6,4; **7**,9,2; **8**,7,13; **8**,8,3); Gewürzsauce (**Exc.** 1,2).
conditura – Gewürzsauce, Sauce (**3**,10,4; **4**,2,31; **6**,1,1; **6**,9,2; **7**,4,3; **7**,5,5; **8**,2,2+5; **8**,7,13; **8**,8,1+8+11+12).
confractum – Brösel (**2**,2,10; **8**,6,1 [corr. Brandt, orig. »cum bracto«).
confringere – zerbröckeln, zerbröseln, aufschlagen [Eier] (häufig).
conspersus – bestreut (**7**,5,1).
constringere – steif werden, zubinden (**8**,1,10; **8**,6,6; **Exc.** 2).
consuere – zunähen (**7**,8,1; **8**,6,6+9; **8**,7,14; **9**,4,2 ex corr., orig.: »sicco sues«; **9**,10,1; **Exc.** 28).
consumere – aufnehmen (**6**,9,16).
consutus – zugenäht (**6**,5,7).

contemperare – abstimmen [geschmacklich] (**4**,2,33).
conterere – fein mahlen, mahlen, zerreiben, zerstampfen (häufig).
contextus – umwickelt oder gefüllt? (**6**,5,6).
continere – einschließen (**5**,3,2).
contingere – benetzen (**1**,20; **3**,20,7; **6**,2,2; **7**,10; **8**,6,4).
contingere [sales foras] – mit Salz bestreuen, in Salz wälzen (**7**,13,1).
contrita pl. – Brei (**4**,2,4).
conversare – stürzen (**5**,3,2).
cooperire – abdecken, verschließen, bedecken (**1**,25; **3**,2,4; **8**,6,11; **10**,1,4; **Exc.** 16).
cooperiri – bedeckt sein (**Exc.** 16).
copadiolum – Kotelettstück (**Exc.** 27).
copadium – kleines Fleischstück, Schnitzel, Kotelett [vom Lamm oder Zicklein] (**2**,5,3; **5**,1,2; **7**,6; **7**,6,6–12).
copadium porcinum – Schweineschnitzel (**5**,1,2).
coquere – kochen, backen (häufig).
ad aquam calidam coquere – in einem Wasserbad kochen (**4**,2,1).
cordula – Thunfischheuerling, gerade geschlüpfter junger Thunfisch, vgl. Plin. nat. hist. 9,47 (**9**,10; **9**,10,5).
coriander, -dri m. → »coriandrum«.
coriandratum – Koriandersauce (**9**,1,2).
coriandratus – mit Koriandersauce (**Exc.** 20).
coriandrum [auch: **coriander**, -dri m.] – Koriander {*Coriandrum sativum*} (häufig; Akk. sing. »coriandrum viridem«: **3**,20,4; **4**,1,2+3; **4**,2,6; **4**,3,4; **5**,3,2; **10**,1,3; **10**,3,3).
coriandrum viride – frischer Koriander (häufig).
corium – Schale (**4**,2,14); Haut, Fell (**8**,1,2).
corium tollere – das Fell abziehen (**8**,1,2).
cornulum – ein kleiner Trichter [zum Füllen] (**8**,1,10).
cornuta – Hornhecht? {*Belone belone*}? (**10**,1,10).
corona bubula = cunila bubula? – Thymbra-Bergminze {*Satureia thymbra*}, Bergbohnenkraut {*Satureja montana L.*}? (**4**,2,24+25).
unum **corpus** – eine glatte Masse (häufig).
corruptus – verdorben (**1**,16).
costum – Kostwurz {*Costus Arabicus*} (**1**,3; **1**,30,2; **7**,5,2; **9**,8,2; **Exc.** brev. pim.).

coticula – Kotelett (**7**,1; **7**,1,5).
craticula – Grill, Grillrost (**7**,2,1 »grat-«; **7**,3,2 »grat-«; **7**,4,2 »grat-«; **7**,8,1; **8**,6,4 »grat-«; **9**,1,2 »grat-« [2×]).
crepare – aufplatzen (**7**,7,1).
cribellare – durchsieben (**1**,5).
crines (pl.) – Fangarme [des Tintenfisches] (**2**,1,2).
crocomagma, -atis n. – der Rückstand vom Safranölpressen (**10**,2,1).
crocus – Safran (**1**,1+3+27; **Exc.** brev. pim.; **Exc.** 7).
crudus – roh, ungekocht (**2**,3,2; **4**,2,12–14+17+25; **6**,9,1; **7**,6,13; **7**,7,1; **7**,12,2).
a crudo – im Rohzustand (**8**,6,3; **Exc.** 13).
cucumis, -eris m. – Gurke {*Cucumis sativus*} (**3**,6; **3**,6,1–3; **4**,1,1+2; **4**,2,7).
cucurbita – Kürbis {*Cucurbita pepo*} (**3**,4; **3**,4,1–8; **4**,2,10 [2×]; **4**,5,3 [4×]; **6**,2,5; **6**,9,9).
culiculi → »cauliculi«.
cultellus – Messer (**7**,7,1).
culter – Messer (**Exc.** 27).
Cumana – Tonkasserolle, eine Art Römertopf (**4**,2,11; **5**,4,2 [2×]; **5**,4,4; **6**,9,2+5; **7**,13,7).
cuminatum – Kuminsauce (**1**,29; **3**,4,6; **3**,21,3 [2×]; **4**,2,10+34; **7**,13,7 corr. in »Cumana« Hum.; **9**,1,3).
cuminum – Kumin, Kreuzkümmel {*Cuminum cyminum*} (häufig).
cuniculus – Kaninchen (**2**,2,6).
cupella – kleiner Kessel (**1**,2).
cupressus, -i f. – Zypressenholz [zum Räuchern] (**1**,7; **Exc.** brev. pim.).
curare – zubereiten; ausnehmen und entschuppen [Fische], vgl. **4**,2,28 und **Exc.** 19: »rades, purgas« (**4**,2,23 ex corr.; **4**,2,28; **4**,2,31; **6**,9,4; **8**,6,11; **8**,7,1; **8**,7,5; **8**,8,6+7+9; **10**,1,1+4+5).
curatus – zubereitet, vorbereitet (**4**,2,23 ex corr., orig.: »duratos«; **4**,2,28; **4**,2,31; **8**,7,5).
curtus – zerlegt (**4**,2,5).
cutis – Haut, Schwarte (**7**,4,1+2; **7**,9,1; **8**,1,10; **8**,7,1+7).
cyathus – Gläschen, Likörglas, als Maß = 0,046 l (**4**,2,4 [3×]+5 [2×]+8 [3×]+9 [3×]+31 [2×]+33+36; **6**,9,12; **7**,4,4 »ciatus« [2×]).
Cydonium → »malum Cydonium«.

cyma – Brokkoli oder eine ähnliche Kohlsorte, möglicherweise auch die nach dem Abschneiden der Triebe im Frühjahr neu sprießenden Jungtriebe der Kohlpflanzen, vgl. Plin. nat. hist. 19,137 {*Brassica oleracea*} (**3**,9; **3**,9,1).
cyperis – Wurzel von »cyperum«, vgl. Plin. nat. hist. 21,117 (**7**,5,2).
cyperum – Erdmandel(n), Zyperngras; gegessen werden vom Zyperngras die Wurzelknollen, vgl. Theophrast. Hist. plant. 4,8,12 und Plin. nat. hist. 21,117 {*Cyperus rotundus* bzw. *C. esculentus*} (**1**,5; **7**,4,2 »ciperis«; **7**,5,2 »cyperis«; **7**,5,4 »ciperis«; **Exc.** brev. pim. »ciperum«).

dactylus [auch: **datilus**] – Dattel {*Phoenix dactylifera*} (häufig).
Damascena f. → »Damascenum«.
Damascenum – Damaszenerpflaume {*Prunus domestica*} (**4**,5,1 [f.]; **6**,2,2; **6**,5,1; **7**,6,6 [f.]; **8**,2,8; **8**,4,1; **8**,6,10; **8**,8,13; **10**,1,8; **Exc.** brev. pim.; »prunum Damascenum«: **10**,1,6; **10**,1,14; **10**,2,1+2).
decarnare – das Fleisch vom Knochen lösen (**7**,10).
decoquere – einkochen, garkochen [intr.], kochen, [ab]kochen (**1**,1+17 »dequoqu-«; **4**,2,8; **6**,2,1; **Exc.** 28 [intr.]).
ad tertias decoquere – auf 1/3 einkochen (**1**,17).
dimidia coctura decoquere – halb gar kochen (**6**,2,1).
decoriatus – enthäutet [Lamm] (**Exc.** 27).
decussatim surclare – kreuzweise [in Form eines X] zusammenstecken (**7**,4,1).
defervere – einkochen [intr.] (**3**,2,5).
deformare = formare – formen (**4**,2,18).
defricare = fricare – zerreiben, mahlen (**4**,4,2 ex corr., orig.: »defrixas«; **5**,5,2).
defricatum → »defritum« [?] (**4**,2,37).
defritum = defrutum – auf 1/3 bis 1/5 eingekochter Most, eingedickter Feigensirup (häufig).
defundere – hineingießen (**9**,13,2).
delavare – abwaschen (**8**,7,4).
dentix m. – Zahnbrasse {*Dentex dentex*} (**4**,2,31; **10**,3,6+7).
depellatus – geschält [»nuces depellatae«] (**6**,5,3).
depilare – rupfen (**6**,3,2); = »depellare [amygdala]« (**2**,2,10).

deponere – vom Feuer nehmen (**3**,2,3; **3**,4,1).
manibus **depressare** – mit den Händen auspressen (**Exc.** 7).
designare – markieren (**7**,4,1).
despumare – abschäumen [tr.] (**1**,1+2; **5**,2,3; **5**,3,7).
despumat – der Schaum geht zurück (**5**,3,1+3+6+9; **5**,4,3+4).
destillare – daraufträufeln (**7**,11).
desuper [aspargere/componere/adicere] – darauf [streuen/legen/ geben] (**2**,2,10; **4**,2,12+14; **6**,1,1; **6**,2,3).
detergere – schrubben (**2**,2,3; **2**,2,4 »detersus«).
detrahere – abziehen (**7**,9,1 »detracta cute«).
diabotanon [?] – Kräutersauce (**10**,1,1).
diplois, -idis f. –Teigboden, doppeltes Teigblatt? (**4**,2,14+15).
discus – runde Platte, Teller (**2**,5,2; **4**,2,15; **7**,13,8; **8**,6,9+10; **8**,8,12).
dispargere – darübersprengen [»oleum«] (**4**,2,15).
dissilire – aufplatzen, zerplatzen (**6**,9,10+11; **7**,7,1).
dissolvere [cum oleo/in lacte/in se] – verrühren [mit Öl/in Milch], sämig machen (häufig).
doliolum vitreum – Einmachglas (**1**,13).
dolium – Fass (**1**,4,2).
domesticus – hausgemacht (**7**,13; **7**,13,1).
dorsum – Rücken (**8**,7,14; **8**,8,7).
dragma – Drachme = 3,41 g (**1**,1).
ducere – ziehen (in der Sauce), einziehen; stocken, steif werden (**4**,2,20+28; **4**,5,1; **8**,6,9).
ad se deorsum ducere – sich [nach unten] setzen (**5**,3,2).
ad se ducere – stocken, steif werden (**7**,13,7).
dulcedo – Süße (**3**,2,1).
dulcia pl. – Süßigkeiten, Süßspeise, Plätzchen (**1**,14; **7**,13; **7**,13,1–6).
dulcis – süß (**4**,2,16+21; **4**,3,5; **4**,5,1+2; **7**,4,1; **9**,8,1); mild (**1**,10+33).
dum obduretur – so dass es fest bleibt (**6**,2,1).
duracinum – Nektarine, fester Pfirsich; eine Sorte, bei der sich das Fleisch nicht vom Kern löst, vgl. Plin. nat. hist. 15,113 (**1**,26 »duracina persica«; **3**,4,7; **4**,5,4).
durare – sich halten (**1**,8+9+11+12+14+18+21+22+26); anbraten (**4**,2,24 »duratus«).
durum coquere – hart kochen [»ovum«] (**5**,3,5).

echinus – Seeigel (4,2,13; 7,2,2; 9,8; 9,8,1–5; 9,12).
echinus salsus – eingesalzener Seeigel (9,8,4+5).
effervere – aufschäumen (1,1).
effundere – dazugießen (Exc. 16+17).
eicere – entfernen (5,3,2; 8,7,2+4).
eliberare – enthäuten (6,6,1).
elixa – gekochtes Fleisch (7,6; 7,6,1–5+13+14).
elixare – in Wasser kochen, sieden (häufig).
elixura – das Sieden? (9,1,1).
elixus – abgebrüht, gekocht, gesotten (häufig).
embamma – Salatsauce (3,18,1); süßsaure Sauce (8,2,7).
embractum = imbractum – Embractum, eine Art Eintopf (9,14).
emina → »hemina«.
enervare – Sehnen/Adern entfernen [»iecur«] (2,1,4), entgräten [»tursio«] (4,2,18), enthäuten [»cerebellum«] (4,2,4+9+21+33; 5,4,5; 7,7,1; 9,4,2).
enucleare – entsteinen (4,1,2; 4,3,6; 4,5,4; 6,2,2; 6,5,1; 8,6,10; 10,1,6–8+14).
enucleatus – entkernt, entsteint [»uva«, »Damascena« etc.] (4,1,2; 4,3,6; 6,2,2; 6,5,1; 8,6,10; 10,1,6–8+14).
eruca – wilde Rauke [Kohlart] {*Eruca sativa*} (1,27; 6,2,6; 7,14,3; 8,1,8; 9,10,7; Exc. brev. pim.).
esicium → »isicium«.
exbromare – wässern, einweichen, auskochen? (6,2,3; Exc. 4); vielleicht, um Hühnerbrühe zu machen (2,2,9).
exbromari – die Strenge verlieren (6,2,3).
excaldare – dünsten (4,2,17; 8,6,2; 8,6,3 [del. Vollmer]).
excavare – aushöhlen (4,1,3; 4,5,3).
excipere – entfernen (7,13,1 »excepto semine«).
exfoliare – die Blätter abmachen (4,2,9).
eximere – herausnehmen (1,4,1+2; 1,26; 2,1,3+6; 3,10,1; 3,20,7; 4,5,3; 6,5,7; 7,9,1; 8,7,9; 9,13,2).
exinanire – auskippen, schütten, ausleeren, gießen, ausgießen (2,1,5; 2,2,2; 3,4,1; 4,2,27; 4,3,1; 7,7,1; 8,6,2+6; 8,7,11; 8,8,5).
exinterare – ausnehmen, entkernen (6,7; 8,7,1+5 »exent-«).
exinterare per guttur – durch die Gurgel ausnehmen (6,7).

exornare – anrichten, garnieren (**2**,5,4; **7**,16,1+2; **8**,6,11; **8**,7,1+5; **8**,8,6).
exossare – entbeinen, ausbeinen (**5**,3,8; **5**,4,5+6; **7**,4,2; **8**,6,6+11; **8**,7,9+10+16; **8**,8,6+7); entgräten (**4**,2,17; **9**,10,1+2); entsteinen (**8**,7,14 »dactyli exossati«; vgl. **1**,1: »dactylorum ossia torrida«).
a gula exossare – von der Gurgel her ausbeinen (**8**,6,6).
exossatus a pectore – von der Brust her ausgebeint (**5**,3,8; **5**,4,6).
per gulam exossare – durch die Gurgel ausbeinen (**8**,7,14).
expandere – ausrollen [Teig] (**7**,13,6).
expansus esse – auseinanderklaffen (**7**,8,1).
expedire – ausnehmen (**6**,9,15).
expressus – ausgepresst (**3**,4,1+2; **3**,15,1+3; **7**,6,1).
exprimere – auspressen [das Wasser] (**3**,4,3; **3**,13,1; **3**,15,2; **4**,1,1; **4**,2,19; **8**,7,1 [»impensam in aurem porcelli«]).
exsiccare – abtrocknen, trocknen (**4**,2,8: »per colum«; **4**,2,36; **6**,8; **7**,4,2 »igni lento«; **7**,15,1).
extensum ornare – dressieren, dass er ausgestreckt ist [einen Hasen] (**8**,8,7).
extenterare = exinterare – ausnehmen, entkernen (**2**,1,7; **7**,5,3; **8**,1,3).

faba – Ackerbohne(n) {*Vicia faba*} (**1**,6; **3**,10,4; **5**,3,5–7+9; **5**,4,1).
fabacia – Ackerbohne(n) mit Schote [?] (**5**,6; **5**,6,1–3).
faenum Graecum – Bockshornklee {*Trigonella fenum Graecum*} (**5**,7 [2×]).
faex – Hefe oder Bodensatz? (**2**,2,6 »feces conditi«).
farcimen – Wurst (**2**,5; **8**,7,4).
farcire – stopfen (**2**,3,2 [ex corr.]; **2**,5,2; **5**,4,6; **8**,9).
farina – Mehl (**1**,14; **3**,11,1; **6**,5,6; **7**,9,1 [2×]).
farina oleo subacta – Ölteig (**6**,5,6; **7**,9,1).
farricus – aus Getreide (**4**,4,2).
farsilis – gefüllt, mit Fleischfüllung (**4**,5,3; **5**,3,2; **5**,4,6 [del.]; **8**,7,1+4; **8**,8,9; **9**,3,2; **9**,4,1; **9**,10,1).
farsus [farcire] – gefüllt (**4**,2,13; **8**,8,3; **8**,9).
fasces – Bündel (**3**,2,3 [2×]).
fasciculus – Bündelchen, Büschel, Sträußchen (häufig).
faseolus – Augenbohne [?] {*Vigna unguiculata*} (**5**,8; **5**,8,1+2; **8**,6,1 »faseoli faratarii«).

fasianus – Fasan (**2**,2,1 »adipes fasiani«; **2**,2,6; **2**,5,4 »oenogarum fasiani« = ?; **6** [solum in ind.]).
fatuus – fade (**4**,2,25).
femur, -oris n. – Schenkel (**5**,4,6 »femura«).
fenicopterus = phoenicopterus – Flamingo (**6**,4 [del. Schuch]; **6**,6; **6**,6,1).
feniculi semen – Fenchelsamen, vgl. »feniculum« (häufig).
feniculum – Fenchel {*Foeniculum officinale*} (häufig).
ferula – Schneebesen (**1**,1).
fervefacere – heiß machen (**7**,5,3).
fervens – heiß (**1**,18; **3**,2,2+3; **6**,8; **8**,1,4+5; **8**,2,6+8; **8**,4,1; **8**,6,10; **8**,7,3+4+6).
fervere – aufkochen, kochen (häufig); vergären (**1**,4,2).
fibla – Klammer (**8**,7,3).
fiblare – zuklammern, zusammenklammern (**8**,7,1+3).
ficatum – Leber von mit Feigen gemästeten Schweinen, vgl. Plin. nat. hist. 8,209 und Hor. Sat. 2,8,88 (**7**,3; **7**,3,1+2).
ficedula – Grasmücke, Gartengrasmücke {*Sylvia borin*}, evtl. auch Wacholderdrossel {*Turdus pilaris*} (**4**,2,5 »ficetula« [2×]; **4**,2,14 [2×]; **6** »fecetula« [nur im Index]; **8**,7,14).
fictilis – tönern, aus Ton (**7**,4,4).
ficus recens – frische Feige (**1**,20).
filum – Faden (**Exc.** 29).
fistula – Röhrchen (**4**,2,14+15; **8**,7,1).
Flacianus – à la Flaccus (**8**,7,8).
focus – Feuer, Herd (**1**,1; **7**,4,3).
folia lauri – Lorbeerblätter (**1**,5; **2**,1,4; **7**,9,1).
foliae, -arum f. = folia – Blätter (**1**,4,1 »folias rosarum«; **3**,9,2 »summa foliarum«).
folium – Blatt (**1**,4,1 »folias rosarum«; **1**,3,2 [»citri«]; **3**,9,1 [»coliculorum«]; **3**,9,2 [»coliculorum«]; **3**,10,2 [»coliculorum«]; **3**,15,3 [»lactucarum«]; **4**,5,1 [»malvarum« 2×]; **Exc.** 1,2 [»coriandri«]); Gewürzblatt, wahrscheinlich Lorbeerblatt (**1**,1+3+19+27; **1**,29,1; **1**,30,2; **1**,34,1; **6**,5,4; **7**,6,8; **8**,2,7; **9**,1,3; **9**,7; **9**,8,2+3; **Exc.** brev. pim.; **Exc.** 1,1+2).
folium nocivum – ungenießbare Schale [der Languste]? (**9**,1,4 ex corr.).
formella – Backform (**9**,13,1).

fractus – geknackt [»nuces«] (**4**,2,2+16); zerquetscht [»olivae«] (**6**,5,7); zerbröckelt [»buccellae musteorum«] (**7**,10); aufgeschlagen [»ova«] (**8**,8,3).
frangere – zerbrechen, zerkleinern [»laurum viridem«] (**8**,7,9); zerbröckeln [»siligineos rasos«] (**7**,13,3); aufschlagen [»ova«] (**4**,2,4+8+9+31+33+36).
fretale – Pfanne (**7**,5,5).
fricare – einreiben, reiben, zerreiben, sämig machen [bei Saucen] zermahlen, zerstampfen (häufig).
frictus [fricare]? – gerieben, gemahlen (**1**,5+27 »sales fricti«).
frictus [frigere] – gebraten, geröstet (**1**,11; **2**,2,6; **2**,4,5–7; **3**,20,1; **3**,21,1; **4**,2,10+13+20; **4**,4,1; **4**,5,3; **5**,5,1; **5**,6,2; **5**,8,2; **6**,5,1 [»cuminum«]; **6**,6,2 [»sesamum«]; **7**,14,4; **8**,1,4 [»cuminum«]; **8**,1,7 [»coriandri semen«]; **8**,1,8 [»amygdala«]; **8**,4,3 [»cuminum«]; **8**,5,1; **9**,12; **10**,1,1; **10**,1,9 [»cuminum«]; **10**,1,14 [»cuminum«]).
frigere – frittieren, [in Öl] braten, backen, schmoren (häufig).
frigida – kaltes Wasser (**4**,5,3+4; **5**,3,4; **9**,4,3); Eiswasser (**4**,1,1).
frixus [frigere] – gebraten (**7**,19,1 »ova frixa«; **10**,1,1; **Exc.** 8+9).
Frontinianus – à la Frontinus? (**8**,7,10).
Front[on]ianus – à la Fronto [Rhetor 90–168 n. Chr.] (**6**,9,13).
frustratim concidere – in Stücke schneiden (**4**,2,34).
frustrum = frustum – Stück, Stückchen (**3**,2,3; **4**,1,2; **4**,2,14+15).
fulmentum – Hackklotz (**2**,1,2).
fumare – räuchern (**2**,5,4).
fumigare – räuchern (**1**,7).
fumus – Rauch (**2**,1,4 [2×]; **2**,4; **7**,7,1; **8**,7,16; **8**,8,7).
  ad fumum suspendere – räuchern, in den Rauch hängen (**2**,1,4; **2**,4; **7**,7,1; **8**,7,16; **8**,8,7).
fundere – gießen, darübergießen (**1**,26; **3**,2,3; **5**,3,2; **Exc.** 1,2).
fundus – Boden [des Topfs] (**4**,4,1; **5**,3,2; **5**,5,1).
fungus – Pilz (**7**,15; **7**,15,1–4).
  fungus farneus – Eschenpilz, eine Art Röhrenpilz? (**7**,15; **7**,15,1–3).
furnus – Ofen (**5**,3,2; **5**,4,6; **6**,5,6; **7**,2,1; **7**,4,1+2; **7**,5,1; **7**,9,1; **7**,10; **7**,13,2; **8**,1,1+3; **8**,6,8–10; **8**,7,1+5+7–9+14; **8**,8,1+3+12; **8**,9).
fusilis – gegossen, flüssig, mit einer flüssigen Füllung (**4**,2,4; **6**,9,15; **Exc.** 2).

gallina – Huhn (**3**,4,8; **4**,1,1; **4**,5,2; **8**,8,9).
iecinera gallinarum – Hühnerleber (**4**,5,2; **8**,8,9).
iocuscula gallinarum – Hühnerleber (**4**,1,1).
garaton – Garumsauce (**Exc.** 6).
garatus – mit Sauce aus Garum (**Exc.** 3).
garum – eine salzige Fischsauce, die aus Meerbarben, Sardellen und ähnlichen Fischen hergestellt wurde (**3**,8?; **7**,14,4; **7**,15,1 »garum piperatum«; **Exc.** 29).
gingiber, -is m. – Ingwer {*Amomum zingiber*} = »zingiber« (**3**,18,3; **5**,3,2+5; **5**,4,6; **6**,9,15; **7**,5,2+4; **7**,7,1; **8**,6,5; »zingiber«: **2**,2,7; **4**,5,1, **Exc.** brev. pim.; **Exc.** 6).
in **giro** – ringförmig (**8**,6,11).
gizeria n. pl. – Innereien vom Geflügel [»pullorum«] (**4**,2,21 »cizeria«; **4**,5,1 ex corr.; **5**,3,8).
glandulae – Halsstück, die Halsdrüsen? (**4**,1,2 [»haedinae«]; **4**,3,3 [»porcellinae«]).
glans, glandis f. – Buchecker (**8**,8,3).
glis, gliris m. – Siebenschläfer {*Glis glis L.*} (**8**,9 [4×]).
globulus condimentorum – Gewürzklößchen (**8**,8,4).
globus – Kloß, Klumpen aus gemahlenen Gewürzen [»triturae«] (**8**,1,5; **8**,8,4).
grana piperis – Pfefferkörner (**2**,2,4; **2**,3,1; **4**,2,14; **8**,8,3 [»solida«]; **9**,10,1; **Exc.** 23).
grana piperis integra – ganze Pfefferkörner (**4**,2,14).
grana salis – Salzkörner (**7**,12,2).
granatum → »malum granatum«.
graticula = craticula – Grillrost, Grill (**7**,2,1; **7**,3,2; **7**,4,2; **8**,6,4; **9**,1,2 [2×]).
grongus, i f. [?] = conger – Meeraal {*Conger conger*} (**10**,1,9 »in grongo assa«).
grus, gruis f. – Kranich (**6**,2; **6**,2,1–6).
gula – Gurgel (**8**,6,6; **8**,7,14).
gustare – kosten, abschmecken, als Vorspeise essen (**4**,2,25; **5**,2,2; **5**,8,2; **Exc.** 2).
gustum – Vorspeise (**3**,4,1; **4**,5; **4**,5,1–4).
gutta – Tropfen [»olei«] (**4**,2,32; **8**,1,10; **9**,2,1; **9**,3,1).

guttur – Gurgel (**6**,7; **8**,7,1+5; **Exc.** 29).
gypsare – vergipsen, mit Gips abdichten (**1**,17+21+25; **10**,1,4).

haedinus – Zicklein-, von jungen Ziegenböcken, Zickleinfleisch (**4**,1,2; **7**,12,1 [»iecinera«]; **8**,6,1 [»copadia«]; **8**,6,2+3).
haedus – Zicklein, junger Ziegenbock (**8**,6; **8**,6,4–11; **8**,8,12; **9**,13,1 »iecur haedi«; **Exc.** 28).
helenium – Gamander [ähnlich dem Thymian] {*Teucrium [montanum]*} (**1**,5+16).
[h]emina = ½ sextarius [≈ halber Schoppen] – 0,274 l (häufig; »emina«: **3**,2,5; **5**,3,2; **7**,5,4; **7**,13,7+8).
herba – Gemüse (**4**,2,19).
herbae rusticae – Feldkräuter, vgl. »rusticae« (**3**,16).
hircosus – streng, stark riechend (**6**,5,6).
holera – Gemüse (**1**,23; **3**,1; **4**,2; **4**,5,1+2).
holus – Gemüse (**3**,1; **3**,15,1+3; **4**,2,13).
holus molle – weiches Gemüse: Schwarzkohl, Sellerie oder Kopfsalat mit Natron gekocht (**3**,15,1–3; **4**,2,13).
hordeum – Gerste {*Hordeum vulgare*} (**1**,17; **7**,10).
hortolanus – Garten- [?] (**8**,7,14).
humor – Brühe (»umor«: **6**,9,16; **8**,6,6); Feuchtigkeit (**7**,4,2; **Exc.** 7 »umor«).
humor mellis – flüssiger Honig (**3**,2,5).
hydrogarum – Liquamen mit Wasser (**2**,2 »hidro-«; **2**,2,1+5).
hydromel – Honigmet (**1**,17).
hypotrimma – scharfe Kräutersauce [?] (**1**,33).
hysopum creticum – kretischer Ysop {*Hyssopos officinalis*} (**1**,27).

iecur, -inoris/-ineris n. – Leber (**2**,1,4; **4**,2,13; **4**,3,7; **4**,5,2; **5**,3,8; **6**,2,5; **7**,12; **7**,12,1+2; **8**,8,5+9+11; **9**,13,1).
iecur porcinum – Schweineleber (**2**,1,4).
ad ignem **lenem** – auf kleiner Flamme (**4**,2,1).
ignis lentus – kleine Flamme (häufig).
impensa – Brühe, Gewürzmischung, Masse, Füllung, Teig (häufig).
impinguare – dick werden (**8**,7,5).
implere – darauffüllen, füllen (häufig).

impleri – voll sein (**8**,1,10).
imponere [auch: **inponere**] – aufsetzen, hineintun (häufig).
imponere supra ignem calidum – auf eine große Flamme setzen (**4**,4,1)
imponere, ut ferveat / ut coquatur – zum Kochen aufsetzen (**8**,7,5; **Exc.** 15).
incaraxare – (vielfach) einschneiden (**6**,5,2).
incidere – kleinschneiden, hacken (**7**,6,12; **7**,9,1).
incisus – eingeschnitten, gehackt, zerschnitten (**3**,4,2; **4**,2,13; **7**,6,14; **7**,12,1; **8**,6,4; **9**,10,2).
includere – verschließen, einschließen (**2**,2,1; **6**,2,1; **6**,6,1).
incoquere – darin kochen? (**2**,2,5).
Indicus – auf indische Art (**1**,30,2; **5**,3,3; **6**,5,4; **9**,8,2; **Exc.** brev. pim.).
indurare – anschmoren (**9**,1,1).
indurescere – zäh werden (**6**,3,2).
infercire – hineinfüllen, füllen mit (**7**,13,1).
inferre – servieren, auftragen (häufig).
infiblare – zuklammern (**8**,7,1+4).
infringere – hineinschlagen [»ova«].
infundere – einweichen [in Wasser geben], einlegen (häufig); gießen über, hineingießen, gießen in, zugeben (**1**,4,1; **1**,7; **1**,24,2 [»super«]; **4**,2,31 [»super«]; **6**,9,1b [»in«]; **7**,5,5 [»in«]; **7**,6,6; **7**,7,1; **7**,18,4 [»in«]; **8**,7,12 [»per aurem«]; **8**,7,14 [»super«]).
infusus – eingeweicht, mariniert (**2**,1,7; **2**,2,8 [2×]; **2**,2,9+10; **7**,4,6; **7**,6,9; **7**,19,3; **8**,8,8).
inicere – hineingeben (**2**,4; **9**,13,1).
inmittere – hineingeben (**4**,3,7).
innula = inula – Alant {*Inula Helenium*} (**Exc.** brev. pim.).
inotogonon → »oenoteganon«.
inpreparatus = impraeparatus – unvorbehandelt (**4**,2,13).
inradere – hineinschaben (**6**,9,2).
intestina – Därme, Darm (**2**,5,3; **8**,6,6+11).
intestinum – Wursthaut, Darm (**2**,3,2; **2**,4; **2**,5,1+2+4).
intingere – eintauchen in [tr.] (**Exc.** 23).
intrinsecus purgatus – ohne Kerngehäuse [Äpfel] (**4**,3,4).
intuba – Endivien {*Cichorium Intybus*} (**3**,18; **3**,18,1).

involvere – darumwickeln, hineinwickeln (Lorbeerblätter, s. **2**,1,4).
iocusculum – kleine Leber (**4**,1,1; **4**,2,17).
cum ovis **ire** – sich mit den Eiern verbinden (**4**,2,12, vgl. **9**,4,2).
iscilla → »scilla«.
isicia marina – Hackbällchen bzw. Frikadellen aus Seetieren (**2**,1,1).
isicia minuta quadrata – kleine Fleischwürfel (**5**,3,2).
isiciatus – kleingeschnitten, mit Fleischbällchen gefüllt (**2**,2,3; **2**,3,1 »esic-«; **2**,5,4; **8**,7,14; **8**,8,8).
isiciola minuta – kleingeschnittenes Gulasch (**4**,3,1).
isiciolum – kleine Frikadelle, kleines Fleischbällchen (**2**,2,5; **4**,3,1–3+5; **5**,4,2).
isicium – Hackfleisch, Fleischbällchen, Hackbällchen, Frikadelle (**2**,1,1; **2**,2,5; **3**,20,7; **4**,3,2; **5**,1,1+4; **5**,3,2; **8**,7,14; **8**,9; **9**,4,2; »esicium«: **2**,1,2; **4**,2,18; **4**,3,2; **9**,1,4; **Exc.** 2).
  isicium porcinum – Schweinehackfleisch (**8**,9).
istillare = instillare – träufeln (**3**,13,2).
iuncus – Binse {*Juncus*} (**Exc.** brev. pim.).
iungere – zusammenbinden (**5**,4,6).
iuniperum – Wacholderbeere {*Iuniperus communis*} (**7**,4,2; **Exc.** brev. pim. »zyniperum« [?]).
iura – Brühen (**8**,1,4+5; **8**,2,6+8).
ex **iure suo** – im eigenen Saft (**6**,9,7; **8**,8,6).
ius – Brühe, Saft, Sauce (häufig).
  ius album – Weiße Sauce aus Kümmel, Pfeffer, Liebstöckel, Weinrautensamen, Essig etc. (**7**,6,6+9).
  ius candidum – Weiße Sauce aus gekochtem Eiweiß, weißem Pfeffer, Pinienkernen, Honig, Weißwein und »liquamen« (**5**,3,2).
  ius de suo sibi – vom eigenen Saft (häufig).
  ius oenococti – gekochte Weinsauce [?] (**5**,1,2).
  ius viride – grüne Sauce aus Pfeffer, Kümmel; frischen Gewürzkräutern, Datteln, Honig, Essig, Wein, »liquamen« und Öl (**6**,5,4).
iuscellatum – mit Brühe, Sauce (**Exc.** 26).
iuscellum – Brühe, Sauce (**5**,3,2; **Exc.** brev. pim.; **Exc.** 1,2; **Exc.** 24).
iusculum – Suppe, Brühe (**3**,2,4).

lac, lactis n. [auch: **lacte** und **lactis** m.] – Milch (häufig; **4**,2,13 »lactis« m.).

lac siligineum – Milch mit Weizenmehl [zum Mästen von Schnecken] (**7**,18,4).

lacertus – wahrsch. Bastardmakrele [Stöcker, makrelenähnlicher Fisch] {*Trachurus trachurus L.*} (**10**,3,1).

lacinia – Ende, Zipfel (**8**,8,8).

lactantia – Milchbrei (**7**,13,7).

lactens – noch saugend (**Exc.** 23).

lactis m. → »lac«.

lactuca – Kopfsalat {*Lactuca sativa secalina*} (**3**,15,3; **3**,18; **3**,18,1–3; **4**,2,3).

laganum – Teigblatt (**4**,2,14+15).

lagona – Flasche (**1**,6).

lanx – Platte (häufig).

laridum – Speck (**7**,11).

lasar → »laser«.

lasaratus → »laseratus«.

laser, -is n. [aus »laserpicium«] – das originale »laser« wurde möglicherweise aus *Thapsia silphium* gewonnen, einer in Nordafrika beheimateten Staude, bei dem »laser Parthicum« handelt es sich wahrscheinlich um Asant {*Ferula asa foetida*} (häufig; »lasar«: **5**,3,7; **Exc.** immer).

laser Cyrenaicum – Cyrenäisches Laser {*Thapsia silphium* oder *Ferula tingitana*?} (**1**,30,1; **7**,1,1).

laser Parthicum – Parthisches Laser {*Ferula asa foetida*?} (**1**,30,1; **3**,13,1; **5**,3,7; **6**,9,2; **7**,1,1+3).

laserare – mit Laser würzen (**6**,9,4).

laseratum – Lasersauce (**1**,30).

laseratus – mit Lasersauce (**6**,9,5; »lasar-«: **Exc.** brev. pim; **Exc.** 25+28).

laseris radix – Laserwurzel [auch »silphium« genannt] (häufig).

latus, -eris n. – Seite (**4**,5,3).

laureatus – mit Lorbeersauce (**8**,7,9).

laurus – Lorbeer {*Laurus nobilis*} (häufig).

lavare – waschen (häufig).

sicut **laxa** – nicht zu dicht [?] (**4**,5,1).

laxamentum – Platz, Spielraum (**6**,9,11+15; **7**,7,1).
legumina – Hülsenfrüchte (**4**,4,2; **5**,5,2).
lenis – sämig (**8**,7,5).
lenticula – Linse {*Lens culinaris*} (**4**,4,2; **5**,2; **5**,2,1–3).
lentiscus – Frucht des Mastix-Strauches, Mastix-Beere {*Pistacia lentiscus*} (**3**,16).
lepus, -oris m. – Hase (**4**,3,7; **8**,8,1–12 häufig; **9**,13,1).
lepus isiciatus – Hasengulasch (**8**,8,8).
leucozomus – mit weißer Brühe (**6**,9,16).
levare – [aus dem Topf] herausnehmen (häufig).
levissimus – sehr fein [pulvis] (**1**,5; **8**,4,2).
liare – glattrühren; zerteilen, zerpflücken (**5**,1,1+4; **5**,3,2+5).
libelli – ?, vielleicht eine Art Rollbraten (**7**,1; **7**,1,5).
libra – Pfund = 327,45 g (**Exc.** 3).
ligare – binden (**3**,11,1; **4**,4,1; **5**,1,1; **5**,5,1; **Exc.** 29).
ligula – Esslöffel (**7**,12,2; **8**,6,11).
ligusticum – Liebstöckel {*Ligusticum levisticum*} (häufig).
liquamen = garum – Liquamen, salzige Fischsauce (häufig).
liquamen intestini – möglicherweise Liquamen, das aus Fischeingeweiden hergestellt wurde (**2**,5,4).
liquaminatus – mit Liquamensauce (**6**,9,15; **8**,7,3).
liquescere – weich werden (**6**,7).
liquidus – flüssig (**7**,1,5).
liquor – Flüssigkeit (**Exc.** brev. pim.).
locusta – Languste {*Palinurus vulgaris*} (**9**,1; **9**,1,1+3; **Exc.** 17).
lolligo –Tintenfisch, Kalmar {*Loligo vulgaris*} (**2**,1,1+2; **9**,3; **9**,3,2+3).
lomentum – eine Paste aus Reis-Bohnenmehl, eigentlich als Reinigungsmittel (**1**,6).
longao, -onis m. – Mastdarm (**4**,2,13).
Lucanica f. – lukanisches Würstchen, Rezept in **2**,4 (häufig; **4**,2,13 »Lucanica« n. pl.).
Lucanica n. pl. → »Lucanicae«.
lumbus und **lumbulus** [immer pl.] – Lendenstück (**7**,8).
lupus [piscis] – Seebarsch (**4**,2,32).
lutulentus – dunkel, braun (**2**,2,8).

macerare – benetzen, anfeuchten (häufig).
madefactus – eingeweicht, feucht (**3**,15,3; **6**,3,2).
madescere – weich werden (**8**,1,2).
madidus – feucht, in Sauce (**8**,8,1; **Exc.** 7).
malabathrum – Indisches Lorbeerblatt {*Cinnamomum tamala [Laurus Cassia]*}, evtl. auch die Blätter des Betelpfeffers {*Piper betle*} (**1**,29,1; **1**,30,2; **9**,1,3; **9**,7).
malum – Apfel {*Pirus malus*} (**1**; **4**; **10** häufig).
malum Cydonium – Quitte {*Cydonia oblonga*} (**1**,19; **4**,2,37 »cidoneum«; **4**,2,37; **8**,5,2 »cidoneum«; **10**,3,6).
malum granatum – Granatapfel {*Punica granatum*} (**1**,18; **Exc.** brev. pim. »granatum«).
malva – Malve {*Malva neglecta*} (häufig).
mammotestus = syringiatus – noch saugend [von jungen Zicklein] (**8**,8,6).
manare – fließen (**8**,7,13).
manducare – verspeisen, essen (**2**,1,4; **3**,10,4; **4**,2,12; **6**,2,2; **7**,2,2).
marinus – Meeres- (**2**,1,1; **4**,2,12+13; **4**,3,1).
mastix – Mastix, Harz des Mastix-Strauches {*Pistacia lentiscus*} (**1**,1+3).
Matiana [mala] – Matianische Äpfel (**4**,3,4).
maturus – reif (**1**,23; **3**,10,1; **4**,2,13).
media coctura – wenn es halb gar ist (**4**,3,4; **8**,7,10+11).
medianum – Mittelstück (**4**,2,13).
mediare – halbieren (**3**,9,2); »cum mediaverit coctura« – wenn es halb gar ist (**Exc.** 7).
per **medium incisus** – halbiert [»ova dura«] (**4**,2,13).
mel – Honig (häufig).
melca – dicke Milch (**7**,13; **7**,13,9).
melizomum – Honigsuppe (**1**,2).
melo – Honigmelone {*Cucumis melo*} (**3**,7).
membrana – Verschlussdeckel der Schnecken (**7**,18,1).
membrum – Gliedmaße (**8**,9).
mensa – Tisch (**4**,2,12).
menta – Minze, wahrscheinlich die Krauseminze {*Menta spicata*} oder die Wasserminze {*Menta aquatica*} (häufig).
menta arida/sicca – getrocknete Minze (häufig).

mergere – tauchen, untertauchen (**1**,18).
merum – unvermischter Wein (häufig).
metulus = mitulus – Muschel, Miesmuschel (**9**,9).
miniare – zinnoberrot werden [beim Räuchern] (**2**,5,4).
minimum – ganz wenig (**2**,2,2+7; **6**,9,14).
ministrare – servieren (**Exc.** 23).
minutal – Frikassee (**4**,3,1–8).
minutatim concidere – in Stücke schneiden, kleinschneiden (häufig).
minutus – geschrotet, gemahlen, kleingeschnitten (häufig).
mirta → »myrta«.
miscere – mischen (häufig).
misceri – sich mischen (**4**,2,12).
mittere – dazugeben, hinzufügen (häufig).
mittere, ut coquatur – zum Kochen aufsetzen (häufig).
mixtum – Mischung (**3**,10,1; **9**,9).
modice – etwas, nicht zu lange, zurückhaltend (häufig).
modicus – etwas, ein wenig, nicht zu groß (häufig).
mollire – weich werden (**3**,2,2).
mollis – weich (häufig).
mollissimo igni – auf sehr kleiner Flamme (**10**,3,11).
mollitus [vino] – eingeweicht [in Wein] (**1**,1).
ad **momentum** – sofort (**1**,2; **4**,5,2).
morena → »murena«.
mortarium – Mörser (häufig).
mortarium – Mörsergewürz, Rezept in **1**,35 (**1**,35; **6**,4,2; **10**,3,5).
morum – Maulbeere {*Morus nigra*}; vielleicht ist auch die ähnlich aussehende Brombeere {*Rubus fruticosus*} gemeint, vgl. Plin. nat. hist. 15,97 (**1**,22).
movere – rühren (**1**,7; **8**,1,5).
mugil [oder »mugilis«] m. – Meeräsche {*Mugilis Cephalus*} (**4**,2,31; **9**,10; **9**,10,6+7).
mullus – Meerbarbe {*Mullus barbatus*} (**4**,2,22; **10**,1,11+12; **Exc.** 14).
mulsa → »⟨aqua⟩ mulsa«.
mulsum – Honigwein, vgl. Colum. 12,41 und Plin. nat. hist. 22,113 (häufig).
mundus – sauber (häufig).

murena – Muräne {*Muraena helena*} (**10**,2,6; **Exc.** brev. cib.; **Exc.** 16; »morena«: **10**,2,1–5).
muria – Salzlake (**1**,26; **7**,1,6; **7**,7,2).
musteus – Mostbrötchen: vgl. Cato r. r. 121 [dort »mustaceus«] (**5**,1,3; **7**,9,2; **7**,10; **7**,13,2).
  musteus afer – afrikanisches Mostbrötchen (**7**,13,2).
mustum – Most (häufig).
myrtae bacum – Myrtenbeere {*Myrtus communis*} (**1**,24,1; **7**,5,3; **7**,6,7; **8**,1,3; **10**,3,8; »baca mirtea«: **2**,1,7; »mirtae baca«: **6**,3,1; **7**,6,12; »baca murre«: **Exc.** brev. pim.).

napus – Steckrübe {*Brassica napus rapifera*} (**3**,13; **3**,13,1+2).
nardostacium – Nardenblüte (**7**,6,8; **8**,2,7).
navis – Bürzel (**6**,7; **6**,9,2+5).
nepeta – Katzenminze {*Nepeta cartaria*} (**6**,5,2; **10**,2,3; **Exc.** brev. pim.).
  nepeta montana – Gebirgskatzenminze {*Melissa nepeta*} (**10**,2,3).
nervi – Sehnen (**2**,1,6; **3**,20,7; **6**,2,2).
nitrum – Natron, Soda (**1**,32; **3**,1; **5**,2,2).
nix, nivis f. – Schnee (**4**,1,2).
novissima pars – After [?] (**7**,6,6).
novus – frisch (**3**,2,5; **5**,1,3; **5**,2,2; **6**,9,14; **9**,8,1).
nuclei [pinei] – Pinienkerne [von *Pinus pinea*] (häufig).
  nuclei tosti – geröstete Pinienkerne (**6**,5,5; **8**,1,4+5; **8**,2,6; **8**,4,3; **9**,14).
Numidus – numidisch, auf numidische Art [Huhn] (**6**,9,4).
nux – Nuss (häufig).
  nux Avellana – Haselnuss {*Corylus Avellana*} (**7**,13,4; **Exc.** brev. pim. »Aballanum«).
  nux Avellana tosta – geröstete Haselnuss (**7**,13,4).
  nux fracta – geknackte Nuss (**4**,2,2+16).
  nux maior – größere Nuss [vielleicht Walnuss?] (**Exc.** brev. pim.).

obdurare – versteifen [»charta«] (**6**,2,1; **8**,7,1+5).
obligare – binden (häufig).
obsonium – Zutat (**5**,3,2).
occisus – geschlachtet (**6**,3,2; **Exc.** 23).

ocymus – Basilikum {*Ocimum basilicum*} (**5**,3,1).
oenococtus – in Weinsauce (**5**,1,2; **8**,7,11+16; **Exc.** 21 »inococtus«).
oenogaratus – mit Oenogarum (**7**,19,1; **8**,7,9).
oenogarum – Mischung aus Liquamen, Wein und Gewürzen, Rezept in **1**,31 (häufig).
oenomeli, -itos – Weinhonig, ähnlich dem »mulsum« (**7**,6,6).
oenoteganon – Weinbratensauce? [vgl. »zomoteganite«] (**Exc.** brev. cib. »inotogonon«).
ofella – Braten, Bratenstück, Rollbraten, Kotelett (**7**,4,1–6; **Exc.** 3–6).
olei flos – natives Olivenöl, Olivenöl aus der ersten Pressung [das Öl, das beim Pressen zuerst herausfließt], vgl. Plin. nat. hist. 15,23 (**2**,2,3).
oleum – [Oliven-]Öl (häufig).
  oleum cuminatum – wahrscheinlich Kuminöl, also Öl, in das Kumin [Kreuzkümmel] gegeben wurde, damit es den Geschmack annahm (**3**,21,3).
  oleum viride – grünes Olivenöl (häufig).
oleus m. [Akk.: »oleum (viridem)«] → »oleum« (häufig).
olisatrum – Schwarzkohl {*Smyrnium olusatrum*} (**3**,12 »oliserum«; **3**,15,1; **4**,2,4; **4**,2,19).
oliva – Olive {*Olea europaea*} (**1**,28; **3**,9,5 »oliba«; **6**,5,7; **6**,9,11).
  oliva columbas, -adis – in ihrem eigenen Öl eingemachte Olive, vgl. Plin. nat. hist. 15,16 und Apic. **1**,28 (**6**,9,11).
  oliva viridis – grüne Olive (**1**,28).
olla – Kessel, größerer Topf, Kessel (**6**,2,1+3; **6**,9,11; **7**,7,1; **8**,7,3+4+16; **9**,4,2).
  olla bulliens – Kessel bzw. Topf mit kochendem Wasser (**7**,7,1; **9**,4,2).
omentatus – in Fettnetz gewickelt (**2**,1,4+7).
omentum – [Eingeweide-]Fettnetz, Wursthaut = Backfolie (häufig); Wurst (**8**,6,11).
  omentum porcinum – Schweinenetz (**5**,4,6).
operculum – Topfdeckel (**5**,4,6; **9**,10,1).
ora – Rand [einer Schüssel] (**4**,1,2).
orbiculus [tractae] – [Teig-]Klößchen (**5**,1,3).
origanum – Oregano {*Origanum vulgare*} (häufig).
oriza → »oryza«.

ornare – dressieren [term. techn. der Kochkunst], zurechtmachen (häufig).
ortica → »urtica marina«.
oryza – Reis[mehl?] {*Oryza sativa*} (**2**,2,8+9; **Exc.** 9 »orizie«); mit Wasser angerührtes Reismehl (**2**,2,8 »orize sucus«).
ospreum – Hülsenfrucht (**Exc.** brev. pim. »ospera«).
ossa, ossium n. – Knochen (**6**,2,2; **6**,9,15; **8**,7,8+9); Kerne [von Datteln] (**1**,1).
dactylorum ossa torrida – geröstete Dattelkerne (**1**,1).
ossucla n. pl. – Knochen [von Hühnern] (**2**,2,9).
Ostiensis – auf Ostienser Art [über einen in einer Gewürzsauce eingelegten Braten] (**7**,4,1).
ostreum – Auster (**1**,12+29; **4**,2,13; **4**,2,31; **9**,6+14).
ovifer – Wildschaf (**8**,4; **8**,4,1+3).
ovis silvatica – Waldschaf, Wildschaf (**8**,4).
ovum – Ei (häufig).
ova elixa – gekochte Eier (**7**,19,2).
ova frangere – Eier aufschlagen (häufig).
ova frixa – Spiegeleier (**7**,19,1).
ova sfongia – Omelett (**7**,13,8).
ovi duri medium – hartgekochtes Eigelb (**8**,8,4).
ovi medium – halbes Ei (**9**,2,2).
ovorum coctorum media – gekochtes Eigelb (**8**,7,13).
ovorum vitella – Eidotter (häufig).
ovum apalum – weichgekochtes Ei (**7**,19,3).
ovum crudum – rohes Ei (häufig).
ovum durum – hartgekochtes Ei (**4**,2,13+17+21; **5**,3,2+5; **7**,6,12; **8**,8,4; **9**,10,4; **Exc.** 23).
oxygarum – Garum mit Essig, Rezept in **1**,34 (**1**,32+34; **8**,4,2).
oxypor[i]um – Sauce für die Verdauung, scharfe Sauce (**1**,32 »oxyporum«; **3**,18,2).
oxyzomum – scharfe Sauce bzw. Brühe (**Exc.** brev. cib.; **Exc.** 24).
oxyzomus – mit scharfer Gewürzsauce (**6**,9,3).

palmula – große Dattelart {*Phoenix dactylifera*} (**7**,13,1).
palumbus – Ringeltaube (**6**,2; **6**,4; **6**,4,4).

palus – Pflock [mit dem die Haut von der Schwarte getrennt wird] (**8**,1,10).
panis – Brot (**4**,1,1–3; **8**,6,1).
panis Alexandrinus – alexandrinisches Brot (**4**,1,3).
panis Picentinus – pizentinisches Brot [eine Spezialität aus Vicenza, s. Plin. Nat. hist. 18,106] (**4**,1,2).
papaver – Mohn, wahrscheinlich Samen des Schlafmohns {*Papaver somniferum L.*} oder Borstenmohns {*Papaver setigerum*} (**Exc.** brev. pim. »papaber«).
paroptus – schwach/nur an der Oberfläche gebraten (**6**,9,6).
particula⟨ti⟩m concisus – klein geschnitten (**8**,7,14).
Particus – parthisch (**1**,30,1; **3**,13,1; **5**,3,7; **6**,9,2; **7**,1,1+3).
pasci – gemästet werden (**7**,18,1).
Passenianus – à la Passenius (**8**,8,7).
passum – sehr süße Weinpräparation (häufig).
pasticus – gemästet (**8**,6,10).
pastinaca – Pastinake {*Pastinaca sativa*}; möglicherweise war »pastinaca« aber ein Synonym für »carota« (**3**,21).
pastus – gemästet (**8**,7,6).
patella – Auflauf (vgl. **4**,2,17 ff.); kleine Pfanne, Auflaufform, Backblech, Bräter (häufig, **4**,2).
patella aenea – Bronzeschüssel, Bronzepfanne (**2**,1,5; **4**,2,15).
patella tyrotarica – Käse–Fisch–Auflauf (**4**,2,17).
patina – Pfannengericht, Auflauf; Auflaufform, Backblech (häufig; **4**,2,1–36).
patina aenea – bronzenes Backblech, bronzene Auflaufform (**4**,2,15).
patina de piscibus – Fischauflauf, Fischpfanne (**4**,2,29+31).
patina urticarum – Brennnesselauflauf (**4**,2,36).
pavus = pavo – Pfau (**2**,2,6).
peciolus = pediculus – Stiel (**1**,20).
pectora – Brustfleisch (**4**,2,14).
pelamis, -idis f. – noch nicht einjähriger Thunfisch, vgl. Plin. nat. hist. 9,47; vielleicht auch Pelamide? {*Sarda mediterranea*} (**9**,11; **10**,1,13).
pepo – Wassermelone {*Cucumis melo*} (**3**,7).

perca – Barsch {*Perca*} (**10**,1,14).
percoctus – durch und durch gar (**8**,6,11).
percoquere – garkochen (**4**,3,6; **8**,6,9; **8**,8,1; **Exc.** 22+24).
percutere – durchstechen, durchlöchern (**4**,2,14+15).
perdix – Rebhuhn (**6**,2; **6**,3; **6**,3,1–3).
perdurare [?] – durchbraten (**8**,7,1).
perelixare – durchkochen (**7**,7,1).
perfricare – gut zerreiben, zermahlen (**4**,2,5).
perfundere – begießen, übergießen (häufig).
permiscere – durchmischen (**2**,5,3; **4**,5,1; **5**,1,1; **8**,7,5; **Exc.** 2).
perna – Schinken, Hinterschinken (**7**,9; **7**,9,1+2; **8**,1,10).
  perna apruna – Wildschweinschinken (**8**,1,10).
perpetuus – lang [unbegrenzt] haltbar (**1**,2).
persiccatus – sehr gut getrocknet (**7**,6,1).
persicum – Pfirsich {*Amygdalis Persica*} (**1**,26; **4**,2,34).
pertangere – benetzen, begießen (**8**,8,1).
perung⟨u⟩ere – einfetten, mit Fett [oder Öl] bestreichen (häufig).
petaso, -onis m. – Vorderschinken (**5**,3,2; **5**,4,2; **7**,10).
petroselinum [auch: **petrosilenum**] – Petersilie {*Petroselinum crispum*} (häufig).
picare – verpichen, mit Pech abdichten (**1**,7+17).
Picentinus → »panis Picentinus«.
picitus – mit Pech abgedichtet (**1**,12+23).
pimentum – Gewürz, Spezerei (**Exc.** brev. pim.).
pinguedo – Fett (**2**,4; **2**,5,3; **6**,5,6).
pinguis – dick, fett [auch von Datteln] (**1**,32; **3**,18,3; **7**,4,2; **8**,1,5).
pinna – Feder (**6**,9,1b).
piper – Pfeffer (häufig).
  piper album – weißer Pfeffer (**1**,27; **5**,3,2).
  piper confractum – grob gemahlener Pfeffer (**7**,16,2).
  piper integrum – ganze Pfefferkörner (häufig).
  piper nigrum – schwarzer Pfeffer {*Piper nigrum*} (**1**,27).
  piper tritum – gemahlener Pfeffer (häufig).
piperare – pfeffern, mit Pfeffer würzen (**6**,9,4; **7**,13,4).
piperatum – Pfeffersauce [Liquamen mit fein gemahlenem Pfeffer] (**2**,2,8; **3**,14; **4**,2,21; **7**,10).

pirum – Birne (**1**,20; **4**,2,35).
pisa sing. f. – Erbsen [kollektiv] {*Pisum sativum*} (**5**,3,2+5–9; **5**,4,3–5).
pisa integra elixa – ganz gekochte Erbsen (**5**,4,5).
pisa lota – gewaschene Erbsen (**5**,4,6).
pisciculus – Fischchen, kleiner Fisch (**4**,2,30; **4**,3,3).
piscis – Fisch (**1**, **3**, **4**, **9**, **10** häufig).
piscis asellus – Dorsch [?], vgl. Plin. nat. hist. 9,58 (**4**,2,13).
piscis scorpio – wahrsch. der Große Rote Drachenkopf {*Scorpaena scrofa L.*} (**10**,3,10; **Exc.** brev. cib.; **Exc.** 7).
pisum – Erbse {*Pisum sativum*} (**4**,4,2; **5**,3,1+3+4; **5**,4,2).
plassare = plasmare – bilden, formen (**2**,1,2+3).
platon, -onis m. – Damhirsch {*Cervus dama*} (**8**,2,2).
pluma – Feder, Gefieder (**6**,3,2; **6**,7).
plusculum – nicht zu wenig (**1**,29,1+2; **7**,6,12; **8**,1,8; **9**,1,3; **9**,7).
polypodium – Tüpfelfarn, Engelsüß; als Gewürz dienten wohl die Wurzeln {*Polypodium vulgare*} (**3**,2,2+3).
polypus – Oktopus, Krake {*Octopus vulgaris*} (**9**,5).
pomum – Baumfrucht (**4**,2; **Exc.** brev. pim.).
pondo – Pfund = 327,45 g (**1**,1; **Exc.** 2+23).
ponere – aufsetzen; herausnehmen = »deponere« (häufig).
ad ignem ponere – auf das Feuer setzen (**5**,4,4; **6**,9,13; **Exc.** 19).
Pontica – türkische Haselnuss (**6**,5,2+3; **8**,1,8).
porcellinus – vom Ferkel (**4**,3,3).
porcellus – Ferkel, Spanferkel (**2**,2,6; **4**,5,2; **5**,4,6; **6**,9,15; **8**, **Exc.** häufig).
porcinus – vom Schwein (häufig).
in porrectum iungere – ausgestreckt zusammenbinden (**5**,4,6).
porrus – Lauch, Lauchstange (häufig).
porrus capitatus – Lauch mit Knolle (**4**,3,1+3+5; **5**,3,2+8).
porrus cum capillo suo – Lauch mit den Blättern [?] (**8**,8,13).
posca – eine Art Limonade: Wasser mit Weinessig (**4**,1,1+3).
praeceptum – Rezept (**1**,3).
praecisura – abgeschnittenes Teil (**4**,2,6).
praecludere – von außen verschließen (**8**,7,1).
praecondire – vorher würzen (**8**,8,12).
praecoquere – angaren (**8**,8,1).
praecoquium – Aprikose {*Prunus armeniaca*} (**4**,3,6; **4**,5,4).

praedurare – anbraten (**2**,2,1; **6**,9,13; **7**,4,2; **7**,8,1; **8**,7,2+4+9+10+14).
praemixtus – vorher gemischt (**4**,2,21; **4**,5,1).
primoticus – gerade reif, noch nicht ganz reif [Aprikosen] (**4**,5,4).
pro modo – je nach Menge (**5**,4,5).
produrare = praedurare [?], anbraten (**8**,7,11).
profundere – begießen, darübergießen (**2**,1,6; **2**,5,4; **4**,1,1; **4**,2,13; **4**,5,1; **5**,3,2).
proicere – wegwerfen (**4**,2,6+11+25; **6**,9,12).
proungere = perungere – einfetten (**4**,5,1).
prunum – Pflaume (häufig).
prunum Damascenum → »Damascenum«.
psittacus – Papagei (**6**,6,1).
pugnus – Handvoll (**3**,10,1).
puleium – Poleiminze {*Menta pulegium*} (häufig). VORSICHT: Leicht giftig!
puleium aridum – getrocknete Poleiminze (häufig). VORSICHT: Leicht giftig!
pullina – vom Huhn, Hühnerfleisch (**Exc.** 1,1; **Exc.** 2).
pullus – Hähnchen, Hühnchen (häufig).
pullus iure coctus – Suppenhuhn (**4**,2,13).
pulmentarium – Beilage (**3**,2).
pulmones – Lunge (**4**,3,7; **7**,12; **7**,12,2; **8**,8,5).
pulpa – Filet [von Fischen]; Fleisch [ohne Knochen] (häufig).
pulpa caesa – Hackfleisch (**6**,9,15).
pulpa concisa – Hackfleisch (häufig).
pulpa quasi ad isicia liata – vgl. **5**,1,1 [»liare«].
pulpae – Fleischstücke, Ragout (häufig).
pulpae piscium – Fischfilets (**4**,2,14+17).
puls – Brei, Teig (**7**,13,6).
pultarius – Tontopf (**3**,15,2; **6**,5,2; **7**,14,3; **9**,8,1).
pultes – Brei, Getreidebrei (**5**,1; **5**,1,1–4).
pultes tractogalatae – Milchteigbrei (**5**,1,3).
pulvis – Pulver (**1**,5; **4**,2,9; **8**,4,2; **8**,7,8).
ad levissimum pulverem redigere – zu sehr feinem Pulver machen (**1**,5; **8**,4,2).
pulvis piperis – Pfefferstaub (**4**,2,9).

pungere – hineinstechen (**5**,4,2; **7**,7,1).
purgamentum – Abfall (**3**,15,3).
purgare – säubern, putzen, schälen [Nüsse] (**2**,5,3; **4**,2 häufig; **Exc.** 16+19).
purgatus – gereinigt, geschält [Nüsse] (häufig).
purgatus e medio – entkernt, ohne Kerngehäuse [Birnen] (**4**,2,35).
purgatus intro foras – entkernt [Zitronatzitrone] (**4**,3,5).
purus – rein (**3**,21,2; **7**,18,2; **8**,6,8).
pusillum – ein ganz klein wenig (**2**,1,7; **4**,2,25; **4**,5,4; **8**,7,7).
pyrethrum [auch: **piretrum**] – Bertram {*Anthemis pyrethrum*} (häufig).

quadratum – Brett [viereckig] (**6**,9,2; **8**,8,9).
quadratus – in Form eines Quadrates/Vierecks, würfelförmig (**5**,3,2).
quagulum → »coagulum«.
quantum competat – so viel wie erforderlich (**Exc.** 1,2; **Exc.** 24).
quartarius – als Maß = 0,137 l (**2**,2,3).
quoquere = coquere – kochen (**3**,15,3; **4**,2,21; **4**,3,3).

radere – die Kruste entfernen, entschuppen [Fische], putzen (häufig).
radix – Wurzel (häufig).
rafanus = raphanus – Rettich {*Raphanus sativus*} (**3**,14).
ramulus – Zweig (**1**,19; **8**,1,2).
ramulus lauri – Lorbeerzweig (**8**,1,2).
ramus – Zweig (**4**,2,21 »rutae«; **7**,6,7 »satureiae«).
rapa, -ae f. – Rübe (**1**,24,1+2; **3**,13; **3**,13,1+2; **6**,2,3; **Exc.** 7).
raptus – gerupft [Huhn] (**4**,2,13).
rapulatus – mit Rüben [zubereitet] (**Exc.** brev. cib.; **Exc.** 7).
rasus – geschält, ohne Kruste (**3**,6,1+2; **7**,13,3).
recens – frisch (**1**,4,1; **1**,7+8+20; **2**,2,1; **4**,2,13; **8**,7,16; **9**,8,5).
recipere – aufnehmen (**8**,7,7).
recludere – wieder verschließen (**4**,5,3; **7**,8,1).
de arbore **redimere** – abernten, pflücken (**1**,28).
reexinanire – schütten, ausleeren (**4**,2,15; **5**,2,1; **6**,2,1+3; **6**,6,1; **6**,9,12; **8**,6,11).
refrigerare – abkühlen [intr.], abkühlen [lassen] (**4**,2,4; **5**,3,4; **6**,9,8 »refrigeratum«).

refrigescere – abkühlen [intr.] (**4**,2,36).
refundere – füllen [auf] (**4**,2,14+28; **4**,4,1+2; **4**,5,4; **5**,2,2; **5**,5,1+2; **6**,8; **6**,9,1a; **7**,4,1; **7**,10; **10**,1,1).
ren, -is m. – Niere (**7**,8).
replere – wieder füllen (**2**,5,4; **7**,7,1; **8**,6,11).
requietus – abgehangen [Lauchstangen] (**3**,2,1; **4**,5,1).
restringuere – auswringen, abtropfen = restringere (**4**,2,4).
revocare in – wieder dazugeben (**4**,5,2).
rosa – Rose {*Rosa gallica*} (**1**,4,1+2; **4**,2,9).
rosatum – Rosenwein (**1**,4; **1**,4,1+2).
rotula – Scheibchen [von Kürbissen] (**6**,2,5).
rubellio f. – Knurrhahn [?] {vielleicht *Chelidonichthy obscurus*} (**10**,1,15).
rus [= **rhus, rhois** n.] **Syriacum** – syrischer Sumach {*Rhus coriaria*} (**10**,2,4; **10**,4,1+2).
rusticae – Feldkräuter (**4**,2,7).
ruta – Weinraute {*Ruta graveolens*} (häufig). VORSICHT: Leicht giftig!
rutae baca – Weinrautenfrucht (**4**,2,17+18; **10**,3,8; **10**,4,2).
rutae semen – Weinrautensamen (**5**,2,1–3; **6**,3,3; **7**,6,6; **8**,3,1).
rutae surculus → »surculus rutae«.
ruta viridis – grüne/frische Weinraute {*Ruta graveolens*} (häufig). VORSICHT: Leicht giftig!

sabanum – Leinentuch (**6**,8; **6**,9,1b; **7**,6,1; **8**,7,6).
sabucus = sambucus – Holunder {*Sambucus nigra*} (**4**,2,8).
semen de sabuco – Holunderfrüchte, -beeren (**4**,2,8).
sal, -is n. [auch: **salis**, -is m.] – Salz (häufig).
sala cattabia – Brotsalat [»sala« = n. pl. von »sal«] (**4**,1; **4**,1,1–3).
sales m. pl. – Salz, Gewürzsalz (**1**,5+27; **7**,13,1; **Exc.** 29).
sales ammonici – Salmiaksalz [Ammoniumchlorid] (**1**,27).
sales conditi – Gewürzsalze (**1**,27).
sales fricti et triti – zerriebenes Salz (**1**,5).
salire [?, orig.: »salvas«] – salzen (**10**,1,1).
salsare n. – eine Form [oder Schüssel] für Salzfisch (**9**,13,2).
salsus – gesalzen, salzig; Salzfisch (häufig).
salvia – Salbei {*Salvia officinalis*} (**Exc.** brev. pim.).

samsucus – Majoran {*Origanum majorana L.*} (**Exc.** brev. pim.).
sapa – bis auf ⅓ eingekochter Most, vgl. Pallad. 11,18 (**1**,22).
sapidus – wohlschmeckend (**6**,5,6: »sapidior«).
sapor – Geschmack (**1**,13).
sarda – eingesalzener Thunfisch oder ein ähnlicher Fisch, Bonito (**9**,10; **9**,10,1–5; **Exc.** brev. cib.; **Exc.** 12).
sartago – Kasserolle, Pfanne (**7**,4,5; **10**,1,5; **Exc.** 3+4).
satiare – tränken (**7**,4,1).
quod **satis erit** – genügend, in genügender Menge (**4**,2,12; **8**,4,2; **8**,7,4; **9**,4,2).
satureia – Bohnenkraut, Saturei {*Satureia hortensis*} (häufig).
scilla – Riesengarnele, Hummerkrabbe = »squilla« {*Penaeus kerathurus*} [franz. »crevette«, ital. »gambero«] (**2**,1,3 »iscilla«; **Exc.** 17).
scindere – aufschneiden (**8**,7,14).
scobis sicca – trockene Sägespäne (**1**,25).
scorpio → »piscis scorpio«.
scripulus – Skrupel = 1,14 g (häufig).
selibra – halbes Pfund = 163,7 g (**5**,1,1+4).
semen – Samen, Kern [einer Dattel] (häufig).
semen coriandri – Koriandersamen (häufig).
semis – ½ (**1**,27; **4**,2,9).
semuncia – ½ Unze = 13,64 g (**1**,34,1; **2**,2,3; **8**,6,5; **8**,8,12).
separare – trennen, auseinanderschneiden (**7**,4,1; **8**,1,10).
sepia – Sepia [Tintenfischart] {*Sepia officinalis*} (**2**,1,1; **5**,3,3; **9**,4,1–4).
serpyllum – Sand-Thymian, Quendel {*Thymus serpyllum*} (**10**,1,15).
servare – aufbewahren, erhalten (**1**,17–26 häufig; **6**,5,6).
sesamum – Sesam {*Sesamum orientale*} (**6**,6,2; **Exc.** brev. pim. »sisama« n. pl.?).
sextarius – Sextar (≈ Schoppen), 0,547 l (häufig).
sfondilus = spondylus – Lazarusklapper {*Spondylus gaederopus*} (**2**,1,6; **3**,20; **3**,20,1–7; **5**,2,1).
sfongius → »ova sfongia«.
sfungiare = spongiare – abtupfen, mit einem Schwamm abwischen (**8**,1,1).
siccare – abtrocknen, trocknen, trocknen [intr.] (häufig).

siccatus – getrocknet (**6**,9,8; **8**,7,5+6).
siccus – getrocknet, trocken (häufig).
sicium = isicium – Gehacktes, Frikadelle (**2**,1,5).
sil, -is n. – Sesel {*Seseli annuum* oder *Seseli turtuosum*} (**3**,5; **5**,5,1).
sil montanum – Bergfenchel {*Seseli montanum*} (**3**,5).
silfium – Laser, Laserpicium, vgl. »laser« {*Ferula tingitana* bzw. *Ferula asa foetida*} (häufig).
silurus – Wels [?] {*Silurus glanis* oder *Parasilurus aristotelis*} (**9**,11).
simila – Weizenauszugsmehl (**5**,1,2; **7**,13,6).
sinape (-i), -is n. [auch: **sinapis**, -is f.] – Senf, wahrscheinlich weißer Senf {*Sinapis alba*} (häufig).
sinape factum – fertiger Senf, Rezept in 1,9 (**8**,7,15; **Exc.** 25).
sinapi viride – grüner Senf (**4**,2,7).
sisama [n. pl.?] → »sesamum«.
smaragdinum – smaragdgrün [Gemüse] (**3**,1).
solea – Scholle, Flunder oder Seezunge (**4**,2,28; **Exc.** 19: »solia«).
sorbendum – als Suppe oder Eintopf, eigtl. »zum Schlürfen« (**2**,2,2+7).
sorbere – sich vollsaugen [oder aufsaugen] (**7**,10; **7**,12,1).
sorbum – Speierling {*Sorbus domestica*} (**4**,2,33).
Spanus [oleum Spanum] – spanisch[es Öl] (**1**,5; **6**,9,16).
sparsus – bestreut (**8**,8,12; **Exc.** brev. cib.; **Exc.** 23).
spatula porcina – Schweineschulter (**4**,3,4–7).
spica alei = spica alii – Knoblauchzehe (**9**,13,3).
spica Indica – Citronella {*Cymbopogon nardus L.*} oder Zitronengras {*Cymbopogon citratus*} [oder ein ähnliches Gewürz?] (**1**,30,2; **6**,5,4; **9**,8,2).
spica nardi – Nardenspitze {*Nardostachys grandiflora* DC.} (**Exc.** brev. pim.).
spissare – dick/steif/fest werden (**5**,1,1+4; **8**,8,3).
spissitudo – die Steife (**Exc.** 7).
spissus – dick, steif (**2**,2,7; **Exc.** 24).
spongizare – abtupfen (**8**,7,4).
sportella – Körbchen, Körbchen zum Mitkochen, um das Zerfallen der Speisen zu verhindern (**1**,4,2; **6**,9,11; **8**,6,6; **8**,7,3+4).
sportella palmea – Körbchen aus Palmbast (**1**,4,2).
stercus – Kot, Mist (**7**,18,1; **8**,6,6).

sterilis → »vulva sterilis«.
stomachus – Magen (**9**,13,3).
stringere – dickflüssiger werden, eindicken, steif werden (**4**,2,31; **7**,6,4; **8**,8,13).
strutio, -onis f. – Strauß {*Struthio camelus*} (**6**,1; **6**,1,1+2).
subaperire – aufmachen, öffnen (**8**,7,1).
subassare – schwach grillen (häufig).
subcultrare – mit dem Messer kleinschneiden (**4**,2,15; **8**,8,10).
subcultratus – klein geschnitten (**8**,8,10).
substernere – als Unterlage darunterlegen, in etwas verteilen **4**,2,7+14+15; **4**,5,1).
subtilis – dünn (**4**,2,20; **4**,5,3; **7**,13,8).
subtritus – fein gemahlen (**2**,3,1; **2**,4; **5**,3,7).
subtus supra – direkt an der Unterseite (**4**,2,33; **4**,2,36).
sucus – Creme, Saft, Dip, Brei (häufig).
sucus asparagi – Spargelbrei (**4**,2,5).
sucus tisanae – Gerstenbrei (**5**,5,1).
suere – zunähen (**2**,2,2; **8**,8,12).
sufflare in – hineinblasen in (**8**,6,6).
suffundere – begießen, dazugeben (häufig).
sumen – Euter, Schweineeuter (**4**,2,14+15; **7**,2; **7**,2,1+2).
sumere – essen, verspeisen (**8**,6,10; **8**,8,12; **9**,8,5).
summittere – geben [in] (**3**,3; **5**,1,3; **7**,7,1; **8**,6,6; **8**,7,3+4).
super [adicere/aspargere/componere etc.] – darauf/darüber streuen/ legen (häufig).
superficies – Oberseite (**4**,2,15).
superfundere – darübergießen, übergießen (häufig).
superinmittere – dazugeben (**2**,1,4).
supermittere – daraufgeben (**1**,1; **5**,2,3; **5**,3,2).
superspargere – darüberstreuen (**Exc.** 23).
superstillare – daraufträufeln, darüberträufeln (**4**,2,34; **8**,7,15; **9**,13,2+3).
surcellus – Spießchen (**4**,2,8).
surclare = surculare – auf Spießchen stecken, mit Spießchen zusammenstecken (**4**,5,3; **7**,2,1; **7**,4,1+2; **7**,7,1; **8**,6,11; **8**,8,9).
surculare – zusammenspießen (**8**,7,5; **8**,8,8).

surculus – Stäbchen, Spießchen (**5**,4,6; **7**,16,1+2; **8**,7,5; **10**,3,3).
surculo alligare – mit einem Spießchen zusammenstecken (**5**,4,6).
surculo infigere/adfigere – auf ein Spießchen stecken (**7**,16,1+2).
surculus lauri viridis – frischer Lorbeerzweig (**8**,7,5).
surculus rutae – Rautenzweig (**10**,3,3).
suspendere – aufhängen (**1**,18+21; **2**,4; **2**,4,1; **7**,7,1; **8**,7,16; **8**,8,7).
sutilis – zusammengebunden (**1**,4,1).
sutus – zugenäht (**8**,9).
syringiatus – das noch an der Mutter saugt (**8**,6,6+7).

tabula – Tisch[platte] (**2**,1,5; **4**,2,36).
tangere – benetzen (**6**,9,1b; **8**,7,8+9; **8**,8,7+12).
tannus = tamnus – Schmerwurz {*Dioscorea communis, Tamus communis L.*} (**4**,2,7). VORSICHT: Leicht giftig!
Tarpeianus – tarpeisch (**8**,6,9; **8**,8,12).
tegula – Tonziegel, Tontiegel (**8**,9).
temperare – abschmecken (häufig).
tener – mild (**2**,2,6; **4**,3,2).
tenere – dick/steif/zäh werden (**4**,2,27; **Exc.** 13).
tepescere – heiß werden (**6**,9,14).
tepida – lauwarmes Wasser (**1**,30,1).
Terentinus – à la Terenz (**4**,2,13; **4**,3,2; **8**,1,10; **8**,7,1).
terere – zerstoßen, zerstampfen, zerreiben (häufig).
tessella – Viereck, Würfelchen (**2**,1,5; **2**,2,1; **4**,5,3; **7**,9,1).
tessellatim concidere – würfeln, in Würfel schneiden (**4**,3,4–7).
testiculi caprorum – Hoden von Ziegenböcken (**4**,3,3).
thebaica – Thebanische Dattel [aus Theben (Luxor) in Ägypten] {*Phoenix dactylifera*} (**1**,3).
t[h]ermospodium – Kohlebecken (**4**,2,4+8+9+33; **9**,8,3).
thymum [auch: **timum**] – Thymian {*Thymus vulgaris*} (häufig).
thyrsus – Stiel (**7**,15,6).
tinnus = thynnus – Thunfisch {*Thunnus thynnus*} (**9**,11; **10**,3,4+5).
tiropatina – Pudding [ursprüngl. ein Gericht mit Käse?] (**7**,13,7).
tisana = ptisana – Gerstengrütze (**4**,4; **4**,4,1+2; **5**,5; **5**,5,1+2).
tollere – abschneiden, herausnehmen, vom Feuer nehmen (häufig).
de arbore tollere – abernten, pflücken (**1**,28).

torpedo, -inis f. – Zitterrochen {*Raia torpedo*} (**9**,2; **9**,2,1+2).
torrere – rösten (**4**,2,2)
tostus – geröstet (**6**,5,2+3+5; **7**,1,6; **7**,6,10+11; **7**,7,2; **7**,13,4; **8**,1,4+5; **8**,2,6; **8**,4,3; **9**,14).
tracta – Teig [aus Mehl und Wasser] zum Eindicken von Saucen (häufig; »tractum«: **2**,1,5; **4**,3,6; **7**,9,14; **8**,7,5?).
tractogalatus – mit Milchteigbrei (**5**,1,3; **6**,9,14).
tractomelinus? [orig.: »tracto mel in«] – mit Honigteig (**8**,7,5).
tractum → »tracta«.
trahere – abreißen [den Kopf eines Kranichs] (**6**,2,2).
Traianus – à la Trajan (**8**,7,16).
traicere – hinübergeben (**Exc.** 14+19+21).
transferre – hinübergeben [in eine Auflaufform] (**4**,2,6+19+30; **4**,4,1; **5**,5,1; **Exc.** 22).
tribulare – schaumig schlagen (**Exc.** 1,1).
tritura – Gewürzmischung [aus gemahlenen Gewürzen] (**1**,1; **Exc.** 1,1+2).
tritus – zerstoßen, gemahlen, gerieben, zerstampft (häufig).
trulla – Schöpflöffel (**4**,2,14+15; **5**,1,1).
tuber, -is n. – Trüffel {*Tuber cibarium*} (**1**,25+31; **3**,4,8; **7**,16; **7**,16,1–6).
tudiclare = tudiculare – stampfen (**5**,2,2; **5**,3,6).
tundere – zerstoßen, (klein)hacken (häufig).
turdus – Drossel, Wacholderdrossel, Krammetsvogel {*turdus pilaris*} (**4**,2,14; **5**,3,2+8; **8**,7,14; **Exc.** brev. cib.; **Exc.** 2+29).
turio lauri – Lorbeerspross (**8**,1,10).
tursio – Schweinswal {*Delphinus Phocaena*} (**4**,2,18).
turtur f. – Turteltaube (**6**,2; **6**,3; **6**,3,3; **Exc.** brev. cib.; **Exc.** 30).
tus – Weihrauchharz {*Amyris serrata*} (**2**,3,2).
tyrsus = thyrsus – Stängel, Strunk (**4**,2,3).

umerus – Schulter (**8**,6,6).
umor → »humor«.
uncia [Abk.: »unc«] – Unze = 27,28 g (häufig).
tres **undas bullire** – dreimal aufwallen, dreimal schäumend aufkochen (**8**,6,6).
ung[u]ella – Schweinshaxe (**1**,9; **4**,5,2; **6**,2,5; **7**,1; **7**,1,5).

unguere – bestreichen (**Exc.** 5).
urere – rösten (7,10).
uri – anbrennen [intr.] (5,1,3; **6**,9,14; **7**,4,2).
urtica – Nessel, Brennnessel {*Urtica dioicia*} (3,17; **4**,2,36).
urtica marina – Qualle (**4**,2,12+13; **4**,3,1; **9**,14 »ortica«).
utriculus – Fleisch aus dem Bauch, Bauchfleisch? (**8**,7,3+4).
uva – Weintraube (häufig).
uva passa – Rosine (häufig).

ad **vaporem ignis** – über das Feuer [nicht direkt in die Glut] (**2**,2,2+4).
ad **vaporem imponere** – in den Dampf hängen oder über den Herd in die heiße Luft hängen (**4**,2,12).
super **vaporem ignis imponere** – über das Feuer hängen (**9**,10,1).
vaporare – dämpfen (**Exc.** 1,2).
Varianus? – à la Varius (**6**,9,12).
vas – Gefäß (häufig).
vasculum – kleines Gefäß (1,12; **8**,4,2; **9**,10,2; **Exc.** 1,2).
vasum vitrium – Glasgefäß (1,22).
vatillum – Kohlebecken (7,10; **8**,8,12).
venatio – Wild (**8**,2,2; **8**,4,2).
venter – Bauch, Magen (häufig).
ad ventrem – für die Verdauung (3,2; 3,2,3+5).
ventriculum – gefüllter Magen [?] (7,7).
versare – stürzen, wenden (**2**,1,5; **4**,2,15+20; **4**,5,1; **6**,9,14; **8**,8,1).
versatilis – gestürzt, zum Stürzen (**4**,2,2+16; **4**,5,1; 5,3,8).
vertere – stürzen (7,13,8).
vesica bubula – Rinderblase (**8**,7,1 [2×]).
Vestinus – vestinisch [Käse] (**4**,1,2).
vinum – Wein (häufig).
vinum atrum – dunkler Rotwein (1,6).
vinum candidum – Weißwein (1,6; 5,3,2).
vinum coctum – ein-[?]gekochter Wein (**4**,2,27).
vinum dulce – süßer Wein (**4**,5,1; **9**,8,1).
vinum myrteum – Myrtenwein, vgl. »rosatum et violacium« (1,4).
vinum passum – süßer Dessertwein, Passito (**Exc.** 15).
viola – Veilchen {*Viola odorata*} (1,4,1).

violacium – Veilchenwein (**1**,4; **1**,4,1).
viridia – Blattgemüse, grünes Gemüse, frische Kräuter (häufig).
viridia minuta concisa – kleingehackte frische Kräuter (**4**,4,2; **5**,5,2).
viridis – grün = frisch (häufig).
virtus – Aroma (**Exc.** brev. pim.).
Vitellianus – à la Vitellus (**5**,3,5+9; **8**,7,7).
vitellina – Kalbfleisch (**8**,5; **8**,5,1).
vitellum [ovi] – Eidotter, Eigelb (häufig).
vitis – Rebenholz (**1**,6).
vitulina – Kalbfleisch (**8**,5,2–4).
vivus – ganz frisch (**6**,4,4; **6**,9,2+5; **Exc.** 25).
volvere – wälzen [in einer Gewürzmischung] (**10**,1,4).
vulva – Gebärmutter (**7**,1; **7**,1,1–4+6).
vulva sterilis – Gebärmutter einer Jungsau (**7**,1; **7**,1,1–4).
vulvula – Gebärmutter, Wursthaut (**2**,3; **2**,3,1).

zema – Kessel (**8**,1,10; **8**,6,6).
zingiber, -is n. → »gingiber«.
zomoteganon – Auflauf aus gesottenen Fischen (**4**,2,27).
zyniperum → »iuniperum« [?].

Literaturhinweise

Die Handschriften, Textausgaben und Übersetzungen

Apicius-Handschriften

V Vaticanus Urbinas lat. 1146, 9. Jh.
E New York Academy of Medicine 1 (früher Cheltenham bibl. Phillipps 275), 9. Jh.

Folgende sind aus V abgeschrieben:

P Paris lat. 8209
T Rom Vat. Urb. lat. 1145
L Florenz Laur. 73,20
S Florenz Laur. Strozz. 67
C Florenz Riccard. 141 (L III 29)
R Florenz Riccard. 662 (M I 26)
Oxford Bodl. Canon. lat. 168
Oxford Bodl. Add. B 110
Cesena, bibl. munic. 167,154
Rom. Vat. lat. 6803

Politian. Die Lesungen von Politianus finden sich in:
M München lat. 756 (1495 von Crinitus aufgeschrieben).

Textausgaben

Apitii Celii de re coquinaria libri decem, Bernardus Venetus, Venedig (ohne Jahr).

Appicius Culinarius, Guilermus Signerre, Mailand 1498.

Apicii Celii De Re Coquinaria libri decem, Iohannes de Cereto de Tridino alias Tacuinus, Venedig 1503.

Caelii Apicii, summi adulatricis midicinae artificis, De Re Culinaria libri X, recens e tenebris eruti, et a mendis vindicati, typisque summa diligentia excusi. Albanus Torinus, Basel 1541.

Caelii Apicii, summi adulatricis midicinae artificis, De Re Culinaria libri X, Albanus Torinus, Lyon 1541.
Hum. *Apicii Caelii de opsoniis et condimentis sive arte coquinaria libri X* (der Text ist wahrscheinlich nach einer alten Abschrift aus E gegeben), Gabriel Humelberg, Zürich 1542.
Apicii Coelii De Opsoniis et Condimentis, sive Arte Coquinaria, Libri Decem, Martin Lister, London 1705.
Apicii Coelii De Opsoniis et Condimentis, sive Arte Coquinaria, Libri Decem, Martin Lister, Amsterdam 1709.
Apitius Caelius delle Vivande e Condimenti ovvero dell'Arte de la Cucina, G. Baseggio, Venedig 1852.
Schuch *Apici Caeli De Re Coquinaria Libri Decem*, Chr. Theophil. Schuch, Heidelberg 1874.
Vollmer *Apicii Librorum X qui dicuntur De Re Coquinaria quae extant*, C. Giarratano, Fr. Vollmer, Leipzig 1922.
Marsili *Apicius: De Re Coquinaria*, A. Marsili, Pisa 1957.
Apicius: the Roman cookery book, B. Flower und E. Rosenbaum, London 1958.
André *Apicius »L'Art Culinaire« (De Re Coquinaria)*, J. André, Paris 1965.
Milham *Apicius: De Re Coquinaria*, M. E. Milham, Leipzig 1969.
Apicius, A Critical Edition with an Introduction and English Translation, C. Grocock, S. Grainger, Totnes/Devon 2006.

Übersetzungen

Das Apicius-Kochbuch aus der altrömischen Kaiserzeit, R. Gollmer, Breslau 1909, 2. Aufl. Rostock 1928.
Altrömische Kochkunst in zehn Büchern, E. Danneil, Leipzig 1911.
Apicio, P. Buzzi, Mailand 1930; 2. Aufl. Mailand 1957.
Apicius, a Roman cookbook, A. L. Ebel, Chicago 1931.
Les dix livres de cuisine d'Apicius, B. Guégan, Paris 1933.
Apicius: Cookery and dining in imperial Rome, J. Vehling, Chicago 1936.
Marsili 1957 (siehe Textausgaben).
An der Tafel des Trimalchio, M. und G. Faltner, München 1959.
En gammal romersk Kokbok, M. von Heland, Stockholm 1963.

André 1965 (siehe Textausgaben).
De antieke keuken, W. A. Forbes, Bussum 1965.
Das Kochbuch der Römer, Rezepte aus Apicius (Auszüge), E. Alföldi-Rosenbaum, Zürich 1970/1988.
Apicio, La Cocina en la Antigua Roma, P. Flores Santamaría, Esperanza Torrego Salcedo, Ediciones Generales Anaya, Madrid 1985.
Apicio: L'arte culinaria, G. Carazzali, Mailand 1990/2003.
Apicius, A Critical Edition with an Introduction and English Translation, C. Grocock, S. Grainger, Totnes/Devon 2006.

Die Handschriften, Ausgaben und Übersetzungen der *Apici excerpta a Vinidario*

A Paris lat. 10318, 8. Jh.

Von diesem ist der folgende von Nicolaus Heinsius abgeschrieben worden:
H Codex Leidensis Burm. Q 13, 17. Jh.

Textausgaben

Schuch 1874 (siehe Apicius-Textausgaben; Schuch hat die Rezepte aus den Exzerpten jedoch in die übrigen Rezepte eingeordnet).
Die Apicius-Exzerpte im Codex Salmasianus, M. Ihm. In: Archiv für lateinische Lexicographie und Grammatik 15 (1908), S. 63–73.
C. Giarratano, Fr. Vollmer 1922 (siehe Apicius-Textausgaben).
J. André 1965 (siehe Apicius-Textausgaben).
M. E. Milham 1969 (siehe Apicius-Textausgaben).

Übersetzungen

J. Vehling 1936 (siehe Apicius-Übersetzungen).
J. André 1965 (siehe Apicius-Textausgaben).

Ausgewählte Literatur zum apicianischen Kochbuch

H. O. Lenz: *Zoologie der alten Griechen und Römer.* Gotha 1856.
– *Botanik der alten Griechen und Römer.* Gotha 1859.
J. Marquardt, A. Mau: *Das Privatleben der Römer* (Teil 1). Leipzig 1886.
C. Giarratano: *I codici dei libri de re coquinaria di Celio.* Neapel 1912.
Fr. Vollmer: *Studien zu dem römischen Kochbuche von Apicius.* München 1920. (Sitzungsber. d. Bayr. Akad. d. Wissenschaften.)
E. Brandt: *Untersuchungen zum römischen Kochbuche.* In: Philologus Suppl. XIX, 3 (1927). [Online-Ausgabe: http://gallica.bnf.fr/ark:/12148/bpt6k613488/f384.image]
E. Saint-Denis: *Le vocabulaire des animaux marins en Latin Classique.* Paris 1947.
M. E. Milham: *A glossarial index to De Re Coquinaria of Apicius.* Madison 1952.
J. André: *Lexique des termes de botanique en Latin.* Paris 1956.
R. Riedl: *Fauna und Flora des Mittelmeeres.* Hamburg 1983.
J. André: *Essen und Trinken im alten Rom.* Stuttgart 1998. 2013.
R. Maier: *Rezepte aus dem alten Rom. Zum Nachkochen!* Stuttgart 2023.

Nachwort

Leben und Werk des Apicius

Über das Leben von Marcus Gavius Apicius[1], der wohl mit einiger Sicherheit als der ursprüngliche Verfasser eines großen Teils des uns überlieferten römischen Kochbuchs gelten kann, wie Brandt gezeigt hat[2], gibt es leider nicht allzu viele Nachrichten von seinen Zeitgenossen. Von Plinius wird er als »ad omne luxus ingenium natus«[3] – von Geburt zu jeder Art Prasserei befähigt – und, an anderer Stelle, mit noch rüderen Worten als »nepotum omnium altissimus gurges«[4] – der größte aller Verschwender und Prasser – tituliert. An einer weiteren Stelle berichtet Plinius[5] von einer der erfolgreichsten Ideen des Apicius, nämlich Schweine mit getrockneten Feigen zu mästen und ihnen kurz vor dem Schlachten Mulsum zum Trinken zu geben, um eine besonders wohlschmeckende Leber zu erhalten; die extra dafür geschöpfte Bezeichnung »ficatum« hat sich als »fegato« (ital.), »foie« (franz.), »higado« (span.), »figado« (port.) etc. für Leber in allen romanischen Sprachen gehalten, während das klassische »iecur« wahrscheinlich schon zu Anthimus' Zeiten[6] aus der Mode gekommen war. Das bei

1 Zum Namen vgl. Dio Cass. 57,19,5.

2 Brandt, »Untersuchungen zum römischen Kochbuch«, in: Philologus, Suppl. XIX, 3 (1927). S. Literaturhinweise.

3 Plin. nat. hist. 9,66.

4 Plin. nat. hist. 10,133.

5 Plin. nat. hist. 8,209.

6 Anthimus: »De observatione ciborum«; es handelt sich um einen an Theoderich den Großen gerichteten Brief über die gesunde Ernährung (Anfang 6. Jh. n. Chr.). Eduard Liechtenhan, »Anthimi De observatione ciborum ad Theodoricum regem Francorum epistula«,

Anthimus auftauchende »ficatum«[7] bezeichnet sicher eine normale Leber. Die Idee, Tiere auf bestimmte Art und Weise zu mästen, um die Qualität ihres Fleisches zu erhöhen, findet sich bei Apicius häufiger, zum Beispiel im VII. Buch auch für Schnecken[8]. Plinius erzählt auch[9], dass Apicius Meerbarben, die in Garum geschlachtet wurden, als besondere Delikatesse hervorhob und aus ihrer Leber Allec zubereitete. Außerdem soll Apicius den Geschmack von Flamingozunge besonders gelobt[10], den in Mode gekommenen Brokkoli (Cyma) aber nicht geschätzt haben[11]. Wir dürfen aus diesen Notizen auf jeden Fall schließen, dass Apicius eine besondere Vorliebe für sehr teure und extravagante Zutaten hatte. Darüber hinaus hat er seine Kochkünste wohl nicht nur bei den zahlreichen von ihm veranstalteten Gastro-Events unter Beweis gestellt, sondern auch gelehrt, und als Vertreter der neuen römischen »haute cuisine« – die ältere bäuerliche römische Küche finden wir zum Beispiel in Catos *De agricultura* – dürfte er einem großen Publikum bekannt gewesen sein. Einige Hinweise auf die damalige Küchenkultur gibt auch das berühmte *Satyricon* des Petronius, wobei in der *Cena Trimalchionis* die Völlerei allerdings über die Feinschmeckerei triumphiert. Solches lag jedoch sicher nicht in der Absicht des Apicius, der ja, wenn wir den Berichten glauben dürfen, bemüht war, sich besonders raffinierte Speisen und Zubereitungsarten auszudenken[12]. Die Gerichte, die wir in

Berlin 1963 (Corpus medicorum Latinorum 8, 1), Online-Ausgabe: http://cmg.bbaw.de/epubl/online/cml_08_01.html

7 Anthim. de obs. cib. 21.

8 Apic. 7,18.

9 Plin. nat. hist. 9,66.

10 Plin. nat. hist. 10,133.

11 Plin. nat. hist. 19,137; trotzdem finden wir bei Apicius ein Rezept dafür, vgl. Apic. 3,9,1.

12 Vgl. Seneca, *de vita beata* 11,4 und Plin. nat. hist. 8,209; 9,66; 10,133.

dem uns überlieferten Kochbuch finden, sind im Vergleich zu den Berichten des Plinius überwiegend sehr schlicht, jedenfalls was die Zubereitung angeht. Möglicherweise lässt sich daraus schließen, dass nur die etwas einfacheren Speisen aus dem ursprünglichen Werk des Apicius in das unsrige übernommen wurden. Auch von Seneca wird Apicius erwähnt, und zwar unter anderem in *De consolatione* (Trostschrift an die Mutter Helvia)[13], hier natürlich im Zusammenhang mit seinem verschwenderischen Lebensstil. Da wir daraus interessante Informationen über die Vermögensverhältnisse von Apicius und über seinen spektakulären Selbstmord erhalten, sei diese Stelle im Wortlaut wiedergegeben:

> Man möchte sagen: » [...] Natürlich lebte unser Diktator weniger glücklich, der die Gesandten der Samniten anhörte, während er seine äußerst bescheidene Mahlzeit selbst mit seiner Hand am Herd umrührte, mit der er schon oft den Feind durchbohrt und den Lorbeer in den Schoß des Kapitolinischen Jupiter gelegt hatte, als Apicius in unserer Zeit gelebt hat, der in der Stadt, aus der man einst die Philosophen als Verderber der Jugend fortzugehen zwang, die Wissenschaft der Kochkunst zum Beruf gemacht und unser Zeitalter mit seiner Lehre angesteckt hat!« Dessen Ende zu kennen lohnt sich. Als er 100 Millionen Sesterzen für die Küche aufgewandt hat, als er so viele Geschenke der Kaiser und die ungeheure Steuer des Kapitols in einzelnen Gelagen verprasst hatte, da erst zog er, von Schulden gedrückt, notgedrungen Bilanz; er rechnete aus, dass ihm 10 Millionen Sesterzen übrigbleiben würden, und beendete, als ob er in ärgstem Hunger leben müsste, wenn er mit 10 Millionen Sesterzen lebte, sein Leben mit Gift.

13 Sen. ad Helviam X,8+9.

Die Geschichte des römischen Kochbuchs

Wer sich eingehender mit der Überlieferungsgeschichte und der Echtheitsfrage des Kochbuchs, das uns unter dem Namen des Apicius überliefert ist, beschäftigen will, sei zunächst auf die hervorragende Arbeit von Brandt[14] verwiesen. Brandt hat dieses Kochbuch nach formalen und stilistischen Kriterien untersucht und ist dabei zu dem Ergebnis gekommen, dass ein großer Teil, nämlich 300 von den 478 enthaltenen Rezepten, aller Wahrscheinlichkeit nach aus den zwei vermuteten ursprünglichen Werken des Apicius, einem allgemeinen Kochbuch und einem speziellen für Saucen[15], entnommen sind. Der Rest stammt zum Teil wohl aus einem verlorengegangenen Buch über die Landwirtschaft von Apuleius und diversen anderen Diätkochbüchern und landwirtschaftlichen Traktaten, die zum Teil in Griechisch verfasst waren. Die ganze Form des Kochbuchs weist darauf hin, dass es bis zum Entstehen der uns überlieferten Fassung oft umgearbeitet, um neuere Rezepte erweitert und gekürzt worden ist und erst gegen Ende des 4. Jahrhunderts n. Chr. in der jetzigen Form vorlag[16]. Aufgrund

14 Vgl. Anm. 2.

15 Vgl. Schol. Iuv. 4,23: »Apicius auctor praecipiendarum cenarum, qui scripsit de iuscellis. fuit nam exemplum gulae.« (»Apicius, Autor von Rezepten für das Abendessen, der über Saucen geschrieben hat. Er war nämlich ein Beispiel für Völlerei.«)

16 Ein einfaches Mittel, einen terminus post quem für die Entstehung der uns überlieferten Fassung festzustellen, bieten die nach Personen benannten Gerichte, wie Brandt gezeigt hat. Danach muss unser Kochbuch in seiner jetzigen Form nach dem Jahr 180 n. Chr., in dem Commodus römischer Kaiser wurde, entstanden sein (vgl. Apic. 5,4,4 »Concicla Commodiana«). Die Datierung mit Hilfe der »pultes Iulianae« (Apic. 5,1,1), die auf Didius Iulianus (193 n. Chr.) oder vielleicht sogar auf Iulianus

der Berichte von Plinius und Seneca können wir davon ausgehen, dass die Lehren des Apicius im 1. Jahrhundert sehr populär und weit verbreitet waren. Leider fehlt uns aus dieser Zeit ein eindeutiger Hinweis auf die Existenz eines größeren Traktates von Apicius über seine Kochkunst[17], wir dürfen aber annehmen, dass Plinius seine Informationen nicht aus mündlichen Vorträgen von Apicius bezogen hat. Dagegen spricht schon die Tatsache, dass alle Nachrichten, die wir über Apicius haben, aus der Regierungszeit des Tiberius stammen und Plinius Apicius daher wohl nicht mehr persönlich kennengelernt hat. Es ist daher nicht unwahrscheinlich, dass sich die Hinweise auf die Zubereitung von Meerbarben und Flamingozunge ebenfalls in der ursprünglichen Version des Kochbuchs befunden haben. Zwei Rezepte über die Zubereitung von Flamingo sind zum Beispiel im sechsten Buch enthalten[18], eines für eine Sauce für Meerbarbe finden wir im neunten[19]. Da das ursprüngliche Werk jedoch sicher nicht für die gewöhnliche bürgerliche Küche bestimmt war, wurden diese Rezepte, die nur mit erheblichem Aufwand – wenn überhaupt – realisierbar waren, von späteren Bearbeitern weggelassen, während andere, zum Beispiel über die Haltbarmachung von Fleisch und Obst, aus land- und hauswirtschaftlichen Handbüchern in das Apicianische Kochbuch übernommen worden sind. Eine solche Ausgabe hatte den Vorteil, allen etwas zu bieten, und war weniger auf einen Leserkreis zugeschnitten, der mit seinem Reichtum nichts Besseres anzufangen verstand, als ihn in

Apostata (361–363 n. Chr.) hinweisen könnten, ist nicht sicher. Ebenso ist Varius Heliogabalus (röm. Kaiser in den Jahren 218–222 n. Chr.) als Namensgeber für »pullus Varianus« (Apic. 6,9,12; E und V geben »vardanus« an) nicht sicher.

17 Einen solchen Hinweis erhalten wir erst von Spartianus (Anfang 4. Jh. n. Chr.), Ael. 5,9.

18 Apic. 6,6,1+2.

19 Apic. 9,12.

kostbare Delikatessen und andere Verlustierungen zu investieren. Demselben Argument haben auch die Diätrezepte, wie die Brühen zur Förderung der Verdauung, das Gewürzsalz und Ähnliches, ihre Aufnahme in das Kochbuch zu verdanken, zumal man einer gesunden Ernährung in späterer Zeit, etwa wohl seit dem 3. Jahrhundert, zunehmend Aufmerksamkeit schenkte, wie schon der Brief von Anthimus an Theoderich den Großen *De observatione ciborum* beweist. Dafür, dass uns vom ursprünglichen Corpus des Apicianischen Kochbuchs einiges verlorengegangen ist, sprechen auch die relativ seltenen Übereinstimmungen zwischen den als Kochbuch des Apicius überlieferten Rezepten und den Exzerpten des Vinidarius, die separat überliefert wurden. Da aber tatsächlich fünf Rezepte aus den Exzerpten mit solchen aus dem Kochbuch quasi identisch sind und auch sonst eine weitgehende Übereinstimmung von Form und Inhalt beider Überlieferungen festzustellen ist, lässt sich der enge Zusammenhang zwischen den Exzerpten und der uns überlieferten Fassung des Kochbuchs von Apicius nicht leugnen.

Eine frühere Version des Apicianischen Kochbuchs war teilweise sogar mit Abbildungen ausgestattet, wie wir der kleinen Notiz am Ende des Rezepts für den »Auflauf à la Apicius«[20] entnehmen können. Wann diese Abbildung verlorengegangen ist, ist leider nicht bekannt, jedoch spricht einiges dafür, sie der Urversion zuzuordnen. Das Rezept selbst gehört nach Brandts Untersuchung zum ursprünglichen Corpus, und die Bemerkung, dass die dafür notwendige Auflaufform unten gezeigt ist, erscheint für ein kompliziertes Auflaufgericht wie dieses logisch. Demnach werden die Abbildungen in den späteren, einfacheren Ausgaben aus Gründen der Ökonomie weggelassen worden sein, während der Hinweis auf die Zeichnung versehentlich übernommen wurde.

20 Apic. 4,2,14.

Die Zutaten und Gewürze

Die meisten der von den Römern verwendeten Zutaten und Gewürze sind auch heute noch relativ leicht zu bekommen. Einige Mühe muss man jedoch auf die Herstellung der einzelnen Most- und Weinpräparationen sowie der als Liquamen oder Garum bezeichneten salzigen Fischsauce verwenden, wenn man einen zeitgemäßen Ersatz dieser Zutaten ablehnt.

Im Kochbuch des Apicius lesen wir oft die Bezeichnungen Defrutum, Caroenum und einige Male auch Sapa. Diese stehen für eine Art Traubensirup, wobei man Most verschieden stark einkochte. Hier sind sich jedoch Plinius und Palladius über die Dauer des Einkochens nicht ganz einig. So soll der Most für Defrutum (bei Plinius noch klassisch als »defrutum« bezeichnet) bei Palladius[21] so lange eingekocht werden, bis er zähflüssig wird, bei Plinius[22] jedoch nur auf die Hälfte, während Columella[23] angibt, dass er auf ein Drittel eingekocht werden soll, womit er näher an der Angabe des Palladius ist. Caroenum findet sich nur bei Palladius[24] und ist dort Most, der auf zwei Drittel eingekocht wurde, während mit Sapa sowohl bei Plinius als auch bei Palladius Most bezeichnet wird, der auf ein Drittel eingekocht ist. Für den modernen Gebrauch empfiehlt es sich, statt frischen Mostes, der nicht immer zu bekommen ist, gewöhnlichen Traubensaft – am besten roten – zu nehmen, den man etwas stärker einkocht, als es den Angaben von Palladius entspricht, also für Caroenum auf die Hälfte, für Sapa auf ein Viertel und für Defrutum etwa auf ein Sechstel seines Volumens. Weiter ist eine bei Apicius recht oft verwendete Wein-

21 Palladius 11,18.
22 Plin. nat. hist. 14,80.
23 Columella 12,21.
24 Palladius 11,18.

präparation zu nennen, nämlich Passum, so genannt, weil es im Wesentlichen aus getrockneten Weinbeeren, den »uvae passae« gemacht wurde. Die Herstellung von Passum wird von Plinius eingehend beschrieben[25]. Die Römer verwendeten dazu eine Rebsorte, die auf Griechisch »psithia« hieß, von den Römern aber »apiana« (= Bienentraube) genannt wurde. Möglicherweise handelt es sich hierbei um unsere Muskatellertraube. Man lässt die Trauben wie für eine Trockenbeerauslese so lange am Weinstock, bis sie auf etwas mehr als die Hälfte ihres ursprünglichen Gewichts eingetrocknet sind. Dann werden sie in hervorragendem Wein eingeweicht, bis sie sich vollgesogen haben, und danach ausgepresst. Darüber, dass dieser Saft noch vergären soll, schreibt Plinius nichts. Auch Palladius, von dem wir ebenfalls eine Beschreibung der Herstellung von Passum besitzen[26], sagt nur, dass man Trockenbeeren mit Ruten schlagen soll. Der dann beim Auspressen herausfließende Saft wird als Passum bezeichnet. Auch von Columella ist ein ausführliches Rezept zur Herstellung von Passum überliefert[27]. Er schreibt vor, die reifen Trauben auf Lattenrosten an der Sonne eintrocknen zu lassen, dann in ein Fass zu geben und Most dazuzugießen, bis sie sich vollgesogen haben. Nach sechs Tagen soll man sie in einen Filtersack geben und auspressen. Den Rückstand soll man wieder in Most geben, der ebenfalls von in der Sonne getrockneten Trauben stammt. Danach wird alles zusammen gekeltert, 20 Tage vergoren und schließlich in Gefäße gefüllt, die vergipst und mit Lederbandagen abgedichtet werden. Passum muss demnach ein sehr süßer Trockenbeerenmost gewesen sein, der aber nicht unbedingt vergoren ist. Jedenfalls war das Passum von der Süße her wohl mit Honig

25 Plin. nat. hist. 14,80 ff.
26 Palladius 11,19.
27 Columella 12,39,1–4.

vergleichbar, denn Apicius schlägt es oft als Alternative dazu vor. Für heutige Verhältnisse erweist sich ein möglichst süßer *Vinsanto Toscano* oder ein *Moscato di Pantelleria* als brauchbarer Ersatz. Beide Weine werden auf sehr ähnliche Art hergestellt.

Auch das schon erwähnte, vielgerühmte Mulsum verdient hier eine nähere Erläuterung, obwohl es in unserem Kochbuch relativ selten als Zutat vorkommt. Es war jedoch bei den Römern als Aperitif vor dem Essen oder für den ersten Gang, die sogenannte »gustatio«, sehr beliebt. Es handelt sich hier um eine Art Honigwein, für den sich eine genauere Beschreibung der Herstellungsweise bei Columella findet[28]: man nehme dazu den Most, der schon bei leichtem Pressen der Trauben aus der Kelter fließt. Die Trauben selbst müssen an einem trockenen Tag gelesen sein, damit der Most nicht durch das an den Trauben haftende Wasser verdünnt wird. Zu einem Krug (ca. 13 l) Most gebe man 10 Pfund (ca. 3,3 kg) Honig, rühre gut um, gebe es in eine Flasche, die man vergipst und so etwa 30 Tage lagert, fülle dann den Most in ein anderes Gefäß (wahrscheinlich ein Tongefäß) um und räuchere dieses. Bei Plinius finden wir ebenfalls einen kurzen Abschnitt über die Herstellung und die Qualitäten von Mulsum, allerdings mehr aus medizinischer Sicht[29]. Dort lesen wir, dass man Mulsum aus Gründen der Bekömmlichkeit besser aus altem und herbem Wein herstellt, auch mit abgekochtem Honig, da es so appetitanregend wirkt und keine Blähungen verursacht. Auch soll der Genuss von Mulsum laut Plinius zu einem hohen Alter führen, so habe Romilius Pollio, bereits über hundertjährig, von Augustus, bei dem er zu Gast war, nach den Gründen seiner körperlichen und geistigen Frische gefragt, mit den Worten »Intus mulso,

28 Columella 12,41.
29 Plin. nat. hist. 22,113.

foris oleo« (»Innen mit Mulsum, außen mit Öl«) geantwortet. Praktisch kann man Mulsum gut nachahmen, indem man Weißwein mit Honig in dem hier angegebenen Verhältnis mischt, also etwa ¼ kg Honig – es kann auch weniger sein – auf 1 l Wein. Der Honig löst sich übrigens besser auf, wenn man den Wein dazu etwas erwärmt, ohne ihn zu kochen. Das so hergestellte Mulsum schmeckt gut gekühlt am besten. Man darf dieses Mulsum übrigens nicht mit dem mittelalterlichen Met verwechseln, der ja aus Honig und Wasser mit Hopfen und Salbei hergestellt wurde[30]. Auch die Römer kannten bereits ein ähnliches Getränk, das als »aqua mulsa« oder »hydromeli« – also Honigwasser – bezeichnet wurde[31].

Eine weitere wichtige Rolle in der römischen Kochkunst spielte das als kostbarer Salzersatz verwendete Liquamen oder Garum, jedenfalls, wenn wir das aus der häufigen Verwendung bei Apicius schließen dürfen. Von Anthimus im 6. Jahrhundert als Gewürz strikt abgelehnt[32], spielt es bei Plinius noch die Rolle eines ausgesprochenen Luxusartikels, im Preis durchaus mit teurem Parfum vergleichbar, obwohl es, wie Plinius schreibt[33], aus Fischeingeweiden und sonst völlig unbrauchbaren kleinen Fischchen wie Makrelen und Sardellen hergestellt wurde. Eine etwas detailliertere Darstellung der Zubereitungsweise findet sich in den *Geoponika*[34]. Fischeingeweide, auch kleinere ganze Fische – zum Beispiel ein als »scomber« bezeichneter, wahr-

30 Ein Rezept für Met finden wir z.B. in dem um 1350 in Würzburg entstandenen *buch von guter spise*. Auch Anthimus erwähnt den Met (lat. »medus«) neben Bier (Anthim. de obs. cib. 15).
31 Vgl. Plin. nat. hist. 22,110 und Apic. 4,2,23; 7,6,8; 7,12,1.
32 Anthim. de obs. cib. 9.
33 Plin. nat. hist. 31,93.
34 Bei den *Geoponika* handelt es sich um eine von Konstantinos VII. in Auftrag gegebene Exzerptensammlung über die Landwirtschaft, Zoologie und Medizin aus dem 10. Jh.

scheinlich makrelenähnlicher Fisch[35] –, werden mit Salz und einigen Gewürzkräutern vermengt in großen Töpfen 2–3 Monate in der Sonne gegoren, ab und zu umgerührt und dann mehrmals durchgeseiht, bis man eine klare Flüssigkeit erhält. Zur Verfeinerung wurde bisweilen auch etwas Most zugesetzt. Der eigentliche Name dieser Gewürzsauce ist Garum von einem Fisch namens »garon«, aus dem es ursprünglich gemacht wurde, bei Apicius findet sich jedoch fast durchweg die mehr lateinische Bezeichnung Liquamen, die auch in den *Geoponika* verwendet wird. Es ist wohl griechischer Herkunft, so wie ein großer Teil der römischen Küchenkultur – auch schon zur Zeit Catos – auf griechische Anfänge zurückgeht. Teilweise ist dieser Einfluss sogar heute noch in der süditalienischen Küche zu spüren. Von der Farbe des Garum sagt Plinius, dass sie der von altem Mulsum entspräche[36]. Wir dürfen uns also eine gelbliche Flüssigkeit darunter vorstellen. Berühmt war unter anderem das Garum aus Pompeji, wie uns Plinius berichtet. Von diesem Garum finden sich in unserem Kochbuch auch einige Abwandlungen, die als Hydrogarum, Oenogarum und Oxygarum bezeichnet werden. Es handelt sich hier um Mischungen von Garum mit Wasser, Wein beziehungsweise Essig. Als Abfallprodukt der Herstellung von Garum genoss der beim Durchseihen der vergorenen Fischbrühe übrigbleibende Rückstand, der als Allec oder Allex bezeichnet wurde, noch eine gewisse Beliebtheit. Auch dieses ist schließlich zu einem Luxusartikel geworden, nachdem die Phantasie der Hersteller – genannt werden von Plinius[37] die »Foroiulienses«, also aus dem heutigen Fréjus bei Cannes – der Vielfalt der Zutaten und Zubereitungsarten und wohl besonders den Preisen keine Grenzen mehr gesetzt

35 Plin. nat. hist. 31,95.
36 Plin. nat. hist. 31,95.
37 Plin. nat. hist. 31,95.

hat. Leider haben wir keine rechte Vorstellung davon, welchen Geschmack das originale Garum den so gewürzten Speisen verliehen haben mag. Wir sind heute jedoch dank des florierenden Online-Handels in der Lage, gute Ersatzprodukte zu finden, die dem antiken Garum in der Herstellung sehr ähneln. Zum einen ist hier die *Colatura di Alici* zu nennen, eine aus Sardellen hergestellte Fischsauce, die in Cetara in der Nähe von Salerno eine lange Tradition hat. Aber auch asiatische Fischsaucen wie etwa das vietnamesische *Nuoc-Mam* eignen sich gut als Ersatz für Garum bzw. Liquamen. Möchte man dem Rat des Anthimus folgen und auf die Fischsauce lieber verzichten, so kann man das Liquamen durch Salz ersetzen. Diese Alternative wird auch im römischen Kochbuch oft genannt. In diesem Fall empfiehlt es sich, zu Meersalz greifen, um so wenigstens einen Hauch von Seeluft im Kochtopf einzufangen. Ebenso kann man das Aroma der Originalrezepte am besten erreichen, wenn man stets Weinessig und Olivenöl benutzt.

Nun noch ein Wort zu den zahlreichen bei Apicius vorkommenden Gewürzkräutern. Die meisten dieser Gewürze sind auch heute noch getrocknet, viele auch frisch, in guten Gewürzhandlungen oder inzwischen im Online-Handel erhältlich. Falls ein Gewürz sehr schwer oder überhaupt nicht als solches zu bekommen ist, wie zum Beispiel Poleiminze oder Katzenminze, so kann man durchaus versuchen, es im Blumentopf oder im Garten selbst zu ziehen. Die Samen davon erhält man meist in guten Samengeschäften oder Gärtnereien. Gerade die Minzen kann man aber auch durch getrocknete Pfefferminze ersetzen. Schwierig wird das bei Gewürzen, die schon zu damaliger Zeit importiert werden mussten, weil sie in Italien entweder sehr selten waren oder überhaupt nicht wuchsen, wie das relativ oft genannte Silphium oder Laser beziehungsweise Laserpicium, von dem Plinius schreibt, es sei schon zu Neros Zeiten so selten gewesen, dass ein einziger

Strunk in der Provinz Cyrenaica in Libyen gefunden und diesem überbracht worden sei. Deshalb sei das echte Silphium auch damals schon durch andere minderwertige Gewürzkräuter, wie etwa das persische und armenische Laserpicium, ersetzt worden[38]. Wir dürfen also davon ausgehen, dass auch der reiche Römer zur Zeit des Apicius kaum in den Genuss dieses Gewürzes gekommen ist. Welche Pflanze gemeint ist, ist ebenfalls nicht ganz geklärt. Einige Philologen sind der Ansicht, dass es sich bei dem Laser Parthicum um Asant (*Ferula assafoetida*) und bei dem Laser Cyrenaicum um *Ferula tingitana* handeln könnte. Eine gute Beschreibung des Silphium gibt Theophrast[39]. Lenz hat deshalb in seiner *Botanik der alten Griechen und Römer* angenommen, dass es sich bei dem echten Silphium um eine Unterart der *Thapsia* handelt, die heute in Nordafrika und besonders um Tripolis herum wachsen. Allerdings ist die genaue Zuordnung von Silphium zu einer der heute in der Gegend von Kyrene wachsenden Pflanzen weiterhin unsicher. Möglicherweise wurde das echte »silphium« in römischer Zeit tatsächlich ausgerottet. In solchen Fällen sollte man diese Gewürze einfach weglassen. Meistens kommt man ohne sie aus.

Ein ausführlicher Index der von Apicius verwendeten Zutaten, Gewürze und Instrumente findet sich im Anhang. Ich habe versucht, soweit es möglich war, auch die botanischen Namen der Pflanzen anzugeben. Hier ist jedoch eine gewisse Vorsicht geboten, da gerade die Nutzpflanzen durch die vielen

38 Plin. nat. hist. 19,38.

39 Theophr. hist. plant. 6,3,1. Es soll sich um eine Pflanze mit einem der Ferula ähnlichen Strunk und einem dem Sellerie ähnlichen Blatt handeln. Die Wurzel habe eine schwarze Rinde, welche abgeschält wird, um aus ihr den (von den Römern als Laser bezeichneten) Saft zu gewinnen.

in der Zwischenzeit neu gezüchteten Varianten nur schwer bestimmbar sind.

Wie man sieht, fehlen im Kochbuch des Apicius fast gänzlich die Mengenangaben und Angaben über Kochzeiten, wie wir sie aus modernen Kochbüchern gewöhnt sind. Die besondere Bedeutung der Rezepte mit Maßangaben für die Überlieferungsgeschichte unseres Kochbuchs ist von Brandt genau untersucht worden. Es stellte sich dabei heraus, dass diese Rezepte mit hoher Wahrscheinlichkeit nicht dem originalen Werk von Apicius entstammen, sondern erst später hinzugefügt worden sind, und zwar sind sie wohl teils aus einer landwirtschaftlichen Schrift, teils aus einer griechischen Quelle mit Diätvorschriften übernommen worden. Allgemein lässt sich sagen, dass man mit den Maßen, besonders in Bezug auf die Gewürze, je nach persönlichem Geschmack recht frei verfahren kann. Die von mir im Anhang für einige Gerichte vorgeschlagenen Mengenangaben sollen deshalb auch nur einen groben Anhaltspunkt bieten und sind ganz unverbindlich. Ohnehin wird man mit wachsender Übung hie und da kleine Änderungen vornehmen und mit dem Urtext etwas freier umgehen. Nach meiner Erfahrung erzielt man ein gutes Ergebnis, wenn man von allen Gewürzen dem Aroma entsprechend etwa gleiche Mengen nimmt, sofern keine Maße genannt sind, circa 1–2 Esslöffel von jedem – abgesehen vom Ingwer, mit dem man sparsamer umgehen sollte – auf 1 kg Fleisch beziehungsweise 1 l Brühe, es sei denn, ein Gewürz ist besonders hervorgehoben, wie zum Beispiel bei »In elixam anethatum crudum« (»Ungekochte Dillsauce für gekochtes Fleisch«)[40]. In diesem Fall kann es ruhig etwas dominieren. Das Übrige tun die gelegentlichen, mehr oder weniger genauen Mengenanga-

40 Apic. 7,6,13.

ben, wie »modice«, »multus«, seltener »cyathus« und »scripulus« und andere.

Was die Kochzeiten anbelangt, so sollte man sich weitgehend nach den Angaben aus modernen Kochbüchern richten. Insgesamt lässt sich sagen, dass die Gerichte des Apicius das beste Aroma entfalten, wenn die Gewürze frisch sind und man die Speisen, besonders das Geflügel, den Fisch und das Gemüse nicht zu lange kocht, da sonst der bei Apicius beliebte Kontrast zwischen den einzelnen Zutaten leicht verlorengeht und man einen relativ ungenießbaren Eintopf erhält.

Wer präzisere Angaben für den Gebrauch in der modernen Küche bevorzugt, sei auf das folgende Kochbuch hingewiesen, in dem die Rezepte in eine moderne Form gebracht wurden:

R. Maier, *Rezepte aus dem alten Rom. Zum Nachkochen!* Stuttgart 2023.

Inhalt